Thorsten Mikli

Optimales Absetzen deines Studiums

Die perfekte Studentensteuererklärung

ForwardVerlag

ForwardVerlag

Optimales Absetzen deines Studiums

Die perfekte Studentensteuererklärung

Imprint der Verlagsgruppe StudyHelp GmbH, Paderborn
WWW.FORWARDVERLAG.DE

6. Auflage, erstmals erschienen 2021 im Eigenverlag

Autor: Thorsten Mikli

Kontakt: info@forwardverlag.de
Druck: mediaprint solutions GmbH

ISBN 978-3-98755-166-6

In diesem Buch wird an den meisten Stellen noch die männliche Genderform gewählt, um den Lesefluss beizubehalten. Selbstverständlich sind hier auch weibliche Personen angesprochen.

Ich habe diesen Ratgeber kurzgehalten und auf den klassischen Studierenden zugeschnitten, damit sich der Leser bzw. die Leserin nicht mit ausschweifenden Steuerthematiken zu sehr beschäftigen muss und nur das Wichtigste übersichtlich zusammengefasst wird. Teilweise werden Themen und Schwerpunkte zum besseren Verständnis in diesem Ratgeber wiederholt, um das Wissen bei allen Lesern sicherzustellen.

Tiefere Einblicke in das allgemeine Steuerwesen sollte man infolgedessen mit dem VLH (Vereinigte Lohnsteuerhilfe), allgemeiner Steuerliteratur oder einer Fachperson recherchieren.

Da ich sehr viele Anfragen über E-Mail oder Instagram bekomme, die sich auch durch aufmerksames Lesen des Buches lösen lassen würden:

Bitte lese die ersten vier Kapitel komplett und aufmerksam durch!

Erst wenn du diese Kapitel gelesen hast, solltest du deine Steuererklärung beginnen und mich bei auftretenden Fragen kontaktieren. Es ist essenziell für eine gute Steuererklärung, das Buch gründlich zu lesen und ein Verständnis für die Thematik zu entwickeln.

Bei Fragen stehe ich dir gerne zur Verfügung und helfe, soweit ich dies rechtlich darf!

Solltest du doch noch eine bessere Beratung benötigen, so wird – sofern es die Planung zulässt – ab Oktober 2025 ein kostenpflichtiger Steuerworkshop zur Verfügung stehen. Mehr Infos dazu per Mail oder auf Instagram.

Hier findest du die wichtigsten Anlaufstellen von mir auf einen Blick:

E-Mail:

Instagram:

ETSY:

YouTube:

LinkedIn:

Inhaltsverzeichnis

Abbildungsverzeichnis

Tabellenverzeichnis

1 Vorwort

Steuern sind für die Meisten von uns ein leidiges Thema. Niemand macht eine Steuererklärung gerne und die Wenigsten haben davon nach dem Studium oder generell seit der Schulzeit eine Ahnung.[1] Der Wissensstand rund um die eigene Einkommensteuer ist auch unter Akademikern eher niedrig. Der Hilferuf nach einer thematischen Anwendung in der Schule wird auch aus diesem Grund immer lauter.[2]

Werbungskosten? Sonderausgaben? Bruttolohn? Zu versteuerndes Einkommen? Wo soll da der Unterschied sein? Wie setze ich Kosten ab? Und welche Kosten lassen sich überhaupt absetzen? Wer sich durch das deutsche Steuergesetz kämpft, muss sich durch 100 Paragraphen mit teils bis zu acht Absätzen inklusive mehrerer Sätze kämpfen. Als weitere Erschwernis kommt die Sprache von Gesetzestexten und die unterschiedliche Auslegung zum Tragen.

Viele beklagen sich über die hohen steuerlichen Abgaben in Deutschland, verstehen dies allerdings als Schmerzensgeld dafür, sich nicht durch die schwierige steuerliche Literatur kämpfen zu müssen. Wer sich auf den Staat verlässt und wahrscheinlich nicht mal eine Steuererklärung abgibt, der muss mit einem entsprechenden Preis in Form der Steuerzahlung rechnen.

Genau das habe ich während einer Seminararbeit in meinem Studium an der Universität zu Köln bemerkt und nach und nach immer mehr Menschen – wie eben jetzt auch euch – geholfen, ihre Steuerabgaben nach dem Studium zu optimieren und sich steuerlich bestmöglich mit dem vermittelten Wissen vorzubereiten.

Das erste Aufeinandertreffen

Doch wie kam es eigentlich dazu? Viele Studierende kennen die Kurse von Finanzanbietern, die nach dem ersten Basiskurs angehenden Akademikern, wie euch und mir, Finanzprodukte andrehen wollen.[3] In einem solchen Kurs saß ich Mitte des Jahres 2013. Dieser weckte mein Interesse an der Thematik, aber erfüllte meine Erwartungen nicht vollumfänglich. Ich besuchte weitere Kurse und Veranstaltungen und vertiefte mein

[1]Vgl. Welt.
[2]Vgl. Schufa und Welt (2).
[3]Vgl. Watson oder div. Youtube-Videos: Hochschulinitiative-Deutschlands.

Wissen und schrieb anschließend eine ausführliche Seminararbeit, die davon handelte, welche Behandlung und Sonderstellung Studierende durch die Verlustfeststellung im Steuerwesen besitzen.

Die Sonderstellung der Studierenden im Steuersystem

Studierende besitzen im deutschen Steuerrecht eine gewisse Sonderstellung. Diese liegt darin begründet, dass Studierende ihre Arbeitsmittel, Fahrtkosten, Reiseaufwendungen und andere Ausgaben, die bei Arbeitnehmern oder Arbeitnehmerinnen häufig vom Arbeitgeber getragen werden, selbst zahlen und daher steuerlich bei sich absetzen können. So lassen sich besonders Reisekosten, Spesen und Umzüge als Pauschalen und damit ohne tatsächliche Ausgaben absetzen und demzufolge hohe Werbungskosten in den Steuererklärungen erzielen.

Durch den weiteren besonderen Umstand, dass Studierende von ihrem „Arbeitgeber" (der Hochschule) kein Gehalt beziehen, erschafft sich eine Situation besonders hohen steuerlichen Verlustes.

Dieser Verlust lässt sich im deutschen Steuerrecht über mehrere Jahre summieren[4] und mit den ersten hohen Einkommen durch ein bezahltes Arbeitsverhältnis verrechnen. Durch die Verrechnung des Verlustes aus Studienjahren in den ersten Berufsjahren und der damit verbundenen niedrigeren Steuerlast ergibt sich infolgedessen in den ersten Berufsjahren eine **Steuerrückzahlung**.

Die ersten praktischen Schritte

2014 machte ich meine erste Steuererklärung (bzw. meinen ersten Verlustvortrag) und half anschließend Freunden deren Studium steuerlich abzusetzen. Nach und nach entwickelte sich ein gewisser Ruf über mein Wissen, da das Thema Steuern die Wenigsten in dieser Tiefe interessiert und der Hilferuf danach in den meisten Akademikern schlummert. Ich begann zu experimentieren: Hierbei bemerkte ich, welches Potential hinter diesen Verlustvorträgen steckt und wie oberflächlich das Wissen hierzu in Kursen, dem Internet und in Büchern vermittelt wird.

2015 gründeten wir aufgrund der Menge von Anfragen ein Unternehmen und bemerkten, wie sehr Studierende von den Finanzämtern im Nachgang für unwissend verkauft werden. Viele Studierende wurden hierbei von ihren Finanzämtern nicht korrekt über die gesetzliche Sachlage informiert und so folgten Antworten seitens der Finanzämter wie

[4] Nur bei Ausgaben für die Zweitausbildung.

„Der Verlustvertrag darf maximal 4 Jahre zurückliegen",

„Was Sie als Werbungskosten angeben sind Sonderausgaben",

oder es wurde etwas nicht angerechnet, weil vom Finanzamt offiziell *„vergessen"*. Schockiert über diese Vorfälle, sahen wir uns bestärkt in unserem Vorhaben, Studierende beim Absetzen der Studienkosten zu unterstützen und in ihrem Recht, diese Kosten geltend machen zu können, zu bestärken.

Der Weg zum Ratgeber

Das Interesse und der Ehrgeiz wuchsen mit der Fülle der Aufgaben. Nach meinem Studium hatte ich allerdings neben meiner neuen Vollzeitbeschäftigung in einem Konzern nicht mehr die Energie, mich Wochenende für Wochenende mit Kunden zu treffen, Bescheide zu prüfen, Einsprüche zu verfassen oder Fristen der Kunden einzuhalten.

Mein Wissen in dieser Thematik wollte ich hingegen weitergeben und so kam es nun letztendlich zu diesem Ratgeber. Dieser soll Studierende und Absolventen beim Absetzen ihrer Studienkosten und dem Optimieren ihrer ersten Einkommen anreizen und unterstützen. Ich hoffe, mit diesem Ratgeber ein breiteres Publikum zu erreichen und möglichst vielen hilf- und ratsuchenden Studierenden helfen zu können.

Seit der Einführung der zweigliedrigen Studiensysteme wurde vor Gericht gestritten, ob auch Erstausbildungen steuerlich als Werbungskosten absetzbar seien. Leider erfolgte hierbei eine Niederlage für die Studierenden. Der Entschluss im maßgebenden Verfahren vor dem Bundesverfassungsgericht im Januar 2020 bedeutete, dass eine Erstausbildung nicht als Werbungskosten absetzbar ist. Das Gericht stellte fest, dass Aufwendungen für ein Erststudium oder eine erstmalige Berufsausbildung[5] nicht als Werbungskosten gemäß § 9 Abs. 1 Satz 1 EStG abgesetzt werden können und zugleich kein Verstoß gegen den allgemeinen Gleichheitsgrundsatz Art. 3 Abs. 1 Grundgesetz vorliegt.

Als Begründung nannten die Verfassungsrichter den engen Zusammenhang zwischen Erstausbildung und dem privaten Bereich des Steuerpflichtigen. Zudem wurde der Einfluss der Erstausbildung auf die Persönlichkeitsentwicklung als Entscheidungskriterium seitens der Richter genannt, denn neben der Förderung von beruflichem Wissen, werden auch die sozialen Kompetenzen gefördert und eine Grundlage für eigenständiges Leben geschaffen. Ebenso konnten die Richter keine konkreten Zusammenhänge zwischen Erstausbildung und späterer Berufswahl fest-

[5]Lehre/Ausb. im Dienstverhältnis oder duales Studium besitzen Sonderrolle.

stellen. Aus diesen Gründen sind Aufwendungen für den erstmaligen Erwerb von Kenntnissen, die zur Aufnahme eines Berufs befähigen, beziehungsweise für ein erstes Studium, Kosten der Lebensführung und lediglich als Sonderausgaben nach § 10 Abs. 1 Nr. 7 EStG absetzbar.[6] Ausbildungskosten sind demnach nur als Werbungskosten nach § 9 Abs. 1. S. 1 EStG absetzbar, wenn der Steuerpflichtige bzw. die Steuerpflichtige bereits eine Erstausbildung nach § 9 Abs. 6 S. 1 EStG absolviert hat oder das Studium in einem Dienstverhältnis stattfindet (duales Studium oder bezahlte Lehre).[7]

Durch einen anderen Ausgang des Gerichtsurteils hätten viele (ehemalige) Studierende durch eine potenzielle Verlustfeststellung aus Studienzeiten einige Tausender Netto-Einkommen mehr in den ersten Berufsjahren zur Verfügung gehabt. Vor allem Ärzte, Juristen oder Diplom-Absolventen, die im eingliedrigen System studierten oder studieren, haben unter dieser Gesetzgebung gelitten und schauten in die Röhre, da sie nun scheinbar nicht in der Lage sind, etwas von den Aufwendungen des Studiums steuerlich absetzen zu können. Trotz des gerichtlichen Urteils des Bundesverfassungsgerichtes versuche ich auch diesen Studierenden mit meinem Ratgeber zumindest in einem geringen Rahmen unter die Arme zu greifen, damit diese einen Teil der Kosten noch absetzen können.

Unabhängig davon, welchen Studiengang ihr gewählt habt, wünsche ich euch beim Absetzen eurer Studienkosten viel Erfolg und Geduld.

Hinweis:
Im Steuerwesen unterscheidet man strikt zwischen Ausbildungskosten (Kosten einer Erstausbildung) und Fortbildungskosten (Kosten jeder folgenden Weiterbildung). In diesem Ratgeber wird in diesen Zusammenhängen dagegen meist allgemein von Ausbildungskosten einer Erst- oder Zweitausbildung gesprochen. Falls absetzbare Aufwendungen als Werbungskosten klassifiziert werden, so bezieht sich dies immer auf eine Fort- oder Zweitausbildung! Die Aufwendungen der Erstausbildung (Sonderausgaben) und Zweitausbildung (Werbungskosten) werden jedoch identisch ermittelt!

Zur Vereinfachung spreche ich in den meisten Fällen von einem Verlustvortrag. Selbstverständlich handelt es sich um eine Verlustfeststellung (also auch einem potenziellen Verlustrücktrag).

Der Verlustvortrag ist die geläufigere Art das Studium absetzen.

---

[6] R. 9.2 EStR.

[7] Eure Lehre im **Ausbildungsdienstverhältnis** könnt ihr selbstredend wie ein (duales) Studium absetzen.

2 Grundwissen und häufige Fragen

Dieses Kapitel behandelt die Grundthematik, wieso es ratsam ist, als Student eine Steuererklärung abzugeben, obwohl keine oder geringe Einkünfte während der Studienzeit vorliegen. Ebenso werdet ihr hierbei abgeholt, was es mit Steuern auf sich hat und worin die groben Unterschiede eurer Kosten, Einnahmen und Ausbildungen bestehen. Dieses Kapitel dient folglich dazu, euch einen ersten Einblick in die Thematik zu liefern.

2.1 Warum sollte man eine Steuererklärung für die Studienjahre abgeben?

Der deutsche Staat erlaubt seinen Steuerzahlern Kosten, die in Verbindung mit ihrem Beruf stehen, steuerlich als **Werbungskosten** abzusetzen und diese Kosten dem Lohn gegenzurechnen. Das bedeutet, dass ihr als Angestellte:r eines Unternehmens beispielsweise eure Home-Office-Ausrüstung oder den Weg zur Arbeit absetzen könnt. Daraus folgt, dass ihr durch die euch entstandenen Kosten eure Steuerlast vermindert und hierüber eine Steuerrückzahlung erhaltet.

Als Student trifft nun der besondere Fall ein, dass der „Arbeitgeber" (die Hochschule) euch nicht bezahlt – ihr jedoch sehr hohe Kosten für eure Arbeit selbst tragen müsst: wie z. B. Studiengebühren, Fahrten zur Uni, Drucker, Arbeitsmittel oder Umzüge. Durch diesen besonderen Fall werden die Kosten für Bildung oder der Berufstätigkeit die Einnahmen übersteigen und es infolgedessen zu einem Verlust kommen. Diesen Verlust kann man über die Jahre aufsummieren und später den Einnahmen gegenrechnen.[8]

Dieser Verlust während der Zweitausbildung ist ein **Verlustvortrag**, den ihr später euren Einnahmen gegenrechnen dürft. Klingt so gut, wie es letzten Endes auch ist. Dieser Sachverhalt spart euch nämlich bares Geld zu Beginn eurer beruflichen Karriere!

[8] Nur Werbungskosten (Zweitausbildung) lassen sich über mehrere Steuerjahre aufsummieren. Sonderausgaben (Erstausbildung) lassen sich nur im entsprechenden Steuerjahr absetzen.

2.2 Was verändert die Gerichtsentscheidung des Bundesverfassungsgerichts?

Leider hat das Bundesverfassungsgericht im Januar 2020[9] entschieden, die Erstausbildungskosten nicht mehr als Werbungskosten gelten zu lassen. Dies bedeutet, dass eine Erstausbildung nur als Sonderausgaben steuerlich geltend gemacht werden kann. Werbungskosten (Kosten der Zweitausbildung) lassen sich über Jahre aufsummieren, Sonderausgaben (Kosten der Erstausbildung) nicht.

Nun gilt es also, das **Maximum** aus eurer Zweitausbildung herauszuholen. Hierbei versuche ich euch im Folgenden zu unterstützen. Zunächst einmal geht es im folgenden Kapitel darum, euch die Grundkenntnisse in Sachen Steuern zu erläutern. Dieses Grundwissen listet die häufigsten Fragen der verschiedenen Themenbereiche in diesen Steuerfällen auf, die mir immer wieder von Studierenden gestellt wurden und die mit Sicherheit auch euch dazu bewegt haben, dieses Buch zu kaufen.

2.3 Wie funktioniert die Steuerrückzahlung aus Studienjahren?

Wie die Rückzahlung zustande kommt und um wie viel Geld es sich hierbei in eurem Fall handelt, ist für viele sicherlich eine der wichtigsten Informationen. Im Folgenden werdet ihr hierfür eine Antwort erhalten.

Wie kann es sein, dass ich Geld zurückbekomme, obwohl ich noch gar keine Steuern bezahlt habe?

So korrekt ist diese Aussage nicht. Ihr bekommt das Geld, also die gezahlte Einkommensteuer, erst zurück, wenn ihr im Berufsleben seid, Geld verdient[10] und folglich auch darauf Steuern zahlt. Ihr verrechnet hierbei die einkommensarmen bzw. verlustreichen Jahre des Studiums mit dem positiven Verdienst eures ersten Einkommens. Wie in den letzten Fragen gezeigt, erwirtschaftet ihr Fehlbeträge für die Jahre im Studium. Diese werden über die Dauer des Studiums aufsummiert und mit den ersten Berufsjahren verrechnet sich dieser Verlust mit eurem Einkommen. Hierdurch sinkt das zu versteuernde Einkommen und es kommt eine Steuerrückzahlung zu Stande.

---

[9] Verfahren ist in diesem Ratgeber hinterlegt. Dieses ist, anders als lautende Gerüchte im Internet, endgültig. Es gibt keine höhere Instanz, die dieses Gesetz kippen könnte.

[10] Außer ihr habt natürlich in den betreffenden Jahren bereits Einkommen erzielt und für diese Einnahmen Einkommensteuer gezahlt! Dann erhaltet ihr auch diese geleisteten Steuerzahlungen zurück.

In der folgenden Abbildung wird dargestellt, wie sich die Verlustvorträge über Jahre zu dem zu versteuernden Einkommen im letzten Jahr summieren. Die dargestellten 50.000 € sind das Einkommen nach Berufseinstieg. In unserem dargestellten Fall würde der Studierende also im ersten Berufsjahr keinen Cent Einkommensteuer bezahlen müssen, da der vorherige Verlust dem Einkommen gegengerechnet wird und so ein zu versteuerndes Einkommen unterhalb der Steuerfreigrenze (9.168 €) erwirtschaftet wird.

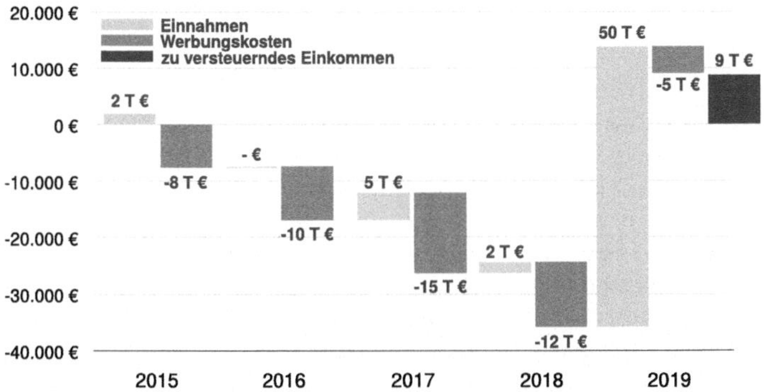

Abb. 2.1: Steuersparpotenzial durch Verlustvortrag

Ohne Verlustfeststellung aus dem Studium müsste der Studierende bei gleichem Einkommen im Jahr 2019 12.279 € Einkommensteuer zahlen. Falls er nur für 2019 eine Steuererklärung erstellt, müsste er auf 45.000 € (50.000 € – 5.000 € = 45.000 €) 10.379 € Einkommensteuer zahlen.

Der gesammelte Verlust aus den Studienjahren wird so lange abgebaut, bis er vollständig aufgebraucht ist. Dies bedeutet, dass man ihn auch in die weiteren Berufsjahre mitnimmt, wenn er im ersten Berufsjahr nicht vollständig aufgebraucht wurde oder es zwischen Studienende und Berufseinstieg einen Zeitraum ohne Berufstätigkeit gab.

Wie viel kann ich mit meinem Verlustvortrag herausholen?

Diese Frage findet **keine eindeutige Antwort**, da die Situationen im Studium meist heterogen sind und eine pauschale Aussage hier nicht möglich wäre. Gehen wir von zwei gleichen Studierenden aus, wobei der eine seinen Verlustvortrag durchführt, der andere nicht. Beide steigen mit dem gleichen Jahresgehalt (50.000 € brutto pro Jahr) in das Berufsleben ein.

Steuerberechnung	ohne Verlustvortrag	mit Verlustvortrag
Bruttolohn (bzw. G.d.E.)	50.000 €	50.000 €
„- gesammelter Verlustvortrag“	- €	-16.000 €
Zu versteuerndes Einkommen (z.v.E.)	50.000 €	34.000 €
Steuerbelastung	12.295 €	6.900 €

Tab. 2.1: Ersparnis durch Absetzen der Studienkosten[11]

Durch das Absetzen der Studienkosten in Höhe von 16.000 € (Annahme) hätte der Studierende **einen Steuervorteil von 5.395 €** gegenüber dem anderen. Die Höhe der Verlustfeststellung hängt vom jeweiligen Studierenden und dem absolvierten Studium ab: Umzüge, Auslandssemester, Gap-Year, abgeschlossene Berufsausbildung vorm Studium und andere Ausgaben. Ebenso unterscheiden sich die Studiengänge hinsichtlich ihrer Ausgaben: Besonders Architektur- oder Mode-Studierende haben teils ausgesprochen hohe Ausgaben für Arbeitsmittel zu tragen.

Müsste ich die Frage nach der **Durchschnittsverlustfeststellung** beantworten, so würde ich diese zwischen **8-15.000 € pro Studienjahr** (ohne Studiengebühren) schätzen, wobei 1/3 des Betrages auf Arbeitsmittel und Fortbildungskosten und 2/3 auf Fahrt- und Reisekosten fällt.

Bis wann habe ich für das Absetzen meiner Studienkosten Zeit?

Eine **Steuererklärung** kann bis zu **vier Jahre**, eine **Verlustfeststellung**[12] bis zu **sieben Jahre** nachgeholt werden. Gehen wir also vom Jahr 2025 (2026) aus, so kann man seine Verlustfeststellung aus spätestens 2018 (2019) einreichen (immer bis zum 31.12. des laufenden Jahres).

[11] Vereinfachte Darstellung: Zur vereinfachten Darstellung werden Sonderausgaben des laufenden Jahres nicht in die Kalkulationen mit einbezogen.

[12] BFH, Urteil vom 13.01.2015 – Az. IX R 22/14 und § 169 Abs. 2 und § 170 Abs. 2 AO.

2.4 Welche Gerüchte rund um Steuern und Studium sind wahr?

Die Gerüchteküche rund um das Thema Steuern und Studium brodelt natürlich unentwegt. Das hat einerseits mit der Unwissenheit vieler Studierender zu tun, anderseits auch mit der ständig erneuerten Gesetzgebung innerhalb Deutschlands. Dies macht es schwierig immer auf dem neusten gesetzlichen Stand zu sein.

Ein Freund hat mir erzählt, dass er durch den Verlustvortrag Geld nachzahlen musste. Stimmt das?

Nein, das kann man **nicht** passieren. Die Werbungskosten im Studium haben keinen negativen Einfluss auf eure Steuerzahlungen im Berufsleben.

Ich denke, es lohnt sich bei mir nicht. Wieso sollte ich diesen Aufwand auf mich nehmen?

In meinen Fällen ist es nie eingetreten, dass es sich nicht gelohnt hätte, die Studienkosten abzusetzen. Selbst wenn viele Studierende noch bei den Eltern und in unmittelbarer Nähe zur Uni wohnten (kaum Entfernungspauschale) und im Studium zusätzlich Einnahmen hatten, hat sich bisher eine korrekt durchgeführte Verlustfeststellung immer bezahlt gemacht.[13]

Wann sollte ich eine Steuererklärung machen?

Eigentlich immer, sobald ihr Einkommensteuer zahlt (um euch diese zurückzuholen) oder speziell dann, wenn ihr in eurer **Zweitausbildung** seid. Hier könnt ihr dann eure Fortbildungskosten absetzen und als Verlustvortrag aufsummieren, was sich auf zukünftige Steuerzahlungen auswirkt. Es ist allerdings zu raten, euch vorher gut zu informieren, da ein Steuerbescheid nach einem Monat meist nicht mehr nachträglich geändert werden kann. Durch Absetzen der Studienkosten als Sonderausgaben oder Werbungskosten könnt ihr euer zu versteuerndes Einkommen (z.v.E.) verringern und so Steuern sparen.

z.v.E. = Bruttolohn – Werbungskosten – Sonderausgaben

Der dritte Fall ist, dass ihr z. B. eure Erstausbildung (Bachelor, 1. Staatsexamina, etc.) abschließt und im gleichen Jahr in den Beruf

[13] Voraussetzung war, dass dieser korrekt durchgeführt wurde.

startet. In diesem Fall könnt ihr die maximal absetzbaren 6.000 € Sonderausgaben für eure Erstausbildung angeben. Diese Sonderausgaben könnt ihr dann eurem Einkommen des laufenden Jahres gegenrechnen![14]

Wer ist verpflichtet eine Steuererklärung abzugeben?

Hierfür gibt es eine große Zahl an Gründen, die euch verpflichten können, eine Steuererklärung im Folgejahr abgeben zu müssen (**Pflichtveranlagung**). Jemand, der mehr als 410 € **selbständig** erwirtschaftet hat, ist verpflichtet diese abzugeben. Die Abgabepflicht für Arbeitnehmer tritt z. B. bei Empfang von Lohnersatzleistungen wie Arbeitslosen- oder Kurzarbeitergeld ein. Ebenso muss man eine Steuererklärung abgeben, sofern man bei mehreren Arbeitgebern parallel angestellt war (Lohnsteuerklasse 6), Kapitaleinkünfte besitzt, erbt oder über Mieteinnahmen verfügt. Die Summe der Fälle für eine Abgabenpflicht ist noch umfangreicher. Als normaler Student oder Arbeitnehmer hat man allerdings meist **keine Pflicht** zur Abgabe der Steuererklärung **(Antragsveranlagung). Sobald ihr jedoch eine Verlustfeststellung erzielt, seid ihr jedes folgende Jahr dazu verpflichtet, eine Steuererklärung abzugeben – bis der Verlust aufgebraucht ist.** Die Abgabe einer Steuererklärung verpflichtet zu keiner Abgabe im Folgejahr.

2.5 Welche Ausbildung ist als Werbungskosten absetzbar?

Die Grundlagen und das Grundwissen erfordern es natürlich zu wissen, inwieweit die **eigene aktuelle Situation** dazu befähigt Kosten abzusetzen und Steuern zu sparen. Stellt die eigene Ausbildung oder der Werdegang gegebenenfalls eine Sondersituation dar oder hat vergangenes Verhalten (bereits abgegebene Steuer) Einfluss auf ein geplantes Absetzen der Studienkosten?

Welche Voraussetzungen gibt es für eine Erstausbildung?

Bis Ende 2014 war die **Mindestdauer** der Erstausbildung gesetzlich nicht fest geregelt. So war es möglich durch einen Trick eine kurzweilige Erstausbildung (z. B. Ausbildung zum Rettungssanitäter[15], Flugbegleiter-Kurse oder Führerschein zum Gabelstaplerfahrer) zu absolvieren, um die Möglichkeit zu haben, das Studium steuerlich abzusetzen. Diese „Kurz-Ausbildungen" wurden bis 2015 vom BFH als Erstausbildung akzeptiert.

[14] Hierzu im weiteren Buch mehr Details.

[15] Medizinstudierende haben diese Ausbildung absolviert, um das Medizin-Studium als Zweitausbildung zu beginnen und absetzen zu können.

Nach einer Neuregelung des Einkommensteuergesetzes muss seit Januar 2015 die Erstausbildung **mindestens zwölf Monate** (in Vollzeit) dauern und mit einem **Abschluss** (Prüfung) beendet werden (§ 4 Abs. 9 und 9 Abs. 6 EStG).[16]

Nur nach dieser Erstausbildung können die Ausgaben für eine Zweitausbildung als Werbungskosten geltend gemacht werden.[17] Unter das erste begonnene Studium / Ausbildung fallen – steuerlich gesehen – alle Studiengänge oder Ausbildungen, die nach der Hochschulzugangsberechtigung (bzw. Abgang der Schule) begonnen werden und diese Voraussetzungen erfüllen.[18] Auch Erstausbildungen, die im Ausland absolviert wurden, können als Erstausbildung akzeptiert werden.[19] Ausnahme sind **duale Studiengänge oder Ausbildungen**, diese lassen sich, aufgrund des parallelen Ausbildungsdienstverhältnisses, sofort als Werbungskosten absetzen.[20]

Was gilt als Zweitausbildung?

Ein Studium oder eine Ausbildung, welche nach einem bereits erfolgreich abgeschlossenen Studium oder Ausbildung ausgeübt wird, stellt eine **Zweitausbildung** dar. Eine **inhaltliche** Verbindung ist nicht von Nöten.[21] Ein duales Studium (wie auch Referendariat) ist per se als Zweitausbildung zu werten, da ihr hierbei parallel eine Ausbildung und ein Studium absolviert.[22] Klassische Zweitausbildungen sind also Master, LLM., zweiter Bachelor, Aufbaustudiengänge, Meisterkurse, Referendariate, Sprachkurse oder Bachelor nach Ausbildung (ebenso Ausbildung nach Bachelor).

[16] In Ausnahmefällen darf die Erstausbildung kürzer sein – z. B., wenn der Prüfling Vorkenntnisse hatte.

[17] § 9 Abs. 6 EStG.

[18] Ein nach einer Ausbildung begonnenes Studium gilt als Zweitausbildung, auch wenn es zu einem Berufswechsel führt: BFH, Urteil vom 18.06.2009 – Az. VI R 14/07 & Az. VI R 49/07.

[19] BMF-Schreiben vom 22.09.2010 – BStBl. 2010 I, 721 (Sofern die Ausbildung mit einer deutschen Ausbildung gleichgestellt ist): Bei einem Studium als Erstausbildung spielt das Herkunftsland des Abschlusses keine Rolle, bei einer Berufsausbildung muss diese in der EU, Norwegen, Liechtenstein, Island oder der Schweiz absolviert worden sein.

[20] § 9 Abs. 6 S. 1 EStG.

[21] R 9.2 Abs. 1 Satz 5 LStR: Erst- und Zweitausbildung müssen nicht miteinander in Verbindung stehen und können auch einen nötigen Berufswechsel beinhalten. Dies war früher einmal der Fall, gilt jedoch heute nicht mehr.

[22] BFH, Urteil vom 07.11.1980 – Az. VI R 50/79, BStBl. 1981 II, 216 und BFH, Urteil vom 24.09.1985 – Az. IX R 96/82, BStBl. 1986 II, 184.

Gilt ein abgebrochenes Studium als Erstausbildung?

Nein, eine Zweitausbildung kann erst begonnen werden, nachdem eine erste Ausbildung oder ein erstes Studium **erfolgreich** abgeschlossen wurde. Entscheidend ist das Datum der letzten Prüfung.

Kann ein abgebrochenes Studium steuerlich abgesetzt werden?

Nein, da ein abgebrochenes Studium nicht zum Arbeiten qualifiziert, fällt es infolgedessen nicht unter Aus- oder Fortbildungskosten, sondern unter „Kosten der privaten Lebensführung“ und kann steuerlich **nicht** abgesetzt werden.

Ist ein abgebrochenes, aber in einem anderen Studium angerechnetes Studium absetzbar?

Möglicherweise. Ihr seid im Master und entscheidet euch dafür, nochmals einen anderen Master zu beginnen: Ob man nun den ersten Master absetzen kann? Ja, hierfür muss man jedoch dem Finanzamt aufzeigen, dass ausreichend Kurse aus dem alten Studium im neuen Studiengang angerechnet wurden. Eine pauschale Aussage, wieviel angerechnet werden muss, um eine Anrechnung des Studiums im steuerlichen Sinne zu erlangen, kann hier leider nicht gegeben werden.

Wer kann welche Kosten absetzen?

Vergleichen wir einfach ein paar Lebensläufe, um dies grafisch zu illustrieren. Weiß bedeutet „nicht absetzbar als Werbungskosten“, Grau bedeutet „absetzbar als Werbungskosten“.

Erstausbildung	Bachelor	Bachelor	Duales Studium	Ausbildung	Ausbildung (Dienstv.)
Zweitausbildung	Master	Bachelor	Master	Bachelor	Bachelor
Drittausbildung			PhD.	Master	Master
Viertausbildung					PhD.

Tab. 2.2: Beispiele zur Absetzbarkeit verschiedener Lebensläufe

Hier wird verdeutlicht, dass die jeweilige **Erstausbildung** (Bachelor oder Ausbildung) nie steuerlich als Werbungskosten absetzbar ist. **Ausnahmen** bilden die Ausbildungen / Lehren in einem Dienstverhältnis und das duale Studium, da parallel zwei Ausbildungen durchlaufen werden (beziehungsweise ein **bezahltes Ausbildungsdienstverhältnis** besteht). Demnach wäre ein dualer Bachelor oder eine Berufsausbildung im Dienstverhältnis direkt nach der Schule mit Werbungskosten unbeschränkt steuerlich absetzbar.

Jede **Fort- oder Weiterbildung**, die **nach** einer **abgeschlossenen Erstausbildung** absolviert wird, kann als Werbungskosten steuerlich abgesetzt werden. Dabei ist es unerheblich, ob dies ein Master, ein Französisch-Sprachkurs oder eine Fortbildung zum Kinderpsychologen ist.

Steuerliche Unterschiede	Erstausbildung	Zweitausbildung (+ jede weitere Ausbildung)[23]
Voraussetzung	Bisher kein Studium/Ausbildung abgeschlossen.	Bereits eine Erstausbildung abgeschlossen.
Gesetz	§ 10 bis 10g EStG	§ 9 EStG
Konsequenz	Ausbildungskosten sind nur als Sonderausgaben absetzbar. Da diese nur vom Gesamtbetrag der Einkünfte abgezogen werden, ist die Bildung eines Verlustvortrags **nicht** möglich.	Ausbildungskosten, die die Voraussetzungen nach § 9 Abs. 6 S. 1 EStG erfüllen, können in spätere Steuerjahre vorgetragen werden und sind als Werbungskosten absetzbar.
Anlage	Anlage Sonderausgaben	Anlage N
Position	Ausbildungskosten	Fortbildungskosten
Beschränkungen	Maximal 6.000 €/Jahr.	Unbeschränkt absetzbar.
Verlustvortrag	**Nicht möglich.**	**Möglich.**

Tab. 2.3: Erst- vs. Zweitausbildung

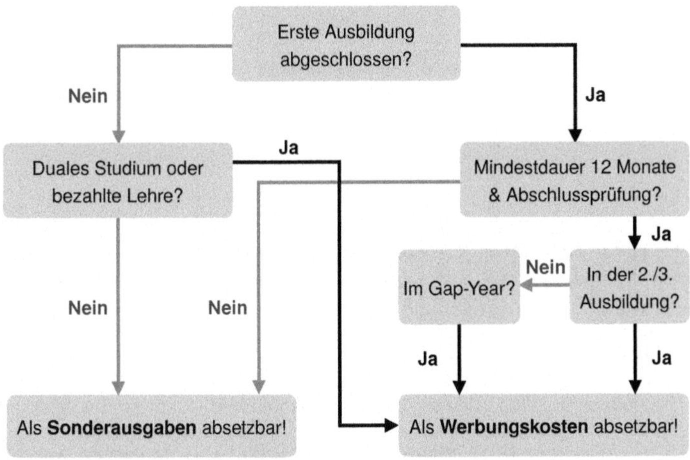

Abb. 2.2: Prüfung der Absetzbarkeit des Studiums

[23]Ebenso jede Fortbildung.

Ob ein **zweiter** Master (auch Ergänzungs- oder Aufbaustudium) oder Bachelor absetzbar ist, liegt an der von euch beim Finanzamt hinterlegten Begründung. Diese kann vom Finanzamt verlangt werden. Bei allen von mir betreuten Fällen stellte eine Begründung, sofern diese sinnvoll erschien, allerdings nie ein Problem bei der steuerlichen Absetzbarkeit dar. Absolviert ihr ein Studium nur aus Spaß und nicht aus beruflichem Interesse, kann es nicht als Werbungskosten abgesetzt werden, da es unter Kosten der privaten Lebensführung (§ 12 EStG) fällt.[24]

Ein **Gap-Year**, also ein Jahr oder ein Semester zwischen zwei Ausbildungsstufen, oder ein **Pflichtpraktikum** nach einem Studium zählt offiziell **als weitere Fortbildung oder zur Zweitausbildung**. Für viele Masterstudiengänge zählt praktische Erfahrung als Zulassungsvoraussetzung. Somit kann das Gap-Year als notwendig für den Master angesehen werden und infolgedessen abgesetzt werden.[25] Auch **Sprachreisen**, berufliche **Fortbildungen** oder Meisterkurse[26] werden als Zweitausbildung anerkannt, sofern eine Erstausbildung mit deren Anforderungen zuvor erfolgreich absolviert wurde.

> **Regel:**
> Für die erste Ausbildung fallen nur Sonderausgaben an.
> Für jede folgende Ausbildung auch Werbungskosten.

Hat es Auswirkungen, wenn ich länger als Regelstudienzeit studiere?

Nein, es ist steuerlich unerheblich, ob ihr das Studium in Regelstudienzeit abschließt. Solange ihr studiert, könnt ihr die Kosten auch absetzen.

Wie sieht die Situation in eingliedrigen Studiengängen wie Medizin, Jura oder Diplomstudiengängen aus?

Die genannten Studiengänge sind steuerlich nicht als Werbungskosten absetzbar – außer es wurde zuvor eine andere Ausbildung abgeschlossen.[27] Diese Frage war die Ausgangslage für das Verfahren am

[24] BFH-Urteil vom 26.01.2005 – Az. VI R 71/03 oder BFH-Urteil vom 10.02.2005 – Az. VI B 33/04 (beides Rentner).

[25] Besonders Umzüge, Bewerbungskosten und Fahrtkosten sind hierbei zu berücksichtigen, wenn im Zwischenjahr Praktika absolviert wurden.

[26] BFH-Urteil vom 15.12.1989 – Az. VI R 44/86, auch Materialkosten für Meisterstück sind vollständig absetzbar.

[27] Bei Medizin konnte man bis 2013 eine zehnwöchige Rettungssanitäterausbildung als Erstausbildung geltend machen. Dies wurde allerdings abgeschafft.

Bundesverfassungsgericht. Zum Leidwesen dieser Studierenden können die Studienausgaben nicht als Werbungskosten, sondern nur als Sonderausgaben abgesetzt werden. Jedoch zählen die Ausbildungsjahre (Referendariate) nach dem ersten Staatsexamen als Zweitausbildung. Ein weiterer Weg wäre, die Kosten für Arbeitsmittel abzuschreiben.

Die entstandenen Kosten wären während der Studienzeit als Sonderausgaben zu deklarieren, über mehrere Jahre abzuschreiben und bei Berufsstart als Werbungskosten umzudeuten.[28]

2.6 Welchen Einfluss haben bereits eingereichte Steuererklärungen?

Eine oftmals unterschätzte Problematik sind bereits eingereichte Steuererklärungen aus Studienjahren. Diese können meist nicht mehr verändert werden, da diese häufig rechtskräftig sind. Aus diesem Grund rate ich Studierenden dazu, sich vor Abgabe von Steuererklärungen ausreichend Informationen über die steuerliche Thematik einzuholen.

Ich habe für Jahr X bereits eine Steuererklärung abgegeben.
Kann ich diese mit dem hier gewonnenen Wissen nachbessern?

Das kommt auf die spezielle Sachlage an. Wenn ihr bereits eine Steuererklärung für Jahr X abgegeben habt, eine Antwort vom Finanzamt erhalten habt und diese einen Monat alt ist, könnt ihr eigentlich nichts mehr verändern. Der Steuerbescheid ist nun **bestands-** und **rechtskräftig**.

Ist euer damaliger Steuerbescheid nach **§ 165 Abs. 1 S. 2 Nr. 3 AO** vorläufig festgesetzt hinsichtlich der Abziehbarkeit der Ausbildungs- oder Studienkosten (s. Kapitel 7), so könnt ihr noch **vier Jahre nach Ausstellen des damaligen Steuerbescheides**[29] nachträgliche Änderungen bei den als vorläufig festgesetzten Berufsausbildungs- oder Studienkosten vorbringen (**Voraussetzung**: Es wurden in der damaligen Steuererklärung Berufsausbildungs- oder Studienkosten abgesetzt).

Ist der Steuerbescheid auch nicht nach § 165 AO vorläufig hinsichtlich der Ausbildungskosten, könntet ihr versuchen, nach **§ 173 AO** zu argumentieren, dass euch zum damaligen Zeitpunkt nicht bewusst war, dass sich Studienkosten absetzen lassen und so das Finanzamt darum bitten, eine Korrektur des Steuerbescheides zuzulassen. Nach § 173 Abs. 1 AO sind Steuerbescheide aufzuheben oder zu ändern, wenn

[28] s. Kapitel 9.

[29] § 164 Abs. 4 AO: Diese Vorläufigkeit endet erst vier Jahre nach Ausstellen des Steuerbescheides zum Jahresende.

nachträglich Tatsachen oder Beweismittel bekannt werden, die zu einer höheren Steuer (§ 173 Abs. 1 Nr. 1 AO) oder zu einer niedrigeren Steuer (§ 173 Abs. 1 Nr. 2 AO) führen. Neue Beweismittel sind z. B. Urkunden, Rechnungen oder Bescheinigungen. Jedoch zählen hierunter keine Versäumnisse wie vergessene Arbeitsmittel. Bei einer Änderung zugunsten des Steuerpflichtigen darf kein grobes Verschulden (Das bedeutet euch darf damals nicht bewusst gewesen sein, Studienkosten absetzen zu können) am nachträglichen Bekannt werden dieser Tatsachen vorliegen (**Voraussetzung**: Es wurden in der damaligen Steuererklärung keine Berufsausbildungs- oder Studienkosten abgesetzt). Die Erfolgsaussicht dieses Einspruchs ist allerdings eher gering (schätzungsweise 30 %). Jedoch empfiehlt es sich hier stur zu bleiben und auch langwierige Diskussionen mit dem Finanzamt in Kauf zu nehmen.

Ist die Steuererklärung allerdings abgegeben und es liegt noch keine Antwort seitens des Finanzamtes vor, kann man nochmals nachbessern oder die abgegebene Steuererklärung zurückrufen.

Ich habe für Jahr X schon eine Steuererklärung abgegeben. Kann ich für die Vorjahre noch Steuererklärungen abgeben?

Ja, sofern ihr für dieses Jahr noch keine Steuererklärung abgegeben habt, könnt ihr noch eine Steuererklärung (oder Verlustfeststellung) abgeben. Diese wird dann mit dem Steuerbescheid aus Jahr X verrechnet. Ob dies Sinn ergibt, kommt auf euren Steuerbescheid aus Jahr X an.

Beispiel: Ihr wart im Jahr X Student, euer G.d.E. (Gesamtbetrag der Einkünfte)[30] hat im Steuerbescheid 6.000 € betragen. Im Vorjahr erwartet ihr einen Verlustvortrag von mehr als 6.000 € *(bei weniger als 6.000 €)*, es lohnt sich also *(nicht)*, den Verlustvortrag zu machen.

Ihr habt Jahr X schon Vollzeit gearbeitet. Euer G.d.E. in Steuerjahr X betrug beispielsweise 40.000 €. Der Verlustvortrag für das Vorjahr lohnt sich immer! Sofern ihr im Vorjahr einen Verlustvortrag realisiert, wird euer Steuerbescheid aus Jahr X nachträglich nochmals bearbeitet und mit den nachgereichten Verlusten verrechnet.[31]

[30] Bei Verrechnung von Verlustvorträgen ist der G.d.E. und nicht das z.v.E. entscheidend.

[31] Beispiel in Potential- und Situationsanalyse ab S. 209.

2.7 Wie funktionieren Einkommensteuern?

Die Grundlagen dieses Buches stellen Steuern – explizit die Einkommensteuer – dar. Die diesen untergeordneten Begrifflichkeiten der Werbungskosten, der Sonderausgaben und die Grundthematik des Verlustvortrags werden euch durch das gesamte Buch begleiten.

Was sind Einkommensteuern?

Einkommensteuern sind eine Abgabe auf Einkünfte natürlicher Personen an den Staat bzw. das Finanzamt. Die Gesetzesgrundlage für Einkommensteuern ist das Einkommensteuergesetz (EStG). Um es einfach zu halten, zahlen alle von euch auf Einkommen und Einnahmen abzgl. der Werbungskosten, diverser Freibeträge und der Sonderausgaben (= das sogenannte **zu versteuernde Einkommen** (z.v.E.)) Steuern. Der Spitzensteuersatz auf nichtselbständige Einnahmen in Deutschland beträgt derzeit 45 %. Um das zu versteuernde Einkommen zu minimieren, setzt man Werbungskosten und Sonderausgaben ab und drückt damit die persönliche Steuerlast. Diese Steuerlast berechnet sich jedoch nicht nur nach der Höhe des Einkommens, sondern auch nach der Steuerklasse.

Was ist eine Steuerklasse?

Es existieren in Deutschland **sechs** verschiedene **Steuerklassen**, in welche der Steuerzahler eingruppiert wird. Diese Steuerklasse hängt mit zwei Faktoren zusammen: eurer Lebensführung und eurem Beruf[32].

- Lohnsteuerklasse 1:
  Unverheiratete Personen.
- Lohnsteuerklasse 2:
  Unverheiratete Personen und alleinerziehend.
- Lohnsteuerklasse 3:
  Verheiratet oder in Lebensgemeinschaft in 3 und 4.
- Lohnsteuerklasse 4:
  Verheiratet oder in Lebensgemeinschaft, beide in LS-Klasse 4.
- Lohnsteuerklasse 5:
  Verheiratet oder in Lebensgemeinschaft in 3 und 5.
- Lohnsteuerklasse 6:
  Personen mit mehreren sv-pflichtigen Arbeitsverhältnissen.

[32] § 38b EStG.

Die Lohnsteuerklasse hat lediglich auf die Höhe der Lohnsteuer Einfluss, jedoch nicht auf die endgültig zu entrichtende Einkommensteuer. Die Lohnsteuerklasse regelt damit nur die Höhe der **Steuervorauszahlung**. Die endgültige Steuerlast lässt sich durch Absetzen von Kosten vermindern. Als Student ist man meist in der Steuerklasse 1 oder 6.

Wie berechnet sich meine Einkommensteuer?

Das deutsche Steuertarifsystem wird als **progressiv** bezeichnet. Dies bedeutet, dass die Steuerlast mit steigendem Einkommen überproportional wächst. Der erste Euro, welchen ihr verdient, wird weniger versteuert als der 50.000ste Euro. Bei der deutschen Einkommensteuer sind dabei mehrere Steuer-Zonen zu unterscheiden (Stand 2020).

In der „**Nullzone**“ bleibt ein Grundbetrag steuerfrei. Der **Grundfreibetrag**, bei welchem keine Steuern bezahlt werden, steigt jedes Jahr um einige Euro an. Blieben bei einer ledigen Person die Einkünfte 2020 unter 9.408 €, so zahlt diese keinen Euro Einkommensteuer. Dies dient dazu, das Existenzminimum für Geringverdiener zu sichern.[33]

Grundfreibetrag	Ledige	Verheiratete
2025	12.096 €	24.192 €
2024 (wurde nachträglich erhöht)	11.784 €	23.568 €
2023	10.908 €	21.816 €
2022	10.347 €	20.774 €
2021	9.744 €	19.488 €
2020	9.408 €	18.816 €
2019	9.168 €	18.336 €
2018	9.000 €	18.000 €

Tab. 2.4: Grundfreibeträge

Zwei „**Progressionszonen**“ erfassen das zu versteuernde Einkommen von der „**Nullzone**“ bis 12.739 € und der „**Progressionszone II**“ von 12.740 bis 52.151 €. Die Tarife steigen in diesen Zonen von 14 auf 42 %. Je höher der Grundfreibetrag, desto höher die jeweiligen Zonen.

- **Die Progressionszone I**:
  - liegt zwischen 9.408 und 12.739 €
  - Grenzsteuersatz beträgt zwischen 14 und 24 %

[33] § 32a EStG.

- **Die Progressionszone II**:
  - liegt zwischen 12.739 und 52.151 €
  - Grenzsteuersatz beträgt zwischen 24 und 42 %
- **Die Proportionalzone I**:
  - beginnt bei 52.152 €
  - Jedes höhere Einkommen unterliegt Steuersatz von 42 %
- **Die Proportionalzone II**:
  - beginnt bei 260.0000 €
  - Spitzensteuersatz von 45 %

Es gibt also zwei Steuersätze. Der **Steuersatz**, der in drei Stufen unterteilt ist, und der **Durchschnittssteuersatz**, der sich aus diesen errechnet. Eure persönliche Steuerlast, also wie viel ihr letztendlich an Steuern zahlt, hängt von verschiedenen Faktoren ab: eurem Einkommen, eurer Steuerklasse, der Veranlagung (ledig oder verheiratet), ggf. der Kirchensteuer und eben den abgesetzten Werbungskosten und Sonderausgaben.

Für eine schnellere Übersicht über eure Einkommensteuerhöhe, euren Durchschnitts- und Grenzsteuersatz könnt ihr grundtabelle.de aufrufen.

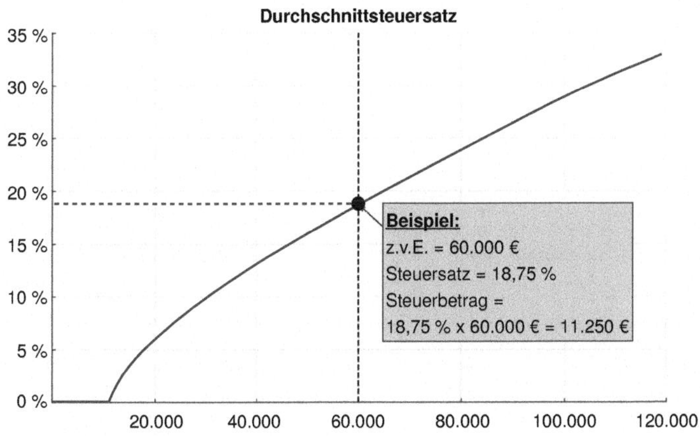

Abb. 2.3: Linear progressiver Steuertarif (allgemeines Beispiel)

Welche Einkunftsarten existieren im Steuerwesen?

In Deutschland unterscheidet man steuerlich **sieben Einkunftsarten**. Diese unterteilen sich in **Überschuss-** und **Gewinneinkünfte** (§ 2 EStG).

Überschusseinkünfte sind Einkünfte aus nichtselbständiger Arbeit (§ 19 EStG: z. B. Lohneinkünfte), Einkünfte aus Kapitalvermögen (§ 20 EStG: z. B. Zinsen oder Dividenden), sonstige Einkünfte (§ 22 EStG: z. B. Renten) und Einkünfte aus Vermietung und Verpachtung (§ 21 EStG: z. B. Miete oder Pacht).

Gewinneinkünfte sind Einkünfte aus Land- und Forstwirtschaft (§ 13 EStG: z. B. Bauernhof), Einkünfte aus selbständiger Arbeit (§ 18 EStG: z. B. Freelancer oder Freiberufler) und Einkünfte aus Gewerbebetrieb (§ 15 EStG: z. B. Einzelunternehmen).

Für jede dieser Einkunftsarten existieren auch unterschiedliche Steuerformulare. Für euch als Studierende sind im wahrscheinlichsten Fall nur die Einkünfte aus selbständiger und nichtselbständiger Arbeit interessant. Fallen Einkünfte unter keine der oben genannten Kategorien (etwa Lottogewinne, BAföG-Zahlungen, etc.) sind diese steuerfrei.

Wie berechnet sich die Grundlage meiner Lohnsteuer?

Die Grundlage eurer Steuerlast ist die Differenz zwischen der Summe aller Einkünfte abzüglich eurer Kosten: Ein Schaubild ist zur besseren Darstellung im Folgenden eingefügt. Dieses Verfahren nennt sich **Veranlagung**. Die Summe eurer Einnahmen aus z. B. nichtselbständiger Arbeit, Kapitalerträge, etc. kürzt ihr um die Werbungskosten bzw. Betriebsausgaben und erhaltet die **Summe der Einkünfte.**

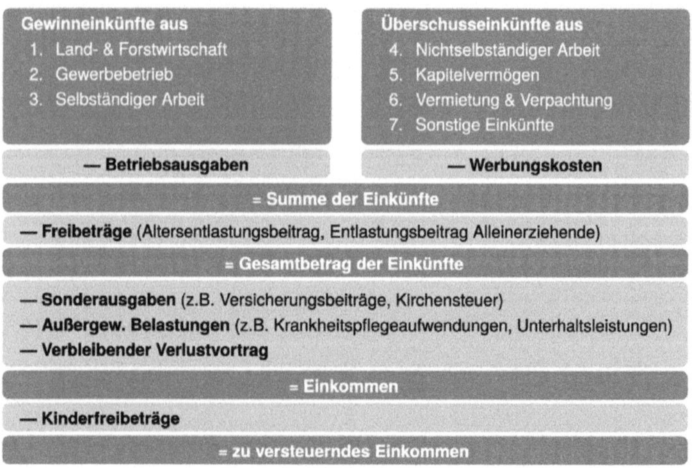

Abb. 2.4: Einkommensteuerberechnung (Veranlagung) in Deutschland

Diese Summe wird dann um Freibeträge (z. B. Altersentlastungsbetrages § 24a EStG und Entlastungsbeitrag für Alleinerziehende § 24b EStG) weitergekürzt, welches dann den **Gesamtbetrag der Einkünfte** (G.d.E. = falls Verlust: Verlustvortrag) darstellt. Danach werden weitere Kostenarten – die **Sonderausgaben**[34] (§ 10 – 10c EStG) oder die **Außergewöhnliche Belastungen**[35] (§ 30 – 33b EStG) – abgezogen. Zuletzt werden noch die Freibeträge für Kinder herangezogen und schließlich kommt das Endergebnis – das **zu versteuernde Einkommen** (z.v.E.) – heraus. Hieraus errechnet sich die letztendliche **Steuerlast** (vgl. Grundtabelle).

Die meisten Studierenden haben also ein niedriges Einkommen aus nichtselbständiger Arbeit (Praktikum, Werkstudent, Mini-Job), welchem jedoch hohe Kosten (Werbungskosten aus dem Beruf als Student) gegenüberstehen. Dadurch erwirtschaftet sich ein Minusbetrag (Verlust). Dieser Betrag ist dann die sogenannte **Verlustfeststellung** (oder der **Verlustvortrag**).

Was ist ein Verlustvortrag und worin besteht der Unterschied zur Steuererklärung?

Verlustvortrag (§ 10d EStG) ist im deutschen Handels- und Steuerrecht die Summe der noch nicht mit Gewinnen verrechneten kumulierten Verluste der Vorjahre. Bei einer normalen Steuererklärung zieht ihr von euren Einnahmen die Werbungskosten ab, um auf das (**positive**) zu versteuernde **Einkommen** zu gelangen. Für einen Verlustvortrag übersteigen die Kosten die Einnahmen im entsprechendem Steuerjahr. Ihr erwirtschaftet also ein **negatives Einkommen**. Diesen Verlust könnt ihr in die Folgejahre übertragen.

Was ist ein Verlustrücktrag?

Ihr habt jedoch auch die Möglichkeit eines **Verlustrücktrags**. Habt ihr vor eurem Studium gearbeitet, wird das Finanzamt eure Studienverluste automatisch vortragen – außer ihr markiert das entsprechende Feld auf der Anlage N („Erklärung zur Feststellung des verbleibenden Verlustvortrages"). Mit einem Verlustrücktrag übertragt ihr die Verluste aus eurem Studium in das Berufsjahr **vor** der steuerlich geltend gemachten Ausbildungszeit. (**Achtung**: Ihr könnt einen Verlust nur in **ein Steuerjahr** rücktragen! Ab 2022 auch zwei Jahre.) Dies ist beispielsweise hilfreich, wenn ihr zwischen Erst- und Zweitausbildung höhere Einkünfte

[34]Versicherungen oder Renten.
[35]z. B. dauerhafte Krankenkosten.

erzielt und nach der Zweitausbildung nicht mehr in Deutschland arbeitet oder arbeiten wollt. So könnt ihr die Verluste der Zweitausbildung mit Einkommen vor dieser Ausbildung verrechnen.

Steuerberechnung[36]	**Begrenzter Verlustrücktrag (2019)**	**Voller Verlustrücktrag (2019)**
Gesamtbetrag der Einkünfte (G.d.E.)	12.000 €	12.000 €
– gesammelter Verlustrücktrag	−1.832 €	−10.000 €
– Sonderausgaben aus Steuerjahr	−1.000 €	−1.000 €
Zu versteuerndes Einkommen	9.168 €	1.000 €
Steuerbelastung	0 €	0 €

Tab. 2.5: Vergleich voller oder begrenzter Verlustrücktrag

Der Verlustrücktrag hat im Gegenzug zum Verlustvortrag einige Besonderheiten. Habt ihr vor eurer Zweitausbildung Einkünfte erwirtschaftet, so wird das Finanzamt automatisch eure Verluste in dieses Jahr transferieren und den Steuerbescheid abändern. Der Verlustrücktrag ist zudem nur in das Vorjahr übertragbar. Begrenzen könnt ihr dies durch Anlage Sonstige. Vorteil ist, dass der Verlustvortrag hierbei nicht gänzlich aufgebraucht werden muss. So könnt ihr eure Einkünfte durch Werbungskosten und Sonderausgaben geschickt auf die Höhe des Steuerfreibetrages drücken und den restlichen Verlust als Verlustvortrag behalten. Dies ist bei einem Verlustvortrag nicht möglich. Dafür kann dieser so lange in Folgejahre übertragen werden, bis dieser vollständig aufgebraucht ist.

> Verlustfeststellungen ab dem Veranlagungszeitraum 2022 müssen komplett vor- oder rückgetragen werden! Eine teilweise Begrenzung und Aufteilung dieser, wie eben beschrieben, ist nur bis zum Veranlagungszeitraum 2021 möglich.

[36] Annahmen für Beispiele Verlustrücktrag: 10.000 € Verlust (Werbungskosten) aus Studienjahr 2020, 1.000 € Sonderkosten in den entsprechenden Steuerjahren (2019 und 2021) und 9.168 € Steuerfreibetrag (2019).

Besser ist bei einem Verlustrücktrag daher nur die Werbungskostensumme rückzutragen, um (inklusive der Sonderausgaben aus dem entsprechenden Steuerjahr) unter den Steuerfreibetrag zu gelangen. Der noch **verbleibende Verlust** wird als Verlustvortrag in Folgejahre übernommen!

Auch, wenn ihr im Steuerjahr vor eurer Zweitausbildung Einkünfte hattet, kann es sinnvoll sein, auf den Verlustrücktrag inklusive seiner Besonderheiten zu verzichten! Wir erinnern uns an den progressiven Steuertarif: Auf den ersten Euro über dem Steuerfreibetrag zahlt ihr nur 14 % Lohnsteuer. Diese prozentuale Abgabe steigt mit jedem weiteren verdienten Euro. Habt ihr also vor eurer Zweitausbildung nur ein geringes Einkommen erwirtschaftet und seid nach der Zweitausbildung gehaltstechnisch höher eingestiegen, so kann es je nach Bruttolohn der Steuerjahre sinnvoll sein, auf den Verlustrücktrag komplett zu verzichten und den Verlust als Ganzes als Verlustvortrag zu übernehmen. Ihr seht im Folgenden, dass ihr bei identischem Verlustergebnis der Steuerjahre je nach Einkommen mehr Lohnsteuer sparen könntet. Obwohl wir den Verlust nicht anteilig ins Vorjahr transferiert haben, konnten wir mehr Steuern sparen (8.622 € vs. 8.279 € [= 7.990 € + 289 €] Steuerbelastung).

Steuerberechnung	**Verlustrücktrag (2019)**	**Verlustvortrag (2021)**
Gesamtbetrag der Einkünfte (G.d.E.)	**12.000 €**	**50.000 €**
– gesammelter Verlust	−1.832 €	−8.168 €
– Sonderausgaben aus Steuerjahr	−1.000 €	−1.000 €
Zu versteuerndes Einkommen (z.v.E.)	**9.168 €**	**40.832 €**
Steuerbelastung	**0 €**	**8.622 €**

Tab. 2.6: Verlustrücktrag und Verlustvortrag

Wie man seinen eigenen Verlust aus Studienzeiten aufteilt und wie dies am vorteilhaftesten ist, hängt stark von der eigenen Situation (Gesamtbruttoeinkünfte und Sonderausgaben in den entsprechenden Steuerjahren vor und nach der Zweitausbildung, sowie die Verlusthöhe aus Studienzeiten) zusammen. Aufgrund des progressiven Steuertarifes ist es daher häufig sinnvoll, die einkommensstarken Steuerjahre stärker durch Werbungskosten zu mindern.

Steuerberechnung	Verlustrücktrag (2019)	Verlustvortrag (2021)
Gesamtbetrag der Einkünfte (G.d.E.)	**12.000 €**	**50.000 €**
– gesammelter Verlust	−0 €	−10.000 €
– Sonderausgaben aus Steuerjahr	−1.000 €	−1.000 €
Zu versteuerndes Einkommen (z.v.E.)	**11.000 €**	**39.000 €**
Steuerbelastung	**289 €**	**7.990 €**

Tab. 2.7: Vorteilhaftigkeit ungenutzter Verlustrücktrag

Was sind Werbungskosten?

„Werbungskosten sind Aufwendungen zur Erwerbung, Sicherung und Erhaltung der Einnahmen."[37]

Vereinfacht ausgedrückt sind Werbungskosten alle Ausgaben, die auftreten, um derzeit oder künftig einen Job ausüben und Geld verdienen zu können. Im Hinblick auf euer Beschäftigungsverhältnis (Studierende, Arbeitnehmer oder Beamte) sind Werbungskosten alle Ausgaben, um eine Arbeitsstelle zu bekommen (z. B. Ausbildungs- oder Bewerbungskosten) oder ein bestehendes Beschäftigungsverhältnis ausführen zu können (z. B. Arbeitsmittel, Kosten für den Weg zur Arbeit etc.). Diese **Werbungskosten** können eurem Einkommen gegengerechnet werden und verringern damit das zu versteuernde Einkommen. Das Besondere an den Werbungskosten: Diese lassen sich während der Studienzeit aufsummieren (=Verlust) und zu Beginn der Erwerbstätigkeit als Gesamtverlust absetzen.

Was sind Pauschalen und welche nutzen mir als Student?

Pauschalen sind Wertbegriffe für die Steuererklärung, welche ihr absetzen könnt, ohne dass das Finanzamt Belege möchte oder anfordern kann. Hierunter fallen Pauschalen für die Kontoführung (16 €), den „berufsbedingten" Umzug (ca. 760 €)[38], Arbeitsmittel (110 €) oder die allgemeine Werbungskostenpauschale/Arbeitnehmerpauschale (1.000 €, ab 2022: 1.200 €, ab 2023: 1.230 €).[39]

[37] § 9 Abs. 1 S. 1 EStG.

[38] Die Pauschale ist abhängig vom entsprechenden Jahr und wird jährlich angepasst. Zudem steigt sie um 50 %, wenn ihr den letzten fünf Jahren bereits beruflich umgezogen seid oder der Umzug über Ländergrenzen hinweg stattfand.

[39] Siehe § 9a S. 1 Nr. 1 EStG.

Was ist die Werbungskostenpauschale (auch Arbeitnehmerpauschale)?

Die Arbeitnehmerpauschale ist ein Pauschalbetrag, den ihr jedes Jahr **als Arbeitnehmer** steuerlich absetzen könnt, ohne Rechnungen und Beweise einreichen zu müssen.[40] Es lohnt sich also, sofern keine Ausgaben vorliegen, diesen zu wählen. In diesem Buch werdet ihr allerdings merken, dass ihr durch eure Studienkosten mehr als diese Pauschale absetzen werdet. Bedenkt also, dass jeder Euro über dem Arbeitnehmerpauschbetrag zählt! Die Pauschale kann nicht zu den abgesetzten Werbungskosten summiert werden. Entweder Werbungskosten oder die Werbungskostenpauschale absetzen.

> **Ziel**: Je mehr Werbungskosten ihr absetzen könnt, desto weniger Einkommensteuer müsst ihr letzten Endes zahlen.

Was sind Sonderausgaben?

Sonderausgaben sind Kosten, die weder Werbungskosten, Kosten privater Lebensführung noch Betriebsausgaben sind. Zudem unterliegen diese höheren Restriktionen. So sind sie nur im **Jahre des Entstehens anrechenbar** – also auch nur steuerlich nutzbar, sofern ihr im entsprechendem Jahr steuerlich relevantes Einkommen hattet. Werbungskosten – zur Erinnerung – sind unbeschränkt in ihrer Höhe und lassen sich in die Folgejahre übertragen. Ausbildungskosten der Erstausbildung sind per Definition Sonderausgaben.

Was sind Außergewöhnliche Kosten und Freibeträge?

Außergewöhnliche Belastungen[41] sind private Kosten, die eigentlich nicht steuerlich absetzbar sind. Habt ihr jedoch dauerhaft diese Kosten (aufgrund z. B. einer Krankheit), so können diese ggf. dennoch abgesetzt werden. Diese können durch eine Krankheit, durch benötigte Pflege, aber auch z. B. eine benötigte Brille, Unterhalts- oder Beerdigungskosten auftreten. Da es keine klare Auflistung gibt, müssen hier alle ihren speziellen Fall hinterfragen und notfalls Google nutzen. Durch diesen steuerlichen Posten könnt ihr Heilungskosten (Kauf von Medikamenten, Therapiekosten, Fahrten zum Arzt, Krankengymnastik), die eure Krankenkasse nicht übernimmt, oder z. B. eure Lesebrille als

[40] § 9 Abs. 1 S. 1 EstG (bis 2022: 1.000 €; 2022: 1.200 €; 2023: 1.230 €).
[41] § 33 EStG.

außergewöhnliche Belastung bei eurer Steuer absetzen. Jedoch müssen diese Kosten die Stufe der sogenannten Eigenbelastung übersteigen. Diese hängt vom Einkommen und Familienstand ab.[42]

Freibeträge kommen in verschiedenen Arten vor. Hierbei gibt es z. B. den Übungsleiterfreibetrag, den Kinderfreibetrag oder den Entlastungsfreibetrag für Alleinerziehende.

> Für Eltern gibt es einen **Freibetrag** (924 €, ab 2023: 1.200 €), sofern ihr in der Ausbildung seid, nicht zu Hause wohnt und noch Anspruch auf Kindergeld hättet (**Ausbildungsfreibetrag**).[43]

Können meine Eltern auch durch mein Studium steuerlich profitieren?

Zunächst sei gesagt, dass hier zwei Fälle existieren: Erhalten die Eltern noch Kindergeld bzw. setzen den Kinderfreibetrag ab oder nicht?

Falls **ja**, können Eltern nur den Pflichtteil eurer Kranken- und Pflegeversicherung[44] geltend machen. Das Finanzamt geht im Falle von Kindergeld davon aus, dass alle anderen Kosten der Eltern durch das Kindergeld abgegolten sind. Eure Kranken- und Pflegevers. sind Sonderausgaben und haben keinen Einfluss auf die Verlustfeststellung des Studiums! Daher könnt ihr diese Sonderausgaben eure Eltern (ohne eigene Nachteile) absetzen lassen. Zusätzlich dürfen Eltern den Ausbildungsfreibetrag geltend machen, sofern das Kind auswärtig untergebracht ist, sich in der Ausbildung befindet und noch Kindergeld erhält.

Falls **nein**, können Eltern weiterhin die Kranken- und Pflegeversicherung steuerlich geltend machen.[45] Des Weiteren dürfen die Eltern nun die **Unterhaltsleistungen** (bis 9.168 € in 2019) als **außergewöhnliche Belastungen**[46] steuerlich nutzen.[47] Zu diesen Leistungen zählen Barüberweisungen, Übernahme von Kosten wie der Krankenversicherung

[42] Die Vorgehensweise erfahrt ihr im Internet. Bei ledigen Personen, ohne Kinder und Jahreseinkommen bis zu 15.340 €, liegt die zumutbare Belastung bei 5 % eures Einkommens. Habt ihr höhere außergewöhnliche Belastungen als diese Grenze, könnt ihr die Kosten hierfür steuerlich absetzen.

[43] Einzutragen in der Anlage Kind (§ 33a Abs. 2 EStG); ab 2023 1.200 €.

[44] Anlage Kind Z. 31 bis 42.

[45] Anlage Vorsorgeaufwendungen (der Eltern), Z. 40 bis 43 oder Anlage Unterhalt, Z. 11 bis 16.

[46] Um außergewöhnliche Belastungen geltend machen zu können, muss die „zumutbare Belastungsgrenze“ überschritten werden.

[47] Anlage Unterhalt Z. 11 ff.

oder Miete und auch Übernahme von Studienkosten.[48] Studiengebühren dürfen die Eltern **nicht** geltend machen.[49]

Achtung: Übersteigen Einkünfte, Bezüge und weiteren Einnahmen des Studierenden 624 € im Kalenderjahr, wird der steuerlich absetzbare Betrag gekürzt. Ebenso darf das Vermögen des Studierenden (Barmittel, Aktien, Immobilien) 15.500 € nicht übersteigen!

Absetzbare Unterhaltsleistungen	**Studierende:r**	**Eltern**
Unterstützungsleistungen (12 × 1.000 €)		**12.000 €**
Bezüge und Einkünfte Kind[50]	10.000 €	
– Werbungskosten Kind (aus Studium)	– 4.000 €	
– Freibetrag Kind	– 624 €	
Ansetzbarer Betrag Kind	**5.376 €**	**– 5.376 €**
Absetzbare Unterstützungsleistungen		**6.624 €**

Tab. 2.8: Absetzbare Unterhaltsleistungen

Was sind Kosten der privaten Lebensführung?

Das sind Kosten, welche ihr steuerlich **nicht** als Werbungskosten oder Sonderausgaben absetzen könnt. Allgemein gesagt sind das Kosten des privaten Lebens wie Kleidung, Friseurbesuche und private Anschaffungen. Diese sind nach § 12 EStG nicht abzugsfähig bei der Einkünfteermittlung.

> Ausgaben für die Ausbildung sind **keine** Ausgaben privater Lebensführung!

[48] Quittungen, Überweisungen oder Barleistungen mit Datum und Unterschrift.
[49] BFH, Urteil vom 10.10.2017 – Az. X R 32/15.
[50] Hierunter fallen nun auch Löhne, Stipendien, Mini-Job, Ausbildungshilfen, BAföG und Wohngeld.

2.8 Haben Auslandsaufenthalte oder Ausländer eine Sonderrolle?

Eine weitere Betrachtungsweise ist die steuerliche Behandlung von Studiengängen, die komplett im Ausland belegt oder wie ausländische Studierende in Deutschland steuerlich behandelt werden.

Ich mache ein Auslandsstudium (Zweitausbildung). Kann ich dieses in Deutschland steuerlich absetzen?

Ja, jedoch gibt es hierbei Folgendes zu beachten[51]: Das Auslandsstudium **muss** in Deutschland anerkannt sein.[52] Zusätzlich seid ihr „eigentlich" während der Studienzeit dort steuerpflichtig, wo ihr euch die meiste Zeit im Jahr aufhaltet. Folglich solltet ihr bei einem reinen Auslandsstudium darauf achten, maximal häufig in Deutschland zu sein.[53] Studienkosten können dann abgesetzt werden - kontrolliert wird das jedoch selten.

Ich möchte nach dem Studium im Ausland arbeiten. Ergibt ein Verlustvortrag Sinn?

Jein, im Ausland bringt der angerechnete Verlustvortrag aus Deutschland nichts, jedoch dürft ihr den gesammelten Verlust „speichern" bis ihr in Deutschland wieder steuerpflichtig werdet (§ 10 d Abs. 4 EstG). Eine alternative Möglichkeit kann hier ein **Verlustrücktrag** sein.

Gibt es Unterschiede von ausländischen zu deutschen Studierenden?

Hier muss man zunächst einmal unterscheiden. Die Nationalität macht keinen Unterschied für eine Verlustvortragserstellung in Deutschland.

[51] BFH, Urteil vom 29.09.2022 – Az. VI R 34/20.

[52] Der Abschluss muss in Deutschland anerkannt sein, damit das Finanzamt die Gleichwertigkeit auch steuerlich anerkennt.

[53] Bei einem länger als 6 Monate andauerndem Auslandsstudium, kann es dazu kommen, dass die Studienkosten nicht mehr in Deutschland geltend gemacht werden könnten (BFH, Urteil vom 27.04.2005 – Az. I R 112/04), da ihr für diesen Zeitraum nicht mehr in Deutschland steuerpflichtig (183-Tage-Regelung) gewesen wärt. Dies gilt jedoch nicht, wenn ihr in regelmäßigen Abständen nach Deutschland zurückkehrt, hier einen eigenen Hausstand (z. B. bei den Eltern) während des Auslandseinsatzes habt oder ein konkreter Zusammenhang zwischen Studium und späterer beruflicher Tätigkeit in Deutschland besteht.

Ausländer, sofern diese ihren Wohnsitz in Deutschland haben, unterstehen ohne Einschränkung dem deutschen Steuergesetz. Eine Verlustfeststellung aus Studienzeiten steht somit jedem (ehemaligen) Studierenden in Deutschland zu.

Vielmehr macht die Herkunft, also wo die Heimat ist, einen Unterschied für das Absetzen bestimmter Kosten. So fällt zum Beispiel ein Ansatz einer doppelten Haushaltsführung für Studierende, die aus dem weiten Ausland für ein Studium nach Deutschland ziehen, weg bzw. wird aufgrund der Notwendigkeit der regelmäßigen Heimfahrten zum Lebensmittelpunkt ungleich schwerer.[54] Auch die regelmäßigen Heimfahrten zu den Eltern können aus diesem Grund nicht abgesetzt werden. Dafür haben Studierende aus dem Ausland das Recht (auch ohne doppelte Haushaltsführung), jedes Jahr einen Heimflug oder eine Heimfahrt steuerlich abzusetzen.

Ein weiterer Unterschied ist die unterschiedliche Behandlung von Sprachkursen. Einen Englisch-Kurs können alle Studierenden absetzen. Sprachkurse in einer weiteren Fremdsprache werden vom Finanzamt bei ausreichender Begründung ebenso akzeptiert.[55] Belegen Ausländer einen Sprachkurs in Deutsch, unabhängig davon, ob dieser als Zulassungsvoraussetzung des Studiums in Deutschland zählt, wird dieser allerdings aufgrund § 12 EStG nicht akzeptiert.[56]

Um den Verlustvortrag nach dem Studium geltend machen zu können, müssen Studierende (unabhängig der Herkunft) nach deren Studium nur im Gebiet der Bundesrepublik **steuerpflichtig** sein und das Studium steuerlich korrekt geltend machen.

[54] Aussage der Finanzverwaltung, Ausnahmen natürlich angrenzende Nachbarländer. Sonderfall Ausland: Bei der doppelten Haushaltsführung im Ausland reicht rechtlich eine Heimfahrt pro Jahr aus, um den Lebensmittelpunkt zu begründen. Jedoch ist es schwierig, dem Finanzamt deutlich zu machen, dass sich bei einer Heimfahrt pro Jahr der dauerhafte Lebensmittelpunkt im Ausland befindet (z. B. durch Ehepartner oder Kinder).

[55] BFH, Urteil vom 10.04.2002 – Az. VI R 46/01; vom 13.06.2002 – Az. VI R 168/00 & vom 28.09.1979 – Az. I 111/78: z. B. verbesserte Jobchancen, Beförderung, ausländische Kollegen oder potenzieller Auslandseinsatz.

[56] BFH, Urteil vom 15.03.2007 – Az. VI R 14/04, BStBl 2007 II, 814.

2.9 Wie belege ich dem Finanzamt meine Aufwendungen und Kosten?

Die Frage nach den Belegen und Rechnungen erreicht mich immer als erstes. *„Ich habe keine Rechnung mehr", „Ich weiß nicht, wo ich die Rechnungen finde"* oder *„Die Rechnung ist unleserlich geworden"*. Ich kenne die Problematik, dass man keine Rechnung mehr hat (eventuell weggeworfen), diese verlegt hat oder nie eine hatte (gebraucht gekauft). Auch für dieses Problem findet man Lösungen.

Brauche ich für alle Kosten eine Quittung oder Rechnung?

Nein! Wenn ihr die Steuer einreicht, reicht ihr diese zunächst ohne Rechnungen und Belege ein.[57] Wenn das Finanzamt daraufhin einen Beleg benötigt, wird es sich bei euch melden und ihr erhaltet die Möglichkeit, Belege nachzureichen. Meist reichen Nachweise, wie sie auf der Folgeseite aufgeführt werden, aus. In den seltensten Fällen wünschen Finanzbeamte eine komplette Einreichung aller Belege. Bei Pauschalen (z. B. Pendlerpauschale, Kontoführungspauschale) benötigt ihr – wie sie bereits sagen – **keine** Nachweise. Diese werden pauschal vom Finanzamt akzeptiert. Für fehlende Rechnungen und Belege könnt ihr notfalls einen Eigenbeleg beim Finanzamt einreichen.

Ist es egal, wer die Arbeitsmittel oder Studiengebühren bezahlt hat?

Meistens. Die Frage trat häufig auf, wenn (Groß-)Eltern die Studiengebühren von Privathochschulen oder das teure MacBook übernommen hatten. Es macht im eigentlichen Sinne keinen Unterschied, wer die Kosten für Arbeitsmittel oder Fortbildungskosten bezahlt hat.[58] Die Rechnung sollte bei derartig hohen Summen nur vorhanden sein. Ausnahmen sind Mietkosten, die von euch selbst bezahlt werden sollten.[59]

Anders sieht es aus, wenn eure Eltern den Laptop bezahlt haben und dieser deshalb auch von den Eltern bei deren Steuererklärung angegeben wurde. Dann ist es für euch nicht mehr möglich, dieses Arbeitsmittel bei

[57] Aufgrund des Gesetzes zur Modernisierung des Besteuerungsverfahrens (18. Juli 2016): Hiernach besteht nur noch eine Belegevorhaltepflicht und keine Belegevorlagepflicht. Ihr müsst die Belege also nur noch bei Nachfrage vorlegen.

[58] BFH, Urteil vom 22.07.2003 – Az. VI R 4/02 und vom 15.11.2005 – Az. IX R 25/03, BStBl. II 2006, 623 (Stichwort: abgekürzter Zahlungsweg; BFH, Urteil vom 22.07.2003 – Az. R 4/02.).

[59] FG Niedersachen, Urteil vom 25.02.2016 – Az. 1 K 169/15.

eurer Steuererklärung abzurechnen, da der Gegenstand nur von einer Person abgesetzt werden darf. Gleiches gilt, wenn der Arbeitgeber die Studienkosten trägt / erstattet.

Was mache ich, wenn ich keinen Beleg habe?

Hierfür gibt es verschiedene Möglichkeiten:

1. Entweder ihr versucht, nachträglich an den Beleg zu kommen. Dies ist z. B. bei Flugtickets über die Airline (per Mail anfragen) möglich, über die Uni (Semesterbeiträge im Studienbüro nachfragen) oder ihr sucht in euren Amazon- oder Ebay-Konten nach Belegen. Bei Ebay-Auktionen reicht z. B. ein einfacher Ausdruck der gewonnenen Auktion aus. Der letzte Weg sind Kontoauszüge mit dem entsprechenden Betreff und dem Kaufbetrag. Dies reicht i.d.R. als Beleg beim Finanzamt auch aus.
2. Ihr schreibt euch einen sogenannten Eigenbeleg. Dies könnt ihr z. B. bei Trinkgeldern, regelmäßigen Ausgaben oder unleserlichen und gestohlenen/verlorenen Belegen machen.

> Eigenbelege werden häufig anerkannt, allerdings besteht **kein rechtlicher Anspruch** hierauf!

Diese Angaben müssen auf dem **Eigenbeleg** stehen:

- Zahlungsempfänger mit vollständiger Anschrift.
- Datum der Aufwendung.
- Kostenbetrag und Kostenart.
- Begründung für den Eigenbeleg.
- Datum und eigene Unterschrift.

> **Eigenbeleg**
>
> Zahlungsempfänger: Möbel XXL
> Betrag: 99,90 €
> Zahlungsdatum: 21.12.16
> Verwendungszweck: Büroartikel
> Grund für Eigenbeleg: Beleg wurde unleserlich.
>
> Datum, Unterschrift

Kann ich auch gebraucht gekaufte Gegenstände absetzen?

Ja, ob die Artikel neu oder gebraucht erworben wurden, macht keinen Unterschied. Entweder ihr lasst euch den gebrauchten Artikel direkt beim Kauf vom Verkäufer per Quittung belegen oder ihr reicht das Verkaufsprotokoll (bei einem Nachweis) von Ebay-Kleinanzeigen beispielsweise ein. Bei Ebay-Auktionen reicht ein Ausdruck der gewonnenen Auktion ebenso aus.

Kann ich auch geschenkte Gegenstände steuerlich absetzen?

Ja, diese werden mit dem **Verkehrswert** bei eurer Steuer angegeben.[60] Dieser Verkehrswert kann z. B. durch beendete Ebay-Auktionen oder Verkaufsanzeigen im Internet belegt werden. Eine andere Möglichkeit wäre, den damaligen Kaufpreis zu ermitteln und den Gegenstand mit seinem aktuellen (abgeschriebenen) Wert steuerlich abzusetzen.

Kann ich zunächst privat gebrauchte Gegenstände steuerlich absetzen?

Ja, wenn ihr beispielsweise einen Laptop zunächst privat nutzt und diesen dann als Arbeitsmittel im Studium benötigt, so könnt ihr diesen ab Kaufdatum abschreiben und in Studienzeiten zum Restwert als Arbeitsmittel absetzen (Gleiches gilt für Möbel bei der doppelten Haushaltsführung).

Ich bin während des Studiums umgezogen und war nicht vor Ort gemeldet – ein Problem?

Nein, wenn ihr die doppelte Haushaltsführung und damit eure Miete steuerlich absetzt, reichen meist der Mietvertrag oder die Kontoauszüge der Mietzahlungen aus, um den Wohnort und Zahlungen zu belegen. Eine Ummeldung zu diesem Wohnort ist steuerlich gesehen **nicht** von Nöten.

[60] § 6 Abs. 1 Nr. 5 EStG und BFH, Urteil vom 16.02.1990 – Az. VI R 85/87.

2.10 Welche alternativen Hilfestellungen existieren und bringen einen Vorteil?

In den letzten Jahren haben die Möglichkeiten am Markt immer mehr zugenommen seine Steuererklärung zu machen. Von der smarten Steuer-App über den klassischen Steuerberater bis hin zum Ratgeber. Nur, was ist der beste Weg die Steuer optimal zu gestalten? Ich gebe hierzu mein kurzes persönliches Feedback (Ausführliche Erklärungen findet ihr dazu auf meinem YouTube-Kanal).

Warum sollte man keine App aus dem Internet zum Absetzen meines Studiums nutzen?

Ja, diese Frage kommt tatsächlich häufig. Es sieht so einfach und smart aus und die Werbung macht es besonders attraktiv. Ich habe nachfolgend ein Beispiel angeführt, um zu zeigen, warum es hierbei problematisch wird.

Fahrten Wohnung – Arbeitsstätte	96 €
Doppelter Haushalt	1.629 €
Home Office	0 €
Arbeitsmittel	351 €
Sonstige Werbungskosten	4.713 €
Fortbildungskosten	32 €
Berufsverbände	0 €

Tab. 2.9: Beispielhafte Darstellung einer Steuer-App

Ihr seht in diesem Beispiel den Posten *„Sonstige Werbungskosten 4.713 €"*. Der Finanzsachbearbeiter wird sich diese Angabe von euch auf jeden Fall belegen und aufschlüsseln lassen. Die Chance, dass ihr dann sofort alle Posten belegen müsst, ist dadurch **außergewöhnlich hoch**. Der Arbeitsaufwand dessen ist immens.

Zudem kenne ich zahlreiche Studierende, die sich durch diese Apps geklickt haben. Tiefgründiges Wissen war für die Handhabung nicht von Nöten. Dies hatte zumeist **zwei Nachteile**: Viele Kniffe und Werbungskosten (z. B. Reisekosten bei Nicht-Campus-Hochschulen, Absetzen diverser Arbeitsmittel) werden aufgrund der Unwissenheit oder Einfachheit der Apps verschenkt und auf mögliche Antworten des Finanzamtes mit der Bitte auf Sachverhalte einzugehen, konnten die App-Anwender nicht ausreichend antworten. Aus diesem Grund habe ich in diesen Fällen mit vielen Studierenden ihre Steuererklärung nochmal von Anfang an aufgerollt und häufig ein Vielfaches des ursprünglichen Betrages herausgeholt. Darüber hinaus kennen diverse Steuer-Apps keinen Verlustvortrag, was natürlich den Supergau darstellt, und beenden die das Erstellen der Steuererklärung mit der Feststellung, es sei keine Steuerrückerstattung möglich.

Ich persönlich arbeite seit meiner Berufstätigkeit gerne mit der **Steuertipps-Software**. Dafür ist diese einfach ideal, weil sie gut durch das Programm und die Problemstellung als Angestellter führt. Für die **Problemstellung „Studium absetzen"** ist sie leider nicht optimal gestaltet und verhindert viele gute Ansatzpunkte. Folglich rate ich beim Absetzen von Studienkosten von Apps oder Programmen (auch ELSTER), die auf den ersten Blick smart wirken, auf den zweiten aber zu viel Arbeit im Nachgang bereiten, definitiv ab. Zudem helfen euch diese Apps / Anbieter nicht bei den möglicherweise auftretenden Einsprüchen weiter.

Warum sollte ich keinen Steuerberater zur Hilfe nehmen?

Es ist wie mit den verschiedenen Steuer-Apps. Die Ausbildung der Steuerberater ist einfach nicht auf die Problematik der Studierenden ausgelegt. Ich habe zahlreiche Steuererklärungen für Studierende von Steuerberatern gesehen. Diese waren **zu 90 %** nicht gut.[61] Das behaupte ich nicht, weil ich mich über Steuerberater stellen möchte. Aber die Qualität der ausgestellten Verlustvorträge war oft mangelhaft und für eine solche Leistung auch oft viel zu teuer. Das Steuerberater-Honorar richtet sich nach der Einkommenshöhe des Klienten. Bei Studierenden fällt dies dementsprechend gering aus und daher fehlt möglicherweise einigen Steuerberatern die Motivation einen ordentlichen Verlustvortrag zu erstellen. So wird meist das Minimum einer Steuererklärung erledigt und nur die bezahlten Steuern (wenn ein höheres Einkommen in diesem Jahr bestand) zurückgeholt. Einen Verlustvortrag im Sinne des Buches habe ich bisher bei keiner Steuererklärung eines Steuerberaters gesehen. Häufig nimmt die Situation von Studierenden auch eine Grauzone oder Sonderstellung im Steuerwesen ein, welche von Steuerberatern nicht abgedeckt wird.

Als Beispiel möchte ich hierzu eine Begebenheit erzählen. Ein Kunde ließ sich seinen Verlustvortrag von mir erstellen, ehe er wegen eines Erbschaftssteuerfalles doch einen Steuerberater aufsuchen musste. Der

---

[61] Das bedeutet allerdings nicht, dass Steuerberater keine Ahnung von der Materie hätten oder es nicht doch Steuerberater gibt, die sich in die Thematik einlesen. Mir ist leider nie ein ordentlich durchgeführter Verlustvortrag vorgelegt worden.

Kunde nahm den von mir vorbereiteten Verlustvortrag zum Steuerberatertermin mit. Während des Termins wollte der Steuerberater ihn davon überzeugen, dass ein Hochschulstudium steuerlich nicht absetzbar sei. Ich musste dem Ganzen Nachdruck verleihen, damit der Steuerberater doch noch versuchte, das Studium abzusetzen und schließlich erfolgreich damit war.

Ich kann nur dazu raten, den Verlustvortrag selbst zu erledigen!

Warum keine Internetseiten oder Foren zur Hilfe nehmen?

Die Recherche, und das werdet ihr vermutlich bereits gemerkt haben, nach dem Wissen rund ums Absetzen der Studienkosten gestaltet sich schwierig. Einige Verfahren bezüglich Reisekosten bei Auslandsaufenthalten von Studierenden (s. Finanztest 06/20) sind noch nicht vollumfänglich seitens der Gerichte geklärt beziehungsweise werden öfters widerrufen und können daher nicht immer aktuell beantwortet werden. Zudem sind viele Informationen auf Internetseiten oder in Internetforen **stark** veraltet und entsprechen somit nicht mehr der aktuellen Rechtsprechung. Darüber hinaus kann man sich auf diese Aussagen bei Nachfragen des Finanzamtes selten berufen.

Eine Übersicht über Gesetzesänderungen der vergangenen sieben Jahre findet ihr entweder in den entsprechenden Kapiteln oder explizit im letzten Kapitel des Ratgebers vermerkt. Wer stets aktuell informiert werden möchte, dem lege ich meine Instagram-Seite ans Herz:

Ein Blog über das
Absetzen von Studienkosten.

Hier werde ich immer aktuelle Informationen zu neuen Gerichtsurteilen und steuerlichen Veränderungen bereitstellen.

Instagram:

In Summe kann man sagen, dass weder Apps, Internetseiten oder Steuerberater euch Kniffe verraten, die euch dabei helfen, eure Steuererklärung zu optimieren. Genau hier setzt dieser Ratgeber an. Ich versuche euch dabei zu begleiten, das **absolute Optimum** aus eurem Studium per Steuererklärung zurückzuholen.

3 Ablauf des Verlustvortrags

Kurz vorab zum Ablauf der Steuererklärung (bzw. des Verlustvortrags): Der **erste Schritt (Ist die Abgabe noch möglich oder habe ich bereits eine Steuererklärung für das Jahr abgegeben?)** sollte sein, sich im Klaren zu sein, inwieweit man welche Kosten absetzen kann. Welches Studium kann ich absetzen? Habe ich in den letzten Jahren bereits eine Steuererklärung abgeben und kann hierdurch keine weitere Steuererklärung mehr für dieses Jahr abgeben? Sofern ihr noch die Möglichkeit besitzt, eine Steuererklärung/Verlustfeststellung abzugeben, kommt der zweite Schritt.

Der **zweite Schritt (Welche Einnahmen und Ausgaben hatte ich?)** sollte sein, sich Gedanken über die Ausgaben (und ebenso Einnahmen) zu dieser Zeit zu machen: Dies bedeutet, Kontoauszüge zu checken, eine Liste mit Ausgaben zu erstellen und den eigenen Lebenslauf daneben zu legen und abzugleichen, welche Kosten in welchem Studium anfielen. Plant hierfür ausreichend Zeit ein (je Steuerjahr ungefähr 10 bis 20 Arbeitsstunden) und notiert auch Kosten, die euch vielleicht unterwegs im Alltag aus dieser Zeit wieder einfallen.

Als **dritter Schritt (Wie übertrage ich die Einnahmen und Ausgaben?)** folgt die eigentliche Steuererklärung (bzw. der Verlustvortrag) des entsprechenden Jahres. Ihr füllt mit euren gesammelten Einnahmen und Ausgaben die Excel-Dateien[62] und Steuerformulare (inkl. entsprechender Anlagen) aus und prüft hierbei, inwieweit ihr noch weitere Ausgaben wiederfindet.

Im **vierten Schritt (Wo gebe ich die Unterlagen ab?)** folgt die Abgabe der Unterlagen[63]: Diese werden vollständig (ohne Rechnungen[64]) bei eurem zuständigen Finanzamt[65] in einem Umschlag zusammengeheftet abgegeben und damit startet das Warten auf den Steuerbescheid. Ihr könnt die Unterlagen auch elektronisch über ELSTER oder diverse Steuerprogramme einreichen. Persönlich habe ich mit Unterlagen in Papierform, aufgrund der vielen verschiedenen Angaben in Excel-Form, die besseren Erfahrungen gemacht.

[62] Werden im weiteren Buchverlauf noch vorgestellt.
[63] Excel-Blätter, Anlage N und Mantelbogen, Ausdruck elektronischer Lohnsteuerbescheinigung, keine Rechnungen.
[64] Sind zunächst nicht mit abzugeben, sondern nur bei Nachfrage nachzureichen.
[65] Finanzamt am Ort des Erstwohnsitzes.

Wann ist der beste Zeitpunkt der Abgabe der Steuererklärung? Ich rate euch, eure Verlustfeststellungen aus dem Studium erst mit den ersten hohen Gehaltseinkünften (Steuererklärung Beruf) beim Finanzamt einzureichen. Den Zeitpunkt zur Einreichung der Unterlagen würde ich früh im Jahr wählen (Januar bis Mitte März). Hier sind die Finanzämter noch nicht so ausgelastet wie im April oder zur Mitte des Jahres, da die Steuererklärungen aus dem Vorjahr häufig noch nicht abgegeben werden können (weil z. B. Belege für Kapitaleinkünfte fehlen)! Zudem rate ich euch dazu, die Verlustvorträge möglichst in **chronologischer Reihenfolge** zu bearbeiten und beim Finanzamt einzureichen. Bei einem **Vollzeitstudium im Ausland** solltet ihr auf jeden Fall bis zum Arbeitsbeginn in Deutschland abwarten („Steuerpflicht").

Der **fünfte Schritt (Ist der Steuerbescheid in Ordnung?)** ist unterteilt in **drei verschiedene Fälle**.

Fall 5.1:

Ihr erhebt Einspruch. Der Finanzbeamte möchte zwar keine Unterlagen mehr einsehen, allerdings seid ihr mit dem **Ergebnis des Steuerbescheides nicht einverstanden**. Dieses Resultat kann mehrere Gründe haben: Beispielsweise, weil Sonderausgaben statt Werbungskosten oder insgesamt zu wenig eurer Kosten angerechnet wurden.[66] Dieser Schritt des Einspruches kann beliebig oft wiederholt werden (Hierbei bloß keine falsche Scheu) bis es zu einer Einigung kommt oder die Rechtsbehelfsstelle des Finanzamtes den Fall entscheidet. Ihr müsst nur daran denken, die Einspruchsfristen einzuhalten. Dazu aber später mehr.

Fall 5.2:

Ihr antwortet auf das Schreiben des Beamten, der noch Unterlagen (Rechnungen, Studienbescheinigungen oder Abschlusszeugnisse) anfordert. Ihr habt für das Einreichen der Informationen meist **einen Monat Zeit**. Folglich solltet ihr Vieles schon vorher zusammengetragen haben, um unnötigen Stress zu vermeiden. Benötigt ihr mehr Zeit, so meldet euch frühzeitig beim Finanzamt und bittet um Fristaufschub.[67]

Fall 5.3:

Ihr akzeptiert den zugesandten Steuerbescheid. Ihr seid mit diesem vollumfänglich zufrieden. Der Finanzbeamte hat euch die meisten oder alle Kosten anerkannt. Der Sachverhalt schließt sich automatisch, wenn

[66] Vgl. Kapitel 7.

[67] Der Fristaufschub wird i. d. R. auch jedem gewährt.

ihr in dem **folgenden Monat** nach Erhalt des Bescheides euch nicht mehr beim Finanzamt meldet.

> Nachdem ihr eure **erste Steuererklärung** eingereicht habt, kann es vorkommen, dass euch das Finanzamt mit einem standardisierten Brief auffordert, auch in den Folgejahren eine Steuererklärung abzugeben. Im Brief steht jedoch, dass ihr selbst prüfen müsst, ob ihr zu einer Abgabe verpflichtet seid (Zitat: „...sofern eine gesetzliche Verpflichtung zur Abgabe einer Steuererklärung besteht").
>
> **Seid ihr dies nicht, könnt ihr den Brief ignorieren.** Wurde im Vorjahr ein Verlust festgestellt (liegt ein Steuerbescheid mit einem negativen Gesamtbetrag der Einkünfte vor), so seid ihr verpflichtet, im Folgejahr eine Steuererklärung abzugeben.

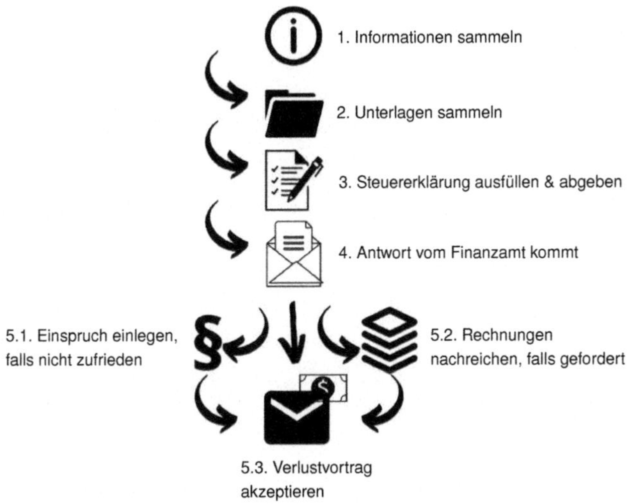

Abb. 3.1: Ablauf einer optimalen Steuererklärung

4 Verlustvortrag erstellen

Nun kennt ihr die Grundidee des Verlustvortrags und wisst, worauf es bei einem **Verlustvortrag** ankommt. Der erste Teil wäre also geschafft und die Grundlagen für das weitere Vorgehen gelegt. Jetzt folgt die **praktische Herangehensweise** der steuerlichen Ermittlung eurer Einnahmen und Ausgaben. Diese müssen jeweils nach Kalenderjahr getrennt (Veranlagungszeitraum immer ein Kalenderjahr) bearbeitet werden.[68] Dies bedeutet für jedes Steuerjahr nutzt man separate Steuerformulare und Anlagen. Meine vorgefertigten Excel-Dateien, die euch hierbei unterstützen, kann man per E-Mail-Adresse direkt bei mir erstehen oder ihr fertigt euch eigene Dateien an. In diesen Excel-Files wird nochmals ausführlich erklärt wie eure eingegebenen Daten in die verschiedenen Steuerbögen zu übertragen sind!

Die Beispiele meiner Excel-Templates seht ihr im weiteren Verlauf dieses Ratgebers.

4.1 Einkünfte

Beginnen wir das Thema Steuern mit dem, worauf auch Steuern bezahlt werden: **den Einnahmen und Einkünften**. Natürlich haben viele von euch nicht nur Ausgaben, sondern auch Einkünfte während des Studiums erwirtschaftet. Wie genau welche Einkünfte steuerlich behandelt werden, wird nun im Folgenden genauer betrachtet. Dieses Wissen über Versteuerung von Einkommen kann euch bedeutende Vorteile bei der Ermittlung des Verlustvortrags bringen.

Zu- und Abflussprinzip[69]:
Das Zu- und Abflussprinzip besagt, dass alle Einkünfte oder Ausgaben in dem Kalenderjahr abgesetzt werden, in welchem die Zahlung eingeht oder ausgeht (Rechnungsdatum nicht entscheidend). Ausnahmen hiervon sind +/- 10 Tage um den Jahreswechsel, ebenso wie wiederkehrende Zahlungen (Lohn)[70] und Abschreibungen.

[68]Vgl. Zu- und Abflussprinzip.

Beispiel: Wird die Semestergebühr für das Sommersemester 2024 am 10.12.2023 bezahlt, so ist diese im Steuerjahr 2023 abzusetzen und nicht im Steuerjahr 2024, obwohl die Gebühr für eine Leistung im Jahre 2024 gezahlt wurde.

Euer Gehalt oder euren Lohn belegt ihr dem Finanzamt mit dem **Ausdruck der elektronischen Lohnsteuerbescheinigung**. Diesen Ausdruck erhält man von seinem Arbeitgeber in einem Angestelltenverhältnis – unabhängig der Anstellungsart und Bezahlung. Für jedes Arbeitsverhältnis und jedes Steuerjahr gibt es einen separaten Ausdruck. Hierauf sind der Bruttolohn, die Lohnsteuer, die Vorsorgeaufwendungen (z. B. Arbeitslosen-, Renten- und Krankenversicherung), die Anschrift des Arbeitgebers und eure Steuernummer aufgelistet. Ebenso ist die eTIN, kurz für electronic Taxpayer Identification Number, hier hinterlegt. Diese ist bei jedem Beschäftigungsverhältnis anders und kann auf die erste Seite der Anlage N übertragen werden.

In diesem Ratgeber werden nur Einkünfte thematisiert, die ein „typischer" Student aufbringt. Einkünfte aus Mieten, Kapitalerträge (hierzu existiert das folgende YouTube-Video) oder Erbschaften wären zu umfassend und bei der Mehrheit der Studierenden nicht der Thematisierung notwendig.

zum YT-Video:

[69] § 11 Abs. 2 EStG.

[70] Kommt der Dezember-Lohn erst Mitte Januar, ist dieser trotzdem für das letzte Jahr zu versteuern.

Ausdruck der elektronischen Lohnsteuerbescheinigung für 2024

Nachstehende Daten wurden maschinell an die Finanzverwaltung übertragen.

Max Mustermann

Korrektur/Stornierung
Datum: 24.02.2025
Identifikationsnummer: 1234567890
Personalnummer: A12039
Geburtsdatum: 01.03.1998
Transferticket:

Dem Lohnsteuerabzug wurden im letzten Lohnzahlungszeitraum zugrunde gelegt:

Steuerklasse/Faktor
1

Zahl der Kinderfreibeträge
0

Steuerfreier Jahresbetrag
0

Jahreshinzurechnungsbetrag

Kirchensteuermerkmale
EV

Anschrift und Steuernummer des Arbeitgebers:

Media-Agentur
Mediapark 4
50670 Köln

1. Bescheinigungszeitraum		vom - bis 01.05. - 30.09.	
2. Zeiträume ohne Anspruch auf Arbeitslohn		Anzahl „U"	
Großbuchstaben (S, M, F, FR)			
		EUR	Ct
3. Bruttoarbeitslohn einschl. Sachbezüge ohne 9. und 10.		7.328,00	
4. Einbehaltene Lohnsteuer von 3.		1.682,00	
5. Einbehaltener Solidaritätszuschlag von 3.		92,28	
6. Einbehaltene Kirchensteuer des Arbeitnehmers von 3.		134,38	
7. Einbehaltene Kirchensteuer des Ehegatten/Lebenspartners von 3. (nur bei Konfessionsverschiedenheit)			
8. In 3. enthaltene Versorgungsbezüge			
9. Ermäßigt besteuerte Versorgungsbezüge für mehrere Kalenderjahre			
10. Ermäßigt besteuerter Arbeitslohn für mehrere Kalenderjahre (ohne 9.) und ermäßigt besteuerte Entschädigungen			
11. Einbehaltene Lohnsteuer von 9. und 10.			
12. Einbehaltener Solidaritätszuschlag von 9. und 10.			
13. Einbehaltene Kirchensteuer des Arbeitnehmers von 9. und 10.			
14. Einbehaltene Kirchensteuer des Ehegatten/Lebenspartners von 9. und 10. (nur bei Konfessionsverschiedenheit)			
15. (Saison-)Kurzarbeitergeld, Zuschuss zum Mutterschaftsgeld, Verdienstausfallentschädigung (Infektionsschutzgesetz), Aufstockungsbetrag und Altersteilzeitzuschlag			
16. Steuerfreier Arbeitslohn nach	a) Doppelbesteuerungsabkommen (DBA)		
	b) Auslandstätigkeitserlass		
17. Steuerfreie Arbeitgeberleistungen, die auf die Entfernungspauschale anzurechnen sind			
18. Pauschal mit 15 % besteuerte Arbeitgeberleistungen für Fahrten zwischen Wohnung und erster Tätigkeitsstätte			
19. Steuerpflichtige Entschädigungen und Arbeitslohn für mehrere Kalenderjahre, die nicht ermäßigt besteuert wurden - in 3. enthalten			
20. Steuerfreie Verpflegungszuschüsse bei Auswärtstätigkeit			
21. Steuerfreie Arbeitgeberleistungen bei doppelter Haushaltsführung			
22. Arbeitgeber-anteil/-zuschuss	a) zur gesetzlichen Rentenversicherung	681,50	
	b) an berufsständische Versorgungs-einrichtungen		
23. Arbeitnehmer-anteil	a) zur gesetzlichen Rentenversicherung	681,50	
	b) an berufsständische Versorgungs-einrichtungen		
24. Steuerfreie Arbeitgeber-zuschüsse	a) zur gesetzlichen Krankenversicherung		
	b) zur privaten Krankenversicherung		
	c) zur gesetzlichen Pflegeversicherung		
25. Arbeitnehmerbeiträge zur gesetzlichen Krankenversicherung		578,91	
26. Arbeitnehmerbeiträge zur sozialen Pflegeversicherung		168,54	
27. Arbeitnehmerbeiträge zur Arbeitslosenversicherung		95,26	
28. Beiträge zur privaten Kranken- und Pflege-Pflichtversicherung oder Mindestvorsorgepauschale			
29. Bemessungsgrundlage für den Versorgungsfreibetrag zu 8.			
30. Maßgebendes Kalenderjahr des Versorgungsbeginns zu 8. und/oder 9.			
31. Zu 8. bei unterjähriger Zahlung: Erster und letzter Monat, für den Versorgungsbezüge gezahlt wurden			
32. Sterbegeld; Kapitalauszahlungen/Abfindungen und Nachzahlungen von Versorgungsbezügen - in 3. und 8. enthalten			
33. unbesetzt			—
34. Freibetrag DBA Türkei			
Finanzamt, an das die Lohnsteuer abgeführt wurde (Name und vierstellige Nr.)			

8.23

Abb. 4.1: Ausdruck der elektronischen Lohnsteuerbescheinigung

Lohn aus Mini-Jobs

Der typische Studierendenjob ist sicherlich der auf Mini-Job-Basis (2022: 520 €; 2024: 538 €; 2025: 556 €). Egal ob beim Discounter an der Kasse, Hilfskraft an der Uni oder Nachhilfe-Lehrer an einer Institution. Bei Mini-Jobs ist meist eine **Pauschalversteuerung des Arbeitgebers**[71] hinterlegt. Dies bedeutet, der Arbeitgeber zahlt eine Pauschalabgabe an die Mini-Jobzentrale und folgerichtig sind eure Steuerschulden getilgt. Ihr müsst diese Einkünfte des Mini-Jobs, sofern eine Pauschalbesteuerung vorliegt, nicht weiter an das Finanzamt melden.[72] Versteuert euer Arbeitgeber euch nicht pauschal, so seid ihr verpflichtet diese Einkünfte auf der Anlage N anzugeben. (Bitte fragt hierzu bei eurem Arbeitgeber nach, wie ihr versteuert wurdet, denn auf der Lohnsteuerbescheinigung ist dies nicht ersichtlich.) Bei einem pauschalversteuerten Nebenjob dürfen keine Werbungskosten, die mit diesem in Verbindung stehen, abgesetzt werden.[73]

Achtung:
Seid ihr familienversichert, dürft ihr nicht mehr als Mini-Job-Basis pro Monat (ab 2021: 520; ab 2024: 538 €; ab 2025: 556 €) verdienen, um nicht den Anspruch auf Familienversicherung zu verlieren.

Auch beim BAföG kann es sein, dass ihr zumindest einen Teil zurückzahlen müsst, solltet ihr neben eurem Studium zu viel verdienen.

[71] §§ 40, 41, 42 EStG: Das pauschal versteuerte Einkommen wird nicht in eure Einkommensteuerermittlung aufgenommen. Meist wird es dadurch erkennbar, dass ihr selbst keine oder nur sehr geringe (meist 2 % bei Arbeitslohn bis 400 €, 20 % bei mehr als 400 € Arbeitslohn) Lohnsteuer (s. Ausdruck elektronische Lohnsteuerbescheinigung) gezahlt habt oder ein „P“ als Kürzel auf der Lohnabrechnung vermerkt ist. Es lohnt sich jedoch beim Arbeitgeber diesbezüglich nachzufragen.

[72] Aufgrund der Energiepauschale muss 2022 der Mini-Job angegeben werden. Dies hat keinen Einfluss auf die Verlustfeststellung.

[73] § 3c EStG.

Lohn aus Tätigkeiten mit mehr als Mini-Job-Basis

Bei vielen Praktika ist es durch das Mindestlohngesetz[74] nicht mehr möglich unter der Mini-Job-Euro-Grenze zu verdienen. Auch viele Nebenjobs führen dazu, über diese Grenze hinaus entlohnt zu werden. Ob euch euer Arbeitgeber pauschal versteuern kann, gilt es im persönlichen Gespräch abzuklären. Sind die Einnahmen nicht bereits pauschal versteuert, so **müssen** diese von der elektronischen Lohnsteuerbescheinigung in die Anlage N Seite 1 ab Zeile 6 übertragen und dem Finanzamt gemeldet werden![75]

Als Werbungskosten für den Nebenjob könnt ihr die Reisefahrkosten und den Verpflegungsmehraufwand geltend machen: Ihr könnt den Weg zum Nebenjob steuerlich mit dem Hin- und Rückweg (Gesamtfahrstrecke x 0,30 €/km) angeben. Zusätzlich könnt ihr, sofern ihr die Voraussetzungen erfüllt, einen Pauschalbetrag für Verpflegungsmehraufwand absetzen.[76]

Aufwandsentschädigungen

Aufwandsentschädigungen, wie z. B. beim Blut- oder Plasmaspenden oder bei freiwilligen Umfragen (Testlabore) an der Hochschule, Teilnahme an Umfragen, Aufwandsentschädigungen für ehrenamtliche Tätigkeiten usw. stellen **keine steuerlichen Einnahmen** dar und bedürfen daher keiner Angabe in der Steuererklärung.[77] Ebenso sind Zuschläge für Sonn- oder Feiertagsarbeit steuerfrei.

Kindergeld und finanzielle Unterstützung der Eltern

Wird das **Kindergeld** an euch überwiesen, so müsst ihr dies steuerlich **nicht** als Einkommen angeben. Gleiches gilt für die monetäre **Unterstützung der Eltern oder Großeltern**. Diese Gelder sind einkommensteuerfrei zu behandeln. Erhaltet ihr noch Kindergeld, so ist es ratsam darauf zu achten, nicht zu viel während des Studiums dazu zuverdienen, um

[74] Ausnahmen der Mindestlohnregelung sind z. B. Pflicht-Praktika oder Praktika, die bis zu drei Monaten dauern. Daher können diese Formen eine Ausnahmeregelung beinhalten. Pflicht-Praktika dürfen nicht pauschal besteuert werden.

[75] Seit 2019 werden auch viele Einkünfte voll elektronisch durch den Arbeitgeber an das Finanzamt gemeldet. Dann müsst ihr diese Einkünfte nicht mehr in die Steuerformulare übertragen.

[76] Dieses Thema wird im späteren Verlauf bei Betrachtung der Ausgaben noch ausgiebig thematisiert.

[77] § 3 Nr. 26 EStG: bis 720 €.

beispielsweise weiter Anspruch auf die Familienkrankenversicherung zu erhalten.

Geldgeschenke: Bekommt ihr von Eltern oder Verwandten Geldgeschenke für die Ausbildung, so müssen diese Geldgeschenke nicht als Einnahmen angeben werden!

Finanzielle Unterstützung: Es ist vorteilhaft, jedoch kein Muss, im Rahmen des Absetzens der Studienkosten, dass ihr alle Rechnungen selbst bezahlt und euch die finanzielle Unterstützung eurer Eltern oder Verwandten vorab überweisen lasst. Dies erleichtert das spätere Verfahren mit dem Finanzamt[78].

BAföG, Stipendien und Preisgelder

Ausbildungsförderungen wie **BAföG** und **Stipendien** zählen nicht zum klassischen Lohn / Entgelt und auch nicht zu den besteuerten Einkünften. Bei BAföG bleiben beide Teile (zinsloses Darlehen und Zuschuss) einkommensteuerfrei. Auch Stipendien, die von einem Verein oder einer staatlichen Stiftung bezahlt werden und mit keinem Arbeitsverhältnis in Verbindung stehen, bleiben von der Einkommensteuer unberücksichtigt. Denn diese Einnahmen sind für eure persönliche Lebensführung während der Ausbildung bestimmt.[79] Nicht einkommensteuerfrei ist beispielsweise das EXIST-Gründerstipendium, welches mit einem Arbeitsverhältnis in Verbindung steht (**Übersicht Stipendien**: OFD Frankfurt vom 29.03.2017, S. 2121).

Stipendien sind – ähnlich wie **BAföG** – keine steuerlich zu berücksichtigende Einnahme für das Finanzamt. Steht das Stipendium oder BAföG allerdings in einem **zweckgebundenen Zusammenhang** (z. B. bei einem Auslandssemester für eine Deckung des Mehrbedarfs), so können die Ausgaben dieses Zwecks nicht mehr als Werbungskosten angerechnet werden bzw. müssen verrechnet werden. Erhaltet ihr also finanzielle Unterstützung für auswärtige Unterbringung im Ausland, so müsst ihr eure Unterkunftsausgaben um die Höhe der Leistung kürzen.

[78] Eure Eltern können die Unterhaltskosten bis zu einem Höchstbetrag von 9.744 € (2021) pro Jahr als „außergewöhnliche Belastungen" geltend machen, um die eigene Steuerlast zu senken (Voraussetzung: Das zu unterstützende Kind darf keinen Anspruch auf Kindergeld haben). Bei unter 25 Jahren sollten die Eltern den Ausbildungsfreibetrag nutzen.

[79] FG Köln, Urteil vom 15.11.2018 – Az. 1 K 1246/16.

Einzig, sobald ein Stipendium / (Auslands)-BAföG für einen speziellen Kostenfall gezahlt wurde, müsst ihr eure entstandenen Werbungskosten um diesen Betrag kürzen (z. B. Studiengebühren[80]). Erhaltet ihr z. B. ein Bücherstipendium i.H.v. 300 €, so müsst ihr die Ausgaben für Fachliteratur (sofern diese auftreten) um die Höhe des Stipendiums kürzen und die verbleibenden Kosten als Werbungskosten absetzen. Bei höheren Stipendien (z. B. für Studiengebühren) würde ich euch raten, dies dem Finanzamt mitzuteilen, allerdings auch diesem das Anrechnen zu überlassen. Möglicherweise unterläuft dem Finanzamt hierbei ein Fehler und ihr könnt eine Menge Geld sparen.

Ein zwiespältiges Problem bildet dabei z. B. das **Deutschlandstipendium**. Die Debatte hierum ist groß und folglich solltet ihr bei eurem Finanzamt und eurer Hochschule abklären, inwieweit dieses Stipendium zweckgebunden ist. In meinen Augen sollte dieses Stipendium wie BAföG – also nicht zweckgebunden – steuerlich gewertet werden.

Auch **andere Stipendien** sind nicht klar definiert hinsichtlich ihrer steuerlichen Behandlung. Ich empfehle euch diese in einem separaten Schreiben kurz darzulegen und das Finanzamt darüber entscheiden zu lassen, inwieweit euer Stipendium auf entstandene Kosten angerechnet wird.

Preisgelder aus Wettbewerben oder -kämpfen sind ein steuerlich komplexes Thema. Sofern diese kein Lebenswerk auszeichnen, sind diese meist **einkommensteuerpflichtig** und müssen bei der Steuererklärung angegeben und versteuert werden.

Verkäufe auf Flohmarkt oder Ebay

Verkäufe von Alltagsgegenständen (z. B. Kleidung auf Ebay) müssen **nicht** in der Steuererklärung angegeben werden. Betreibt ihr dies jedoch mit einer regelmäßigen Gewinnerzielungsabsicht, so müsst ihr auf Verkäufe Steuern zahlen und diese in der Steuererklärung angeben.

Ehrenamts- und Übungsleitertätigkeiten

Aufwandsentschädigungen oder Vergütungen für ein **Ehrenamt**, einer **Dozentenstelle** (auch Tutorentätigkeiten an der Hochschule) oder als Übungsleiter haben eine Sonderstellung im Steuerwesen. Als ehrenamtlicher Helfer, etwa im Altenheim, Sportverein oder Vereinsarbeit, werdet ihr vom Finanzamt durch euren Einsatz steuerlich begünstigt.

[80] FG Köln, Urteil vom 20.05.2016 – Az. 12 K 562/13.

Für das Ausführen eines Ehrenamtes erhaltet ihr einen **Ehrenamtsfreibetrag von 720 € (§ 3 Nr. 26 a EStG)** (840 € ab 2021). Alle ehrenamtlichen Tätigkeiten im **pädagogischen** Bereich (z. B. Ausbilder, Übungsleiter, Dozent oder Trainer) können eine **Übungsleiterpauschale von 2.400 € pro Jahr (§ 3 Nr. 26 S. 1 EStG)** (3.000 € ab 2021) als Werbungskosten geltend machen. Dies bedeutet, dass Einnahmen (Gesamtvergütung der Tätigkeit in Anlage N Zeile 26) aus einer solchen Tätigkeit erst versteuert werden müssen, wenn diese den Freibetrag übersteigen.

Die beiden Freibeträge lassen sich **nicht** für eine Tätigkeit kombinieren und sind an Bedingungen geknüpft: Sie müssen nebenberuflich erfolgen[81] und bei einer öffentlich-rechtlichen oder gemeinnützigen Organisation ausgeübt werden.

Arbeitslosengeld I & II

Bezieht ihr zwischen Studium und Berufseinstieg Arbeitslosengeld (ALG) I oder II, so wird dies dem Finanzamt automatisch mitgeteilt. Bürgergeld (ALG II) hat im Gegenzug zu Arbeitslosengeld I keinen Einfluss auf euren bestehenden Verlustvortrag. Arbeitslosengeld I verringert den Verlustvortrag um die Auszahlungshöhe (Progressionsvorbehalt).

Kapitalerträge durch Dividenden, Zinsen oder Aktien

Aufgrund der gestiegenen Zinsen am Kapitalmarkt, möchte ich hierzu ein Kapitel für Kapitalerträge (Zinsen, Dividenden, Aktienhandel) für Studierende einführen. Ausführlich werdet ihr hierzu in einem meiner YouTube-Videos informiert.

Bei Erträgen bis zum Freibetrag von 801 € (bis 2022) bzw. 1.000 € bleiben diese Erträge steuerfrei und haben keinen Einfluss auf euren Verlustvortrag. Für Erträge darüber hinaus, müsst ihr entscheiden, ob ihr diese pauschal mit **25 % Kapitalertragssteuer** (+ Soli / ggf. Kirchensteuer) versteuern möchtet oder ihr die **Günstigerprüfung** (Anlage KAP, Zeile 4) mit eurem **persönlichen Steuersatz (im Verlustvortrag 0 %)** wählen möchtet. Bei Letzterem werden die Erträge über dem Freibetrag eurer Verlustfeststellung aus dem Studium gegengerechnet!

Beispiel: Euer ETF schüttet euch 2.500 € Dividenden im Veranlagungszeitraum aus. Abzüglich des **Sparerpauschbetrages** (hier: 1.000 €) habt ihr einen Ertrag von 1.500 €. Nun steht ihr vor der Wahl, diese 1.500 €

[81] Seid ihr immatrikuliert, so erfüllt ihr diese Anforderung durch den Beruf als Student.

mit 25 % (+Soli/Kirchensteuer: 26,375 %) zu versteuern (Steuerzahlung: 395,63 €) oder ihr die **Günstigerprüfung** (bei Verlustfeststellung im Studium: 0 %) wählen möchtet und dafür euren Verlust aus dem Studienjahr um 1.500 € mindert.

Beispiele für Einkünfte

Zur besseren Illustration werden nach jedem Kapitel ein paar Beispiele der theoretischen Inhalte besprochen. Zur Vereinfachung heißen die Personen A und B.

1. *A hatte mehrere (nicht zeitgleiche) Nebenjobs auf 450-Euro-Basis, die allesamt pauschalversteuert wurden. Zusätzlich erhält diese noch den Höchstsatz BAföG. Welches Einkommen und Ausgaben muss A dem Finanzamt in Zusammenhang mit den Jobs mitteilen?*

   - **Einkommen:** Die Mini-Jobs und das BAföG sind schon versteuert bzw. steuerfrei. Demnach muss die Person dem Finanzamt keine Einkünfte mitteilen.

   - **Ausgaben:** Da die Nebenjobs pauschalversteuert wurden, darf der bzw. die Steuerpflichtige auch keine Werbungskosten für diese Tätigkeit absetzen.

2. *B hat einen nicht pauschalversteuerten Mini-Job und ein Praktikum zum Mindestlohn. Zusätzlich erhält er ein Bücherstipendium zu 300 €. Was muss er dem Finanzamt angeben?*

   - **Einnahmen:** Der Mini-Job muss beim Finanzamt angegeben werden. Allerdings gilt es zu prüfen, wie das Praktikum seitens des Arbeitgebers gemeldet wurde. Wurde dieses nicht pauschalversteuert, so muss B die Einkünfte hieraus in der Anlage N angeben. Das Bücherstipendium muss nicht als Einkommen angegeben werden.

   - **Ausgaben:** Bei den Ausgaben können, wie bei Person A, die Reisekosten inklusive Verpflegungsmehraufwand, sowohl beim Praktikum als auch beim Nebenjob angegeben werden. Das Bücherstipendium muss mit den Werbungskosten (falls Fachliteratur gekauft wurde) gegenrechnet werden. Kauft B keine Fachliteratur, so muss er nichts angeben.

Überführen der Einkünfte in Steuerformulare

Als Beispiel wurden die Werte des Bruttoarbeitslohnes, der Lohnsteuer, des Solidaritätszuschlages und der Kirchensteuer aus der Abb. 4.1 „Ausdruck der elektronischen Lohnsteuerbescheinigung“ in die Abb. 4.2 „Anlage N - Einfügen des Lohnes in das Steuerformular“ übertragen. Die verbleibenden Beträge der Kranken- und Rentenversicherung (Ausdruck elektronischer Lohnsteuerbescheinigung Nr. 15 ff.) werden in die Anlage Vorsorgeaufwendungen überführt. Beispiele hierzu in Kapitel 5.

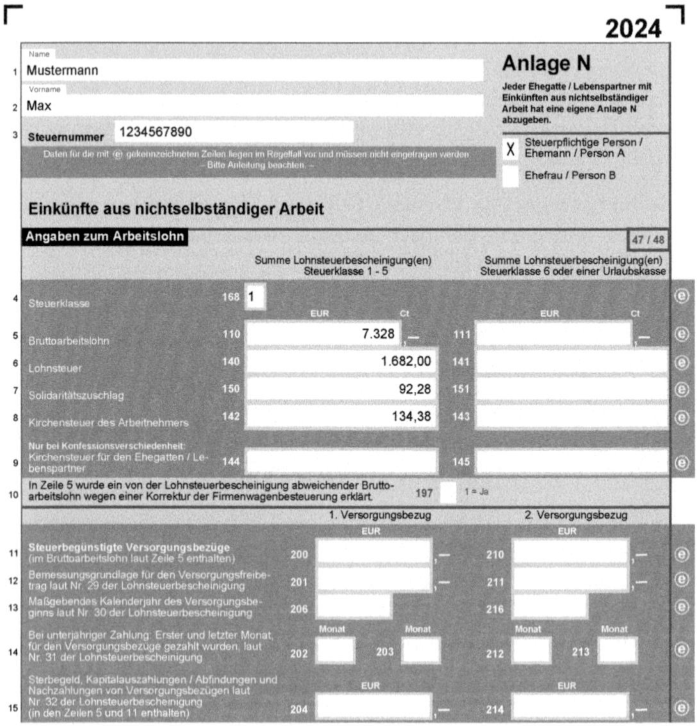
2024

Name
1 Mustermann

Vorname
2 Max

3 Steuernummer 1234567890

Daten für die mit ⓔ gekennzeichneten Zeilen liegen im Regelfall vor und müssen nicht eingetragen werden - Bitte Anleitung beachten. -

Anlage N

Jeder Ehegatte / Lebenspartner mit Einkünften aus nichtselbständiger Arbeit hat eine eigene Anlage N abzugeben.

X Steuerpflichtige Person / Ehemann / Person A

Ehefrau / Person B

Einkünfte aus nichtselbständiger Arbeit

Angaben zum Arbeitslohn 47 / 48

Zeile		Kz	Summe Lohnsteuerbescheinigung(en) Steuerklasse 1 - 5 (EUR, Ct)	Kz	Summe Lohnsteuerbescheinigung(en) Steuerklasse 6 oder einer Urlaubskasse (EUR, Ct)	
4	Steuerklasse	168	1			ⓔ
5	Bruttoarbeitslohn	110	7.328,—	111	,—	ⓔ
6	Lohnsteuer	140	1.682,00	141		ⓔ
7	Solidaritätszuschlag	150	92,28	151		ⓔ
8	Kirchensteuer des Arbeitnehmers	142	134,38	143		ⓔ
9	Nur bei Konfessionsverschiedenheit: Kirchensteuer für den Ehegatten / Lebenspartner	144		145		ⓔ

10 In Zeile 5 wurde ein von der Lohnsteuerbescheinigung abweichender Bruttoarbeitslohn wegen einer Korrektur der Firmenwagenbesteuerung erklärt. 197 1 = Ja

Zeile		Kz	1. Versorgungsbezug (EUR)	Kz	2. Versorgungsbezug (EUR)	
11	Steuerbegünstigte Versorgungsbezüge (im Bruttoarbeitslohn laut Zeile 5 enthalten)	200	,—	210	,—	ⓔ
12	Bemessungsgrundlage für den Versorgungsfreibetrag laut Nr. 29 der Lohnsteuerbescheinigung	201	,—	211	,—	ⓔ
13	Maßgebendes Kalenderjahr des Versorgungsbeginns laut Nr. 30 der Lohnsteuerbescheinigung	206		216		ⓔ
14	Bei unterjähriger Zahlung: Erster und letzter Monat, für den Versorgungsbezüge gezahlt wurden, laut Nr. 31 der Lohnsteuerbescheinigung	202 Monat / 203 Monat		212 Monat / 213 Monat		ⓔ
15	Sterbegeld, Kapitalauszahlungen / Abfindungen und Nachzahlungen von Versorgungsbezügen laut Nr. 32 der Lohnsteuerbescheinigung (in den Zeilen 5 und 11 enthalten)	204	,—	214	,—	ⓔ

Abb. 4.2: Anlage N - Einfügen des Lohnes in das Steuerformular

4.2 Steuerlich absetzbare Aufwendungen

Den Einnahmen stehen verschiedene **absetzbare Aufwendungen** während des Studiums gegenüber. Zu diesen Arten der Aufwendungen gehören **Werbungskosten, Sonderausgaben** und **Freibeträge**. Nicht abzusetzen sind **Kosten der privaten Lebensführung. Auch Aufwendungen**, denen kein direkter Geldabfluss (Pauschalen) zugeordnet ist, können steuerlich abgesetzt werden.

Werbungskosten

„Werbungskosten sind Aufwendungen zur Erwerbung, Sicherung und Erhaltung der Einnahmen." [82]

Folge dessen sind Werbungskosten Aufwendungen (nicht zwingend Kosten), die durch Ausüben einer Aus- bzw. Fortbildung oder Arbeit entstehen. Darin enthalten sind unter anderem Kosten für Arbeitsmittel[83], Fortbildungskosten[84] oder beruflich bedingte Fahrkosten[85]. Werbungskosten müssen zwingend mit der beruflichen Tätigkeit des Studiums in Verbindung stehen, um steuerlich abgesetzt werden zu können.

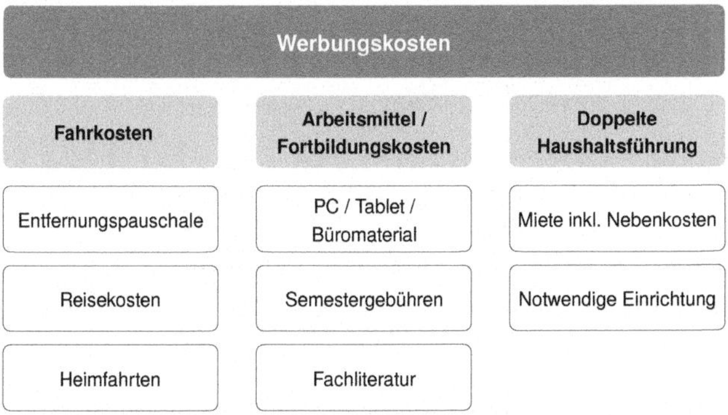

Abb. 4.3: Übersicht der Werbungskosten

Erfüllt ihr diese Voraussetzungen, so können die Aufwendungen als Werbungskosten steuermindernd aufsummiert und euren (zukünftigen) Einkünften gegengerechnet werden. **Werbungskosten** haben verschie-

---

[82] § 9 Abs. 1 S. 1 EStG.
[83] § 9 Abs. 1 S. 3 Nr. 6 EStG.
[84] § 9 Abs. 6 S. 1 EStG.
[85] § 9 Abs. 1 S. 3 Nr. 5 EStG.

dene Untergruppierungen, die im Folgenden thematisiert werden. Diese Aufwendungen, die euch durch Ausbildung oder Arbeit entstehen, lassen sich in Fahrwege (Pendler- und Reisekosten), Arbeitsmittel / Fortbildungskosten und Unterhalt einer Wohnung am Arbeits- bzw. Ausbildungsort (doppelte Haushaltsführung) einteilen.

In eurer **Erstausbildung** (sofern nicht Dual) könnt ihr die Ausbildungskosten **nicht** als Werbungskosten absetzen, sondern **müsst** diese als Sonderausgaben deklarieren.[86]

Fahrkosten

Beginnen wir mit den Aufwendungen für Berufswege und auswärtige berufliche Aufenthalte. Hierunter fallen die sogenannte **Pendlerpauschale (= Entfernungspauschale) und Reisekosten**. Dies sind Kosten, die entstehen, sobald ihr euren Wohnsitz für eine berufliche oder ausbildungstechnische Tätigkeit verlasst.

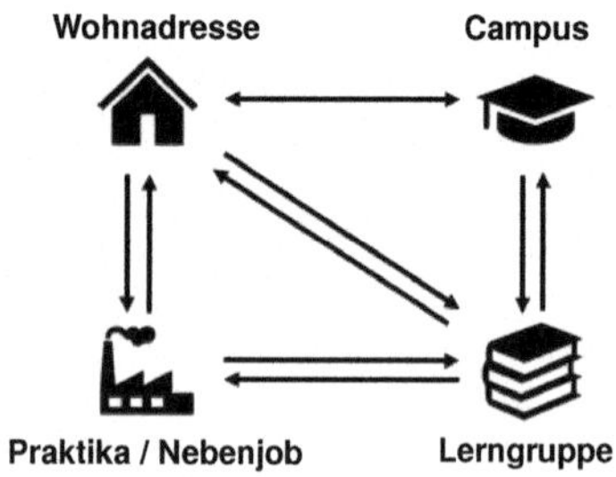

Abb. 4.4: Fahrwegabrechnung bei Campus als erste Tätigkeitsstätte[87]

Pendlerpauschale (= **Entfernungspauschale**) ist der Aufwand für die Anreise zu eurer ersten Tätigkeitsstätte (hier: die Hochschule / Campus). Ihr erhaltet hierfür eine Wegepauschale von 0,30 € pro Kilometer Entfernung für den **einfachen Fahrweg**.

[86] § 10 Abs. 2 EStG: Ausnahme duale Erstausbildung.

[87] Vgl. „Berger“: „Sofern eine Nicht-Campus-Hochschule besucht wird, gilt nur der Lehrstuhl als erste Tätigkeitsstätte. Tätigkeiten abseits des Lehrstuhls (z. B. Vorlesungen im Audimax, Hörsaalgebäude) sind als Reisetätigkeiten zu behandeln. Achtung: Reisefahrtkosten nur bei Fahrten mit PKW, Motorrad/-roller absetzbar oder tatsächliche Kosten der öffentlichen Verkehrsmittel.“

Einfache Strecke (ganze km) x Anzahl Tage x 0,30 €

Ab dem 1. Januar 2021 erhöht sich die Entfernungspauschale **ab dem 21. Kilometer** von 0,30 auf 0,38 € pro Kilometer (**erhöhte Entfernungspauschale**).

Einfache Strecke (ganze km) x Anzahl Tage x 0,30 € (1.-20. km) **Einfache Strecke (ganze km) x Anzahl Tage x 0,38 €** (ab 21. km)

Reisekosten (= berufliche Auswärtstätigkeiten) sind die Kosten, die euch in Zusammenhang mit eurer Ausbildung oder Arbeit entstehen und nicht am Ort des Wohnsitzes oder der ersten Tätigkeitsstätte entstehen: z. B. Fahrten zu Nebenjob, Lerngruppe, Job- oder Studienwahlmessen, Exkursionen oder Studierendeninitiativen wie AStA, bonding oder AISEC (abseits des Campus[88]), Praktika oder im Auslandssemester. Hierfür könnt ihr die Fahrkostenpauschale (0,30 €/km) für **die gesamte Strecke (Hin- und Rückweg[89])** angeben und zusätzlich noch den **Verpflegungsmehraufwand** (bei Abwesenheit von mehr als acht Stunden) geltend machen. Praktika und Werkstudierendentätigkeiten stellen **keine** weitere erste Tätigkeitsstätte dar, sondern gelten als Auswärtstätigkeit[90].

Gesamte Strecke (ganze km) x Anzahl Fahrten x 0,30 €

Die erste Tätigkeitsstätte ist die ortsfeste „betriebliche" Einrichtung des Arbeitgebers, die dem Arbeitnehmer dauerhaft zugeordnet ist. Jeder Arbeitnehmer (in eurem Fall Student) kann nur eine erste Tätigkeitsstätte pro Dienstverhältnis haben.[91] Für euch als Student ist diese Darstellung natürlich schwer umsetzbar. Trotzdem gilt als Student für euch der entsprechende Lehrstuhl an der Hochschule als erste Tätigkeitsstätte. Denn es gibt den Gesetzestextzusatz[92]:

[88] Ausnahme s. Quelle „Berger", Lerngruppen können an anderen Hochschulen/Bibs oder bei Freunden stattfinden und somit als Reisekosten gelten.

[89] Sofern mit eigenem PKW/Motorrad oder den Öffentlichen.

[90] BFH, Urteil vom 14.05.2020 – Az. VI R 3/18.

[91] § 9 Abs. 4 S. 5 EStG: Praktika, Werkstudierendentätigkeiten und Auslandssemester gehören dem Dienstverhältnis an der Hochschule an.

[92] § 9 Abs. 4 S. 4 EStG.

„Fehlt eine solche dienst- oder arbeitsrechtliche Festlegung auf eine Tätigkeitsstätte oder ist sie nicht eindeutig, ist die erste Tätigkeitsstätte die betriebliche Einrichtung, an der der Arbeitnehmer dauerhaft typischerweise arbeitstäglich tätig werden soll oder je Arbeitswoche zwei volle Arbeitstage oder mindestens ein Drittel seiner vereinbarten regelmäßigen Arbeitszeit tätig werden soll."

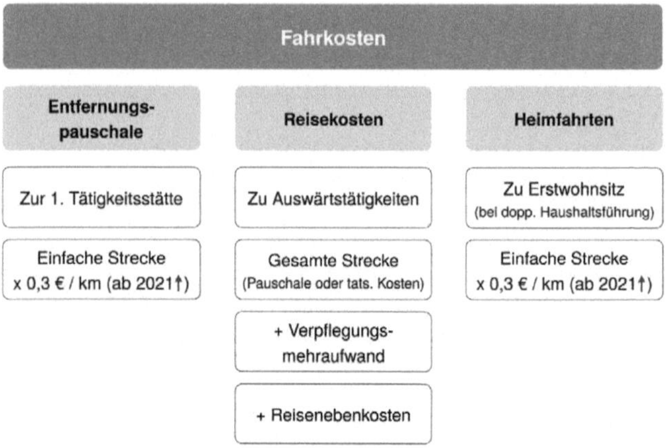

Abb. 4.5: Übersicht der Fahrkostenabrechnungen

Bei **dualen, berufsbegleitenden oder Teilzeitstudierenden** ist der **Ausbildungsbetrieb** die **erste Tätigkeitsstätte**. Die **Hochschule** gilt demnach als **Auswärtstätigkeit** mit einer höheren Vergütung für Fahrkosten und Verpflegungsmehraufwand. Auch die Unterkunftskosten am Studienort, sofern hierfür eine weitere Unterkunft benötigt wird, können in voller Höhe abgesetzt werden. Seid ihr während eines „**Gap-Years**" zwischen den Ausbildungsstufen nicht an einer Hochschule immatrikuliert, so gilt der Praktikumsort als erste Tätigkeitsstätte.

Die **Entfernungspauschale** erlaubt es, Kosten steuermindern geltend zu machen, welche dadurch entstehen, dass Personen zwischen Wohnung und ihrer ersten Tätigkeitsstätte pendeln. Pauschal könnt ihr jeden **einfachen Weg** zu eurer ersten Arbeitsstätte (Hochschule) mit 30 Cent je **vollem**[93] Kilometer absetzen.[94] Für die Entfernungspauschale[95] (umgangssprachlich Pendlerpauschale: „Pendeln zwischen Wohnadresse und Arbeitsstätte") existiert ein Höchstbetrag von **4.500 € im Jahr, sofern**

[93] Ist der Weg also 8,7 km lang, dürft ihr 8 km absetzen.
[94] Studierende dürfen Weg zur Uni voll absetzen: BFH, Urteil vom 09.02.12 – Az. VI R 42/11 und BFH, Urteil vom 09.02.12 – Az. VI R 44/10.
[95] § 9 Abs. 1 S. 3 Nr. 4 EStG.

kein eigenes Fahrzeug genutzt wird.[96] Mit der Pauschale sind – im Gegensatz zu den Reisekosten – auch Fahrtnebenkosten wie Parkgebühren oder Maut abgegolten. Möchte man Flüge oder eine höhere Pauschale als 4.500 €/Jahr absetzen, so wird vom Finanzamt nach Belegen für diese Fahrten/Flüge verlangt.[97] Hier kann das Finanzamt den Nachweis des Kilometerstandes des PKW oder die Vorlage der Tickets fordern.

Die Entfernungspauschale ist **verkehrsmittelunabhängig**. Das bedeutet, sie gilt in ihrer Höhe gleichermaßen für Fußgänger, Rad-, Motorrad-, Bus- und Bahnfahrer sowie für Autofahrer.[98] Ausnahme sind Flüge, welche mit ihren tatsächlichen Kosten abgesetzt werden müssen. Fahrt ihr in einer Fahrgemeinschaft zur Hochschule, so können alle Teilnehmende der Fahrgemeinschaft die volle Entfernungspauschale absetzen. Umwege, die durch Abholen weiterer Mitfahrer nötig sind, sind nicht absetzbar.

Bei **mehreren Wohnungen** (z. B. WG-Zimmer und Zimmer bei den Eltern) könnt ihr die Fahrten von beiden Standorten zur Hochschule absetzen. Voraussetzung hierfür ist, dass der Wohnort der Eltern euer **Lebensmittelpunkt** ist und ihr diesen nicht nur gelegentlich aufsucht.[99]

Messen der Fahrtstrecken: Die angegebenen Wegstreckenentfernungen werden regelmäßig mit Routenberechnungsprogrammen, wie z. B. Google-Maps, vom Finanzamt überprüft. Diese Programme suchen dabei zumeist die kürzesten bzw. schnellsten Streckenverbindungen heraus. Infolgedessen ist **grundsätzlich die kürzeste Strecke zu wählen**. Nur ausnahmsweise kann eine längere Streckenverbindung gewählt werden, wenn folgende Merkmale vorliegen:

- Eine Zeitersparnis von mindestens 10 %.[100]
- Der Zeitvorteil gilt unabhängig der Tageszeit.

Sonderfall öffentliche Verkehrsmittel: Auch bei öffentlichen Verkehrsmitteln muss die kürzeste verkehrsmittelunabhängige Streckenverbindung (= Straßenentfernung) bei der Pendlerpauschale ab-

[96] § 9 Abs. 1 S. 3 Nr. 4 S. 2 EStG. Deshalb könnt ihr bei Übersteigen der Höchstgrenze der Fahrt zur Uni z. B. in Fahrrad- (also Strecke zum Bahnhof) und Bahnstrecke unterscheiden und so einen höheren Betrag geltend machen.

[97] Ihr solltet daher vor allem bei Nachweisen von Heimfahrten Belege aufbewahren. Oder euch Fahrten von „Blablacar" belegen lassen (z. B. Screenshots der gebuchten Fahrt).

[98] Vor 2013 wurde ein Fahrrad nur mit 0,05 €/ km subventioniert.

[99] FG Nürnberg, Urteil vom 25.07.2012 – Az. V K 1354/2009.

[100] BFH, Urteile vom 16.11.2011 – Az. VI R 19/11 und VI R 46/10.

gesetzt werden. Etwas Anderes gilt jedoch ausnahmsweise, wenn die tatsächlichen Kosten der öffentlichen Verkehrsmittel höher sind als die der Entfernungspauschale. Dann dürft ihr die tatsächlichen Kosten für die Fahrt zur ersten Tätigkeitsstätte geltend machen.[101]

Jedoch muss man sich bei **Fahrten zur ersten Tätigkeitsstätte** zwischen **pauschalen** und **tatsächlichen Kosten** entscheiden und diese bei allen Fahrten an die erste Tätigkeitsstätte im entsprechendem Steuerjahr anwenden.

Mobilitätsprämie (ab Steuerjahr 2021): Die Mobilitätsprämie ist eine befristete steuerliche Förderung für Geringverdiener, die zusätzlich zur erhöhten Entfernungspauschale für die Steuerjahre **2021 bis 2026** gewährt wird. Erhalten können diese Prämie alle **Steuerpflichtigen**, die unter dem Steuerfreibetrag verdienen – also auch Studierende in der Zweitausbildung. Euer Fahrweg zur ersten Tätigkeitsstätte muss mehr als 20 Kilometer betragen (erhöhte Entfernungspauschale), eure abgesetzten Werbungskosten müssen über der Werbungskostenpauschale liegen (daher ist die Mobilitätsprämie auch nicht für Personen in der Erstausbildung möglich) und ihr dürft **nicht** über den Einkommensteuergrundfreibetrag im jeweiligen Steuerjahr verdienen.

Berechnung der Mobilitätsprämie: Es werden 14 % auf die erhöhte Entfernungspauschale (ab dem 21. Kilometer) gewährt, jedoch maximal 14 % auf die Differenz zwischen zu versteuerndem Einkommen und Steuergrundfreibetrag und maximal der Betrag, der über der Werbungskostenpauschale (1.000 € bis 2021; 1.200 € ab 2022; 1.230 € ab 2023) als Werbungskosten abgesetzt wurde.

- **Fall 1**: So beträgt euer z.v.E. im Jahr 2021 beispielsweise 7.500 €. Der Steuerfreibetrag (2021) beträgt 9.744 €. Euer Fahrweg in die Uni sind 50 Kilometer und ihr sucht diese 200-mal 2021 auf. So könntet ihr eine Entfernungspauschale von insgesamt 3.480 €[102] absetzen. Die Mobilitätsprämie ist maximal der Betrag Grundfreibetrag abzüglich zu versteuerndem Einkommen. Hier also 2.244 €. Da ihr jedoch nur 2.280 € erhöhte Entfernungspauschale abgesetzt habt, sind diese 2.288 € euer Höchstbetrag: 2.288 x 14 % = 319,20 € (Mobilitätsprämie).
- **Fall 2**: Beträgt euer z.v.E. 2021 nun 9.000 € und ihr fahrt gleichbleibend 50 Kilometer zur Hochschule, so reduziert sich die Mobi-

[101] § 9 Abs. 2 S. 2 EStG.

litätsprämie, da nun die Differenz zwischen Grundfreibetrag und zu versteuerndem Einkommen herangezogen werden muss. Diese Differenz (744 €) ist niedriger als die abgesetzte erhöhte Entfernungspauschale und gilt als maximale Berechnungsgrundlage: 744 € x 14 % = 104,16 € (Mobilitätsprämie).

Um die Mobilitätsprämie zu erhalten, müsst ihr die **Anlage Mobilitätsprämie** ausfüllen und mit den Steuerunterlagen abgeben! Die Prämie wird erst ab 10 € ausgezahlt.

Beispiele für Entfernungspauschale

Ist eure erste Tätigkeitsstätte eine Campus-Hochschule, dann unterscheiden sich die Anfahrten an diese nicht. Egal, welche Einrichtung ihr an der Hochschule ansteuert, ihr dürft immer nur den einfachen Weg x 0,30 €/km einmalig pro Tag absetzen. Doch wie verhält es sich an Hochschulen, die sich über das Stadtgebiet verteilen oder falls man nach oder vor dem Besuch der Hochschule noch eine andere Tätigkeit (Lerngruppe, Werkstudierendenstelle) aufsucht?

A fährt morgens von Mannheim an die Uni Heidelberg (Nicht-Campus-Hochschule; Vgl. Berger) und besucht dort drei Einrichtungen (Berechnung noch **ohne erhöhte Entfernungspauschale**):

- Das Audimax (Auswärtstätigkeit).
- Die eigene Fakultät (Erste Tätigkeitsstätte).
- Die Bibliothek (Auswärtstätigkeit).

1. *A fährt um 7 Uhr los und besucht zunächst die Fakultät (25 km Fahrweg), anschließend besucht er um 10 Uhr das Audimax (7 km Fahrweg) und geht danach bis 20 Uhr in die Bibliothek (3 km Fahrweg) und ist um 21:30 wieder in Mannheim (30 km).*

   A kann den einfachen Fahrweg zur Fakultät absetzen (25 km x 0,30 €/km = 7,50 €). Zudem kann er die Fahrten zwischen den weiteren Orten absetzen ((7 + 3 + 30) km x 0,30 €/km = 12 €). Zusätzlich kann er den Verpflegungsmehraufwand von 12 € absetzen (10 Uhr bis 21:30 Uhr > 8 Sunden nicht an der ersten Tätigkeitsstätte).

[102] Gewöhnliche Entfernungspauschale (bis zum 20. Kilometer): 20 x 200 x 0,30 €/km = 1.200 €; Erhöhte Entfernungspauschale (ab 21. Kilometer): 30 x 200 x 0,38 €/km = 2.280 €.

2. *A fährt um 7 Uhr los und besucht zunächst die Bibliothek (30 km Fahrweg), anschließend besucht er um 8 Uhr das Audimax (3 km Fahrweg) und geht danach bis 12 Uhr in die Bibliothek (3 km Fahrweg) und ist um 15 Uhr wieder in Mannheim.*

   A kann den Hin- und Rückweg (Mannheim – Heidelberg Bibliothek – Mannheim) absetzen (30 km x 2 x 0,30 €/km = 18 €). Zudem kann er die Fahrten zwischen den weiteren Orten absetzen (3+3 km x 0,30 €/km = 1,80 €). Er kann zusätzlich auch den Verpflegungsmehraufwand von 12 € absetzen (7 Uhr bis 15 Uhr > 8 Stunden), da es sich um eine reine Auswärtstätigkeit (bei einer Nicht-Campus-Hochschule) handelte.

3. *A fährt um 7 Uhr los und besucht zunächst die Bibliothek (30 km Fahrweg), anschließend besucht er um 8 Uhr die Fakultät (5 km Fahrweg) und geht danach wieder bis 12 Uhr in die Bibliothek (5 km Fahrweg) und ist um 15 Uhr wieder in daheim in Mannheim (30 km Fahrweg).*

   A kann den Hin- und Rückweg (Mannheim – Heidelberg Bibliothek – Mannheim) absetzen (30 km x 2 x 0,30 €/km = 18 €). Zudem kann er die Fahrten zwischen den weiteren Orten absetzen (5+5 km x 0,30 €/km = 3,00 €). Er kann **keinen** Verpflegungsmehraufwand von 12 € absetzen (zwar: 7 Uhr bis 15 Uhr > 8 Stunden), da er zwischenzeitlich an der ersten Tätigkeitsstätte (Fakultät) war.

Überführen der Entfernungspauschale in Excel und Steuerformulare

Die Entfernungspauschale wird in Excel wie folgt aufgestellt. Ändert sich die Wohnanschrift (z. B. durch Umzug) oder die erste Tätigkeitsstätte (z. B. Hochschulwechsel), so müssen mehrere Excel-Blöcke ausgefüllt werden. Folglich müssen zusätzlich auf der Anlage N die Zeilen 38 bis 53 genutzt werden. Ändert sich die Anfahrt nicht, so sind die Zeilen 30 und 37 ausreichend.[103]

Entfernungspauschale erste Tätigkeitsstätte

Die Fahrtkosten an die Hochschule (erste Tätigkeitsstätte) werden mit Abfahrt- und Zieladresse, sowie Start- und Enddatum im Jahr versehen. Zusätzlich müssen bei „Aufgesucht" die Tage der Anwesenheit und die **einfache Streckenentfernung** angegeben werden. Die Summe der Pendlerpauschale/Entfernungspauschale ergibt sich dann aus der bekannten Formel (jedoch bis maximal 4.500 €/Jahr). „Aufgesucht" bedeutet, an wie vielen Tagen die Hochschule von euch im entsprechendem Jahr

[103] vor 2024: Zeile 31 und 35; bei Wechsel der Anschrift oder ersten Tätigkeitsstätte zusätzlich Zeile 32 und 36.

besucht wurde.[104] Natürlich kann hier jede beliebige Zahl bis 365 eingesetzt werden, da es für das Finanzamt nicht nachvollziehbar ist, wie oft man tatsächlich die Hochschule aufgesucht hatte.[105] Jedoch rate ich, die Tagesanzahl in einem nachvollziehbaren Rahmen zu belassen.

Erste Tätigkeitsstätte	Entfernungspauschale	**Fahrkosten erste Tätigkeitsstätte**		
		Eigene Anschrift:	Ringe 39, 50667 Köln	
		Anschrift erste Tätigkeitsstätte:	Universität Köln, 50923 Köln	
		Zeitraum:	Start: 01.01.	Ende: 31.12.
		Aufgesucht:	190	Tage
		Einfache Entfernung:	8	km
		Pauschale (ab 21. km 0,38):	0,30 / 0,38	€ / km
		Summe Entfernungspauschale:	456,00	€
		Summe Fahrten erste Tätigkeitsstätte:	456,00	€

Tab. 4.1: Excel – Fahrten zur ersten Tätigkeitsstätte (ab 2022)[106]

Die Anreise zur **ersten Tätigkeitsstätte** wird in Anlage N in Zeile 30 bis 37 vermerkt, die Angabe zur Anzahl der aufgesuchten Tage und der einfachen Entfernung folgen in den Zeilen 32 bis 37.[107]

Entfernungspauschale
Wege zwischen Wohnung und erster Tätigkeitsstätte / Sammelpunkt / weiträumigem Tätigkeitsgebiet (1. Angabe)

Zeile					
30	1 (1 = erste Tätigkeitsstätte, 2 = Sammelpunkt / weiträumiges Tätigkeitsgebiet)	PLZ, Ort und Straße: Universität zu Köln	vom: 01.01.	bis: 31.12.	
31	Arbeitstage je Woche	Urlaubs-, Krankheits-, Heimarbeits- und Dienstreisetage	Behinderungsgrad mindestens 70 oder mindestens 50 und Merkzeichen „G"	115	1 = Ja
32	aufgesucht an Tagen			110	190
33	einfache Entfernung in Kilometern (auf volle Kilometer abgerundet)			111	8 km
34	davon mit eigenem oder zur Nutzung überlassenem PKW zurückgelegt			112	km
35	davon mit Sammelbeförderung des Arbeitgebers zurückgelegt			113	km
36	davon mit öffentlichen Verkehrsmitteln, Motorrad, Fahrrad oder Ähnlichem, als Fußgänger und / oder als Mitfahrer einer Fahrgemeinschaft zurückgelegt				8 km
37	Aufwendungen für Fahrten mit öffentlichen Verkehrsmitteln (ohne Fähr- und Flugkosten)			114	EUR ,—

Abb. 4.6: Anlage N - Fahrten zur ersten Tätigkeitsstätte

[104] Pro Tag ist jedoch nur eine Anreise absetzbar. Ein mehrfaches Anreisen zwischen Vorlesungen ist steuerlich nicht absetzbar.

[105] Hierzu: Ja, es gibt wohl Studierende, die jeden Tag im Jahr an die Universität fahren. Es dürfte trotzdem beim Finanzamt Fragen aufwerfen. Zudem sollte die Grenze von 4.500 € beachtet werden, sofern ihr zur Anreise kein eigenes Fahrzeug nutzt.

[106] Excel-Templates ohne erhöhte Entfernungspauschale in Kapitel 10.

[107] hier: Steuerjahr 2024.

Reisekosten (wie Auslandssemester oder Praktika)

Bei **Reisekosten** handelt es sich um berufliche Auswärtstätigkeiten abseits der ersten Tätigkeitsstätte. **Reisekosten** sind **einmalige** (z. B. Vorstellungsgespräche, Besorgungen von Arbeitsmitteln, Fahrten zum Flughafen, Ausflüge, Exkursionen oder Seminare) oder **mehrfache Fahrten** (z. B. Selbststudium in Bibliotheken oder Cafés, Lerngruppen bei Freunden[108], Aufsuchen von Tutor-, Praktika- oder Werkstudierendenstelle, sofern diese abseits der ersten Tätigkeitsstätte[109] liegen).

> **Info**: Eine Rechtsprechung, dass eine Nebentätigkeit zum Studium als Reisekosten abgerechnet werden kann, existiert leider nicht, da dies immer für den jeweiligen Fall bewertet werden muss. Indizien für eine steuerliche Auswärtstätigkeit zum Studium sind, dass man für Antritt der Tätigkeit an einer Hochschule immatrikuliert sein muss, dass die Tätigkeit in Bezug zum Studium steht (in der Prüfungsordnung verankert ist oder euer Profil für den Arbeitsmarkt verbessert) oder dass die Tätigkeit zeitlich begrenzt ist! Denn eine zeitliche Begrenzung deutet auf eine Auswärtstätigkeit hin – zeitlich unbegrenzte Tätigkeiten meist auf eine neue erste Tätigkeitsstätte. Hier könnt ihr zusätzlich mit dem BFH-Auslandssemester-Urteil argumentieren. Bleibt hartnäckig gegenüber dem Finanzamt. Dies ist fast immer von Erfolg gekrönt!

Reisekosten sind alle Kosten, die **berufsbedingt** für Fahrten entstehen und keine Fahrten zwischen Wohnung und erster Tätigkeitsstätte darstellen und keine Familienheimfahrten sind.[110] Bei Reisekosten unterscheidet man steuerlich in **Reisefahrtkosten** und **Reisenebenkosten** (Verpflegungsmehraufwand, Übernachtungs- und allg. Nebenkosten).

Reisefahrtkosten

Bei **Reisefahrtkosten** (oder auch beruflich veranlasste Auswärtstätigkeiten), also Kosten, die euch zum Zurücklegen einer Reise entstehen, existieren zwei Möglichkeiten, den Fahrweg abzurechnen:

- Abrechnung nach **pauschalen Kilometersätzen**, wie auch bei der Pendlerpauschale. Anders als bei der Entfernungspauschale sind die

[108] Voraussetzung: Treffen nahezu aus „beruflichen Gründen" (FG BaWü, Urteil vom 28.07.2004 – Az. 6 K 165/03; FG Düsseldorf, Urteil vom 04.06.2002 – Az. 3 K 2300/99; FG Münster, Urteil vom 23.06.2009 – Az. 1 K 6557/93).

[109] z. B. BFH, Urteil 14.05.2020 – Az. VI R 3/18. Beachte „Berger" (S. 160): Sofern keine Campus-Hochschule vorliegt, können auch Fahrten zur Hochschule abseits des Lehrstuhls/Fakultät als Reisekosten abgerechnet werden.

[110] § 9 Abs. 4a EStG. Achtung: Ein Nebenjob, ohne Bezug zum Studium (z. B. Barkeeper), stellt weitere 1. Tätigkeitsstätte dar!

pauschalen Kilometersätze **nicht verkehrsmittelunabhängig**, sondern müssen nach Verkehrsmittel abgerechnet werden.

- PKW[111] / (Öffentliche Verkehrsmittel[112]):

  0,30 €/km

- Motorrad/-roller / E-Roller/-Rad (mit Nr.-Schild):

  0,20 €/km

- Öffentliche Verkehrsmittel / Fahrrad / Zu Fuß:

  0,00 €/km

- Abrechnung nach **tatsächlich entstandenen Kosten** (z. B. Preis für Zug- oder Flugticket, Taxifahrt, Abnutzung PKW[113], Deutschlandticket / Jobticket).

> Da bei Berufstätigen selten Reisetätigkeiten mit Fahrrad, Motorroller oder öffentlichen Verkehrsmitteln ohne Einzelfahrtschein (dafür Semesterticket) abgesetzt werden, erkennen viele Finanzämter für die Reisetätigkeiten pauschal die PKW-Pauschale an, ohne zu prüfen, ob ein PKW vorhanden war. Steuerlich korrekt ist dies nicht, kann jedoch versucht werden.

Bei **pauschalen Fahrtkostenabrechnungen** der Reise bzw. Veranstaltung werden die Hin- und Rückfahrt erstattet. Aus diesem Grund könnt ihr den Gesamtfahrweg zwischen den Örtlichkeiten mit der Pauschale von 0,30 €/km angeben.[114] Vorteile der Reisefahrtkosten ist, dass im Gegensatz zur Entfernungspauschale **jeder tatsächlich gefahrene Kilometer der Strecke** ersetzt wird und **keine finanzielle Obergrenze** für diese Kosten existiert. Auch „Leerfahrten“, wenn ihr zum Bahnhof oder Flughafen gefahren werdet, könnt ihr Hin- und Rückweg steuerlich absetzen.

---

[111] Es muss sich hierbei nicht um den eigenen PKW handeln, sondern kann z. B. von den Eltern geliehen sein.

[112] Sachverhalt zu öffentlichen Verkehrsmitteln: BFH, Urteil vom 21.02.2021 – Az. VI R 50/18: Kein pauschaler Ansatz möglich.

[113] Setzt ihr die tatsächlichen Kosten eures Fahrzeuges ab (z. B. Auto), so müsst ihr alle Kosten nachweisen und ein ordnungsgemäßes Fahrtenbuch führen, um die Fahrten nachzuweisen.

[114] Wird euch der Fahrweg erstattet, dann rechnet ihr die Erstattung euren Aufwendungen gegen oder tragt in die Entfernungskilometer 0 km ein.

Das **Deutschlandticket** ist seit Mai 2023 auf dem Markt. Ende 2023 wurde beschlossen ein Upgrade für Studierende auf deren Semesterticket (29,40 bzw. 34,80 €) anzubieten.

Bei Anfahrt zur Hochschule (Anfahrt erste Tätigkeitsstätte) entscheidet ihr euch beim Absetzen zwischen Entfernungspauschale und Semesterticket. Bei **Auswärtstätigkeiten** dürft ihr die Fahrkostenpauschale (0,30 €/km) bei Anreise mit dem eigenen Fahrzeug (z. B. Auto oder Motorrad) oder die tatsächlichen Kosten bei Anfahrt mit öffentlichen Verkehrsmitteln absetzen. Unternehmt ihr nun **berufliche Fahrten** (z. B. zum Praktikum, zur Lerngruppe oder zur Vorbereitung auf Klausuren) und erwerbt (auch) hierfür das Deutschlandticket oder ein Jobticket (Praktikum), so könnt ihr dieses vollständig oder anteilig (dann Aufteilung zwischen privater und beruflicher Nutzung) steuerlich als tatsächliche Kosten geltend machen.

Setzt ihr die **tatsächlichen entstandenen Kosten** von eurem KFZ bei Auswärtstätigkeiten ab, so könnt ihr die gesamten Kosten (Fahrzeugfinanzierung, KFZ-Steuern, Garagenmiete, Wartung, Treibstoffkosten, etc.) absetzen und ins Verhältnis privat/geschäftlich setzen. Der **Aufwand** dieser Art der Reisekostenerstattung ist allerdings recht **hoch**. Nach dem folgenden Kostenbeispiel (10.400 € tatsächlich beruflich bedingte Fahrzeugkosten) und einer Laufleistung von 28.000 km, ergebe sich eine Kilometerpauschale von 0,37 €/km.

Kfz-Steuer	230 €
Kfz-Versicherung	695 €
Beitrag ADAC	75 €
Zinsen Kredit	300 €
Benzin	3.600 €
Reparaturen	1.200 €
Garagenmiete	300 €
Abschreibung	4.000 €
Summe	**10.400 €**

Tab. 4.2: Vergleichsrechnung anteilige tatsächliche Kfz-Kosten

Berechnung Fahrkosten: Als Vollzeitstudierende habt ihr nur eine **erste Tätigkeitsstätte** (= die Hochschule), bei welcher ihr den **einfachen Fahrweg** als Entfernung angebt. **Jede weitere Beschäftigungstätigkeit mit Bezug zum Studium** wie Auslandssemester, Praktikum[115] oder Werkstudierendentätigkeit gilt als **Auswärtstätigkeit**, bei welcher ihr die **Gesamtfahrstrecke** (Hin- und Rückweg), **Verpflegungspauschalen** und die **Unterkunftskosten** (falls ihr abseits des Studienortes unterkommen müsst) absetzen könnt![116]

Ist eure Hochschule **keine Campus-Hochschule** (sondern über das Stadtgebiet verteilt[117] oder besitzt Gebäude abseits des Hauptcampus[118]), so könnt ihr Vorlesungen/Übungen abseits **eurer Fakultät** (= erste Tätigkeitsstätte) als Auswärtstätigkeit und damit höhere Kosten absetzen.[119] Hierdurch lässt sich ein sehr viel höherer Verlustvortrag erzielen.

Entfernungsangabe: Bei der Entfernung misst man nur die **vollen Kilometerentfernungen**: Reale Entfernung: 3,9 Kilometer → Entfernung für Steuererklärung: 3,0 Kilometer.

Berechnung der Entfernungspauschale zur ersten Tätigkeitsstätte: Angenommen die kürzeste Fahrtstrecke zur Uni ist 8,6 km lang (daher Entfernungspauschale), dann erhält man jeden Tag, an dem man die Uni im Studium aufgesucht hat, 8 km x 0,30 €/km = 2,40 €. Sucht man die Uni 190-mal/Jahr auf, erhält man eine Entfernungspauschale von 456 €.[120] Ist die Uni weiter entfernt, so sollte man darauf achten, die auf 4.500 € beschränkte[121] Entfernungspauschale nicht zu überschreiten.

Berechnung der Reisekosten zum Studierendenjob: Angenommen das Praktikum oder der Werkstudierendenjob ist 6,1 km entfernt (Gesamtstrecke: 12,2 km wegen Auswärtstätigkeit), dann erhält man jeden Tag, den man das Büro von der Wohnadresse im Studium aus aufgesucht hat, 12 km x 0,30 €[122] = 3,60 €. Sucht man das Büro 50-mal/Jahr auf, erhält man Reisefahrkosten von 180 € als Werbungskosten angerechnet. Reisefahrkosten sind im Gegensatz zur Entfernungspauschale in ihrer Höhe unbeschränkt, da es sich um eine „Auswärtstätigkeit" handelt.[123] Zusätzlich erhält man bei einer Abwesenheit **von mehr als 8 Stunden** von daheim bzw. der ersten Tätigkeitsstätte 12 bzw. 14 € (ab 2020) Verpflegungsmehraufwand.

Heimfahrten – im Rahmen der doppelten Haushaltsführung oder falls der Hauptwohnsitz noch in der Heimat liegt – zu eurem „**Erstwohnsitz**" (zu euren Eltern/an den Heimatort) könnt ihr – von 6-mal[124] bis zu 52-mal/Jahr – zu je 0,30 €/km einfacher Strecke (ab 2021 mit erhöhter Entfernungspauschale) angeben, sofern ihr am Studienort eine Unterkunft besitzt. Müsst ihr während des Semesters häufiger pendeln und besitzt keine Unterkunft am Studienort, so könnt ihr natürlich mehr als 52 Heimfahrten pro Jahr geltend machen.

Auslandssemester: Ausländische Hochschulen zählten als **erste Tätigkeitsstätte**. Das FG Münster urteilte so (Urteil vom 24.01.2018 – Az. 7 K 1007/17 E, F), aber die Revision wurde beim BFH zugelassen (Az. VI R 3/18). Nach neuem Urteil (2020) wurde das FG-Urteil seitens des BFH gekippt. Die ausländische Hochschule gilt **nicht** mehr als erste Tätigkeitsstätte, sondern als **Reisetätigkeit**. Daher sind Hin- und Rückfahrt, Unterkunft, Reisenebenkosten und Verpflegungsmehraufwand absetzbar.[125] Es ist noch durch das FG Münster zu entscheiden, in welcher Höhe der Verpflegungsmehraufwand nach Ablauf der Drei-Monats-Frist abgesetzt werden darf.[126]

---

115 Auch in einem Praxissemester bleibt die Hochschule die erste Tätigkeitsstätte (BFH, Urteil vom 16.01.2013 – Az. VI R 14/12).

116 Praktikum: BFH, Urteil vom 16.01.2013 – Az. VI R 14/12, BStBl. II 2013, 449. Private Lerngemeinschaft: BFH, Urteil vom 10.04.2014 – Az. III R 35/13, BStBl. II 2014, 1011.

117 z. B. Universität Heidelberg (Campus Altstadt, Neuenheimer Feld), Uni Bamberg, Uni Würzburg, Uni Bonn.

118 z. B. KIT Karlsruhe: Campus Nord und Campus Süd, Uni Duisburg-Essen, Goethe Universität Frankfurt, FAU Nürnberg.

119 Vgl. „Berger".

120 S. Abb. 4.1, S. 71.

121 Sofern kein eigenes Fahrzeug benutzt wurde (z. B. Bahn), § 9 Abs. 1 Nr. 4 und Abs. 2 EStG.

122 Bei Nutzung des eigenen PKW, bei Nutzung Motorrad/-roller: 0,20 €/km, bei Fahrrad: 0,00 €/km.

123 S. Abb. 4.5, S. 85.

124 Bei weit entferntem Erstwohnsitz sollte dieser mindestens sechsmal, bei näheren mindestens 15-mal pro Jahr aufgesucht werden, sofern man die doppelte Haushaltsführung geltend machen möchte. Bei Lebensmittelpunkt im Ausland (z. B. bei Studierenden aus Asien) kann auch ein Heimflug in 24 Monaten ausreichen.

125 BFH, Urteil vom 14.05.2020 – Az. VI R 3/18 (s. auch: Finanztest 12/2020, S. 60). Auch, wenn ihr in Deutschland keine dopp. Haushaltsführung führt.

126 Bis zur Entscheidung des FG würde ich raten, den vollen Pauschalbetrag für den gesamten Auslandsaufenthalt oder nach Beenden der Drei-Monats-Frist zumindest die Pauschale für Tätigkeiten mit 8h-Abw. abzusetzen.

Reisenebenkosten

Da ihr steuerlich gesehen auf „Reise" seid, könnt ihr neben den Reisefahrtkosten auch **Reisenebenkosten** absetzen. Zu diesen zählen z. B. Unterkunftskosten (wie Miete bis zu 48 Monaten), Hotelübernachtungen, Eintrittskarten für Fachmessen oder Ausstellungen, Tiefgaragengebühren, Mautgebühren oder Kosten für Gepäckaufbewahrung. Es empfiehlt sich, Belege hierfür zu sammeln und aufzubewahren. Reisenebenkosten wie Flug-, Hotel- oder Parkhausaufwendungen können simpel mit Zahlungsdatum aufgelistet dem Finanzamt eingereicht werden.

Übernachtungskosten oder **Unterkunftskosten** auf „Dienstreisen" könnt ihr ebenso steuerlich absetzen. Möchtet ihr diese Kosten im Rahmen einer Auswärtstätigkeit absetzen, so müsst ihr noch eine andere Unterkunft (notfalls Zimmer bei den Eltern) bewohnen. Jedoch muss hier im Gegensatz zur doppelten Haushaltsführung **keine** finanzielle Beteiligung an dieser Unterkunft vorliegen![127] Diese Unterkunftskosten können sowohl Hotelkosten als auch Miete für ein Mietverhältnis am Ort der Auswärtstätigkeit sein. Beispielsweise seid ihr in der neuen Studienstadt auf Wohnungssuche und benötigt hierfür eine Übernachtungsmöglichkeit oder habt frühmorgens ein Vorstellungsgespräch und wollt ausgeruht erscheinen, so könnt ihr die dafür benötigte Übernachtung steuerlich absetzen. Ebenso kann hierunter ein Mietverhältnis für ein Praktikum (maximal 48 Monate) zählen. Bei der Unterkunftsauswahl (Wohnung, Hotel oder Airbnb) könnt ihr frei wählen. Jedoch sind die reinen Unterkunftskosten auf maximal 1.000 €/Monat begrenzt.

Verpflegungsmehraufwand

Unter **Verpflegungsmehraufwand** (VMA) sind zusätzliche Kosten für die Verpflegung der Auswärtstätigkeit zu verstehen, die gewöhnlich entstehen, wenn man sich **berufsbedingt** abseits der eigenen Wohnung und der ersten Tätigkeitsstätte über einen gewissen Zeitraum aufhält. Der Verpflegungsmehraufwand wird hierbei vom Finanzamt als **Pauschale** gewährt, da Kosten der privaten Lebensführung (z. B. Essensrechnungen) nicht abgesetzt werden dürfen. Für die Höhe des pauschalisierten Verpflegungsmehraufwandes ist die **Dauer der Abwesenheit von Wohnung oder erster Tätigkeitsstätte maßgebend**[128]:

[127] BMF-Schreiben vom 24.10.2014 – BStBl. I 2014, 1412, Rz. 114.

[128] § 9 Abs. 4a S. 3 EStG. Es spielt dabei keine Rolle, ob die Abwesenheit durch Arbeitszeit, schlechte Verkehrsverbindung oder andere Gründe verursacht wurde.

Abwesenheitsdauer	VMA 2014-19	VMA ab 2020
bis 8 Stunden (ohne Übernachtung)	– €	– €
zwischen 8–24 Stunden (ohne Übernachtung)	12 €	14 €
An- oder Abreisetag (mit Übernachtung)	12 €	14 €
Gesamter Tag (24 Stunden) (mit Übernachtung)	24 €	28 €

Tab. 4.3: Höhe des Verpflegungsmehraufwandes

Das Finanzamt gewährt bei **Reisetätigkeiten ohne Übernachtung** eine Pauschalleistung bei einer **Abwesenheit** von mindestens acht Stunden. Bei **Reisetätigkeiten mit Übernachtung** werden für gesamte Tage (Abwesenheit von 0:00 Uhr bis 24:00 Uhr) und für die An- und Abreisetage Pauschalen angerechnet. Bei An- und Abreisetagen der Auswärtstätigkeit existiert **keine** zeitliche Mindestabwesenheitsdauer.[129] **Übernachtungskosten** können nur mit den **tatsächlich angefallenen Kosten** (z. B. Hotelrechnung, Miete für kurzzeitige Unterkunft) abgesetzt werden.[130]

Beginnt eine Reise nach 16:00 Uhr **und** endet sie vor 8:00 Uhr des folgenden Kalendertages ohne Übernachtung (sog. **Mitternachtsregelung**), ist die Gesamtabwesenheit der beiden Tage zusammen zu rechnen und dem Kalendertag der überwiegenden Abwesenheit zuzuordnen. Es geht also um eine Tätigkeit, die sich über Mitternacht hinaus in den nächsten Tag hinein erstreckt, ohne dass eine Übernachtung stattfindet.

- **Beispiel 1:** Auswärtstätigkeit über 2 Tage
  Abfahrt 1. Tag: 16:30 Uhr | Rückkehr 2. Tag: 04:30 Uhr
  Abwesenheit gesamt: 12 Stunden ($= 7{,}5 + 4{,}5$)
  → Tag 1: 14 € (für Abwesenheit 12 Stunden)
- **Beispiel 2**: Auswärtstätigkeit über 3 Tage
  Abfahrt 1. Tag: 18:00 Uhr | Rückkehr 3. Tag: 16:00 Uhr
  → Tag 1: 14 € (für Abwesenheit 6 Stunden, jedoch Anreisetag)

[129] Es kann max. ein An- oder Abreisetag pro Kalendertag abgerechnet werden.

[130] Einige Finanzämter akzeptieren auch die Übernachtungskostenpauschale, sofern die berufliche Reise nachgewiesen werden kann, obwohl diese Pauschale offiziell nur durch Arbeitgeber abgesetzt werden darf. Ihr könnt versuchen, ob euer Finanzamt das Absetzen dieser Pauschale anerkennt und so beispielsweise auch Übernachtungen bei Freunden steuerlich absetzen. Einen Rechtsanspruch auf diese Pauschale existiert jedoch nicht.

→ Tag 2: 28 € (für Abwesenheit 24 Stunden)
→ Tag 3: 14 € (für Abwesenheit 16 Stunden oder Abreisetag)

Die **Höhe der Pauschale** richtet sich **nicht** nach dem **Aufenthalt** (z. B. in der Bibliothek), sondern nach der **Abwesenheit** von der Wohnadresse bzw. der ersten Tätigkeitsstätte bis zur Rückkehr an die erste Tätigkeitsstätte oder Wohnadresse. Benötigt ihr also zur Lerngruppe je 30 Minuten, dann reicht die Dauer von sieben Stunden Zusammenkunft der Lerngruppe zum Absetzen des Verpflegungsmehraufwandes.[131]

Verpflegungsmehraufwand (Drei-Monats-Frist)

Bei **Reisetätigkeiten** (Tätigkeiten abseits der ersten Tätigkeitsstätte: z. B. Praktikum) dürft ihr nur für die ersten drei Monaten den Verpflegungsmehraufwand absetzen (sog. **Drei-Monats-Frist**).

Die gesetzliche **Drei-Monats-Frist** besagt, dass der Werbungskostenabzug von Verpflegungsmehraufwendungen bei einer **längerfristigen Auswärtstätigkeit am selben auswärtigen Beschäftigungsort** auf einen Zeitraum von **längstens drei Monaten** begrenzt ist.[132] Wird der auswärtige Beschäftigungsort **nicht** häufiger als zwei Tage pro Woche aufgesucht, so ist diese **nicht** anzuwenden. Krankheits- und Urlaubstage beeinflussen die Regel nicht!

Seid ihr für ein mehrmonatiges **Praktikum** in einer anderen Stadt untergebracht, so könnt ihr für die ersten drei Monate am Praktikumsort den vollen Verpflegungsmehraufwand geltend machen, jedoch die verbleibende weitere Praktikumszeit keine weiteren Pauschalen absetzen. Ähnliches gilt für eine **Praktikumsstelle am Hochschulort**: Da ihr in diesem Fall nur für die Dauer von wenigen Stunden von eurer Wohnadresse oder der ersten Tätigkeitsstätte abwesend seid, könnt ihr maximal die entsprechende Verpflegungsmehraufwandspauschale der Abwesenheitszeit (z. B. länger als 8 Stunden) geltend machen. Jedoch auch hierbei nur für die ersten drei Monate! Anders verhält es sich, sofern ihr eine

[131] Auch, wenn ihr durch unverschuldete Umstände (z. B. Stau, Bahnstreik, etc.) über 8 Stunden abwesend sein solltet.

[132] Achtung: Alle anderen Kosten einer längeren Auswärtstätigkeit sind zeitlich unbegrenzt absetzbar. So können Unterkunft oder andere Reisenebenkosten steuerlich abgesetzt werden, solange die Tätigkeit dauert.

Werkstudierendenstelle oder nicht alltägliche Tätigkeitsstätte aufsucht: Seid ihr **maximal zwei Tage** pro Woche auf der Arbeit, so ist die Drei-Monats-Frist **nicht** anzuwenden und der Verpflegungsmehraufwand kann über drei Monate hinaus geltend gemacht werden. Wechselt ihr die Tätigkeit (z. B. anderes Praktikum innerhalb der Stadt, so beginnt der Zeitraum von vorne). Bei **Lerngruppen** müsst ihr die Drei-Monats-Frist ebenfalls nicht prüfen. Laut Gesetzgeber beginnt eine neue Auswärtstätigkeit auch dann, wenn am gleichen Arbeitsort eine neue Arbeit begonnen wird (z. B. Lernen auf neues Themengebiet; aber Achtung, wenn ihr längere Zeit gleiches Thema behandelt: z. B. Thesis). Trotz dessen ist es empfehlenswert, Lerngruppen an verschiedenen Orten (und aufgrund des VMA nicht auf dem Campus) zu veranstalten.

Drei-Monats-Frist bei doppelter Haushaltsführung: Verlegt ihr für einen Studienortwechsel, ein Praktikum oder ein Auslandsstudium euren Zweithaushalt (doppelte Haushaltsführung), so dürft ihr für jeden Tag der ersten drei Monate am neuen Wohnort den vollen Verpflegungsmehraufwand absetzen – auch wenn es sich hierbei um **keine** Reisetätigkeit (z. B. Besuch Hochschule) handelt. Nach Ablauf der drei Monate dürft ihr den Pauschalaufwand nur geltend machen, sofern ihr einer Auswärtstätigkeit nachgeht. Geht dem Umzug des Zweithaushaltes bereits eine Tätigkeit am neuen Wohnort voraus (Ihr pendelt beispielsweise zunächst an den Studienort.), so ist die Drei-Monats-Frist nicht mehr oder nur zum Teil (abzüglich der bereits dort verbrachten Zeit) absetzbar.[133] (Gilt nur bei doppelter Haushaltsführung: Zweithaushalt ab Seite 113.)

Unterbrecht ihr den Aufenthalt am **Zweithaushalt** oder die **Reisetätigkeit** um einen Zeitraum von **mindestens vier Wochen** und bezieht die Unterkunft danach wieder, so beginnt der Drei-Monatszeitraum von vorne.[134] Zu Unterbrechungen würden z. B. Summer-Schools im Ausland, ein Semesterferien-Job an einem anderen Ort oder vier Wochen am Ersthaushalt zählen.

[133] § 9 Abs. 4a S. 6 EStG: Der VMA kann nur für die Tage abgesetzt werden, die ihr euch am Zweithaushalt aufhaltet.

[134] § 9 Abs. 4a S. 7 EStG.

Verpflegungsmehraufwand im Ausland

Auch bei doppelter Haushaltsführung oder Reisetätigkeiten im **Ausland** dürft ihr für die ersten drei Monate den vollen Verpflegungsmehraufwand (á 24h) absetzen.[135] Es ist ratsam, sich bei einem **Auslandsaufenthalt** über die unterschiedlich hohen Pauschalen für den Verpflegungsmehraufwand zu informieren. Absolviert ihr ein Auslandssemester[136], ein -praktikum, eine Summer-School oder Ähnliches, so unterscheidet sich **die Höhe der Pauschale** je nach Land und Stadt. Dies solltet ihr bei eurem Verlustvortrag beachten, da die Pauschale länderspezifisch stark vom deutschen Pauschalwert abweichen kann (z. B. für London, Singapur oder Helsinki). Eine Übersicht der Pauschalen findet ihr im Anhang. Ist das Aufenthaltsland **nicht** in den im Anhang aufgeführten Tabellen gelistet, so gilt die Pauschale von Luxemburg für dieses Land.

> Ein **Auslandsaufenthalt** während des Studiums ist nach neuster Rechtsprechung wie Reisekosten anzurechnen. Dies bedeutet, Verpflegungsmehraufwand, Reisefahrkosten und auch Unterkunftskosten[137] sind steuerlich absetzbar. Es ist dabei **nicht** entscheidend, ob der Auslandsaufenthalt in der Studienordnung vorgegeben ist. Ihr könnt den Auslandsaufenthalt auch mit einer Verbesserung der späteren Berufs- oder Bewerbungschancen begründen!

Beispiele für Reisekosten

1. *Person A reist montags morgens zu einem 14-tägigen Seminar und sonntagabends wieder ab. Welche Kosten kann die Person absetzen?*

   Zum einen kann A die An- und Abreise zum Flughafen (+ Flugtickets) oder Anfahrt zum Veranstaltungsort durch Fahrtickets oder pauschale Reisefahrtkosten absetzen (je nachdem, ob die Pauschale oder die Tickets lukrativer für ihn sind) und zusätzlich zweimal den Verpflegungsmehraufwand für An- oder Abreisetag und 12-mal für

[135] Eine Übersicht der Pauschalbeträge für Verpflegungsmehraufwand der letzten Jahre findet ihr auf Seite 233.

[136] Voraussetzung ist, dass euch in eurem deutschen Studiengang Leistungen aus dem Ausland angerechnet werden. Ein Auslandssemester, das z. B. nach Abschluss des Studiums stattfindet und nicht im Zeugnis angerechnet werden kann, kann nur mit viel Glück (z. B. Fehler des Finanzamtes) steuerlich abgesetzt werden.

[137] FG Münster, Urteil vom 24.01.2018 – Az. 7 K 1007/17 wurde revidiert: Auch, wenn in Deutschland kein zweiter Haushalt unterhalten würde (BFH, Urteil vom 14.05.2020 – Az. VI R 3/18). Noch zu klären, was nach den drei Monaten absetzbar ist.

volle Tage (14 - 2 = 12) und die Unterkunft am Veranstaltungsort geltend machen.

2. *Person B reist zu einem Assessment-Center. Die An- und Abreise wird vom Veranstalter bezahlt. Ebenso die Unterkunft und die Verpflegung. Was darf die Person steuerlich absetzen?*

   B kann keine Kosten absetzen. Der Veranstalter kommt für alle Kosten auf. Würde der Veranstalter z. B. nicht für die Verpflegung aufkommen, so könnte die Person für An- und Abreise und jeden vollen Tag den entsprechenden Verpflegungsmehraufwand absetzen.

3. *Person B geht ins sechsmonatige Auslandssemester nach Madrid. Welche Kosten kann sie absetzen?*

   Dieser Fall ist gerade noch in Klärung beim FG Münster. Zunächst sei gesagt: Das Auslandssemester lässt sich als Reisekosten absetzen. Das bedeutet: Person B kann auf jeden Fall die An- und Rückreisen nach Madrid (entweder als Pauschale oder tatsächliche Kosten wie Flug oder Bahn) absetzen. Zusätzlich kann Person B in den ersten drei Monaten den vollen Verpflegungsmehraufwand für Madrid absetzen. Wie es nach den ersten drei Monaten aussieht, wird noch entschieden, da die Drei-Monats-Frist dem widerspricht, dass weitere Verpflegungspauschalen danach abgesetzt werden dürften. Jedoch ist es durchaus denkbar, dass Person B für die verbleibenden drei Monate den Verpflegungsmehraufwand für Lerngruppen oder ähnliche Veranstaltungen abseits der Hochschule absetzen kann. Zudem kann Person B noch zusätzlich Reisenebenkosten wie Miete, Parkgebühren, Erstausrüstung der Wohnung und Gepäckbeförderung absetzen.

4. *Person B fährt mit der Bahn zu einem Vorstellungsgespräch von Berlin nach Frankfurt für 170 € und nimmt sich in Frankfurt zusätzlich noch zweimal ein Taxi (je 20 €). Die Fahrtkosten des Vorstellungsgespräches bekommt B nicht erstattet. Zudem übernachtet B bei einem Freund, um morgens ausgeruht bei dem potenziellen Arbeitgeber zu erscheinen.*

   B kann die tatsächlichen Reisefahrtkosten (170 €) absetzen. Für die Taxi-Fahrt kann B entscheiden, ob B die tatsächlichen Kosten oder die Pauschale absetzt. Zudem kann B, der zwei Nächte bei dem Freund übernachtet hat, jeweils den Verpflegungsmehraufwand für An- und Abreise (je 14 €), sowie einen vollen Tag (je 28 €) absetzen. Insgesamt kann B so also 266 € als Reisekosten absetzen. Würde B in einem Hotel oder Hostel übernachten, könnte B die Kosten hierfür absetzen. Würde der potenzielle Arbeitgeber nur die Anfahrtskosten des B übernehmen (übernimmt der Arbeitgeber diese nicht komplett, so muss man die Kosten verrechnen), so könnte B weiterhin den

Verpflegungsmehraufwand und die Übernachtungskosten absetzen.

5. *Person B trifft sich mit A zu einem einwöchigem Lernmarathon (Montag bis Sonntag) bei A. Von den sieben Lerntagen lernen die beiden fünf Tage in der Hochschule von A und zwei in der Wohnung von A. B übernachtet während der Woche bei A. Was können die beiden absetzen?*

   A kann fünfmal den einfachen Fahrweg zur Hochschule absetzen, da die Hochschule A´s erste Tätigkeitsstätte ist. B kann die Hin- und Rückfahrt der Anreise zu A und zur Hochschule des A steuerlich geltend machen. Zudem kann B für fünf Tage den vollen und für zwei Tage den Verpflegungsmehraufwand für An- und Abreise absetzen (Reisekosten). (Wäre B nur tagsüber an der Hochschule des A oder bei A zuhause zum Lernen und über Nacht wieder bei sich, könnte er nur den Verpflegungsmehraufwand für acht Stunden absetzen, sofern er diese Zeit mindestens von seinem eigenen Zuhause oder seiner eigenen Hochschule abwesend war.)

6. *Person B sucht die Werkstudierendenstelle in Heidelberg zweimal pro Woche auf.*

   B kann Hin- und Rückweg zur Arbeitsstätte, sowie den Verpflegungsmehraufwand für acht Stunden pro Arbeitstag absetzen, sofern B so lange auswärts unterwegs war. Die Drei-Monats-Frist gilt hier nicht, da B die Auswärtstätigkeit nur zweimal pro Woche aufsucht.

7. *A sucht sein Praktikum am Studienort fünfmal pro Woche auf (Dauer sechs Monate).*

   A kann Hin- und Rückweg zum Praktikum, sowie den Verpflegungsmehraufwand für acht Stunden pro Arbeitstag absetzen. Nach drei Monaten darf A **keine** Pauschalen mehr geltend machen. Außer A wechselt die Stelle innerhalb des Unternehmens, dann würde dies eine neue Drei-Monats-Frist begründen.

8. *B zieht für ein Praktikum (Dauer sechs Monate) von Heidelberg nach Frankfurt am Main.*

   B kann Hin- und Rückweg innerhalb Frankfurts absetzen und zusätzlich alle Fahrten zwischen Heidelberg und Frankfurt. B kann die Unterkunft in Frankfurt bis zu 48 Monate lang geltend machen. Ebenso kann B die ersten drei Monate die An- und Abreisetage, sowie die vollen Verpflegungsmehraufwandspauschalen für Anwesenheitstage (24h) in Frankfurt (auch Tage, an denen B nicht arbeitet) absetzen. Nach drei Monaten darf B keine Pauschalen mehr absetzen. Außer B unterbricht die Anwesenheit in Frankfurt für mindestens vier Wochen.

Überführen der Reisekosten in Excel und Steuerformulare

Da das Studierendenleben mit seinen Auswärtstätigkeiten rund um Praktika, Auslandssemestern, Lerngruppen und Werkstudierendentätigkeiten recht komplex ist (im Vergleich zu einem Berufsleben), habe ich eine Excel-Datei gebaut, die die Kalkulation für euch vereinfacht und das Dokumentieren der Auswärtstätigkeiten verbessert. Ob ihr die Excel-Datei selbst erstellt oder die fertige Datei über meine E-Mail-Adresse bestellt, bleibt euch überlassen.

Sollten eure Reisetätigkeiten ausgefallener und infolgedessen nicht mit den folgenden Darstellungen abbildbar sein, habe ich im Anhang eine weitere Dokumentationsmöglichkeit dargestellt. Diese kann auch auf einem einfachen Collegeblock festgehalten werden.

Auswärtstätigkeiten ohne Übernachtungen

Bei Reisekosten (**Auswärtstätigkeiten**), also Tätigkeiten abseits der ersten Tätigkeitsstätten[138], die **ohne Übernachtungen** vor Ort stattfinden, nutzt ihr die folgend abgebildete Excel-Form.

		Auswärtstätigkeit		
Lerngruppe	Auswärtstätigkeit	Eigene Anschrift:	Ringe 39, 50667 Köln	
		Ort Lerngruppe:	Hovenstr. 6, 51109 Köln	
		Zeitraum:	Start: 30.03.	Ende: 31.12.
		Anzahl:	42	Fahrten
		Strecke Hin- und Rückfahrt:	32	km
		davon mit Motorroller:	42	Fahrten
		Pauschale:	0,20	€ / km
		Summe Reisefahrtkosten:	268,80	€
		Verpflegungsmehraufwand		
		Anzahl Tage > 8h:	32	Tage
		Pauschalbetrag á 8h:	14	€
		Summe Verpflegungsmehraufwand:	448,00	€
		Summe Lerngruppe:	716,80	€

Tab. 4.4: Excel - Auswärtstätigkeit Lerngruppe

Diese eignet sich optimal für das Absetzen von Lerngruppen, Nebenjobs, Praktika oder auch Vorstellungsgesprächen. Die Reisekosten werden

[138]Reminder: Bei Nicht-Campus-Hochschulen können auch Aktivitäten abseits des Lehrstuhls, aber auf Hochschulgelände, als Reisekosten abgesetzt werden (Vgl. Quelle „Berger").

mit Abfahrt- und Zieladresse, sowie Start- und Enddatum[139] im Jahr versehen. Zusätzlich müssen bei „Anzahl" die Fahrten an die Zieladresse und die **gesamte Streckenentfernung** angegeben werden. Zusätzlich zu den Fahrten müssen bei Reisekosten auch Aufenthalte, die **länger als acht Stunden** von der Abfahrtsadresse betrugen (im Beispiel: 32[140]), hinterlegt werden, um den Verpflegungsmehraufwand zu berechnen.

Praktikum / Werkstudent		**Auswärtstätigkeit**		
		Eigene Anschrift:	Ringe 39, 50667 Köln	
		Ort Lerngruppe:	Mediapark 4, 50670 Köln	
		Zeitraum:	Start: 01.05.	Ende: 30.09.
	Auswärtstätigkeit	Anzahl:	50	Fahrten
		Strecke Hin- und Rückfahrt:	12	km
		davon mit PKW:	50	Fahrten
		Pauschale:	0,30	€ / km
		Summe Reisefahrtkosten:	180,00	€
		Verpflegungsmehraufwand		
		Anzahl Tage > 8h:	40	Tage
		Pauschalbetrag á 8h:	14	€
		Summe Verpflegungsmehraufwand:	560,00	€
		Summe Arbeitsstelle:	740,00	€

Tab. 4.5: Excel - Auswärtstätigkeit Nebenjob[141]

Auswärtstätigkeiten bei mehrtägigen Veranstaltungen

Bei **mehrtägigen Veranstaltungen mit Übernachtung(en)** (Seminare, Exkursionen, Ausflüge) tragt ihr den Grund des Aufenthaltes, das Startdatum, die Dauer der Veranstaltung in Tagen und den gesamten Fahrweg zum Veranstaltungsort ein. Die Summe der Reisekosten errechnet sich durch die VMA-Pauschalen (An- und Abreisetagespauschale und volle Tagespauschale) von selbst. Bei kurzfristigen mehrtägigen Tätigkeiten **im Ausland** kann diese Vorlage (mit **angepassten Verpflegungsmehraufwandspauschalen**) übernommen werden (Ansonsten eignet sich die im folgenden Abschnitt besprochene Form besser).

[139] Bei einem Praktikum dessen Start- und Enddatum.

[140] Bitte beachten, dass „Anzahl" der Fahrten immer häufiger als „Anzahl Tage Abwesenheit > 8 Stunden" sein muss.

[141] Bei PKW (Pauschale = 0,30 €/km), bei Motorrad/Motorroller (0,20 €/km), bei Fahrrad (0,00 €/km). Summe Verpflegungsmehraufwand = Tage (Abwesenheit >8h) x 14 €.

Seminar	Auswärtstätigkeit	**mehrtägige Auswärtstätigkeit**		
		Datum	28.10.	
		Strecke Hin- und Rückfahrt:	512	km
		PKW-Pauschale:	0,30	€ / km
		Summe Reisefahrtkosten:	153,60	€
		Anzahl Tage mit VMA:	8	Tage
		Anzahl Tage An- / Abreise (14 €):	2	Tage
		Anzahl Tage Abwesenheit 24h (28 €):	6	Tage
		Summe Verpflegungsmehraufwand:	196,00	€
		Summe mehrtägige Auswärtstätigkeit:	349,60	€

Tab. 4.6: Excel - Einmalige Reisekosten

Die **Reisefahrtkosten** (Summe pauschalen oder tatsächlichen Aufwendungen; in Excel: **Summe Reisefahrtkosten)** werden in Zeile 50 der Anlage N zusammen mit den **Reiseneben- und Übernachtungskosten** angeben. Die Summe der Tagesanzahl des Verpflegungsmehraufwandes wird – je nach zeitlicher Dauer – in Zeile 75 (Verpflegungsmehraufwand á 8 Stunden), in Zeile 76 (An- und Abreisetage) und Zeile 77 (Verpflegungsmehraufwand á 24 Stunden) eingetragen[142].

Beispiel: Gebt ihr nun die drei oben gezeigten Blöcke bei eurem Verlustvortrag an, so tragt ihr die **Summe Reisefahrtkosten 602,40 €** (268,80 € + 180 € + 153,60 €) in Zeile 69 der Anlage N, die **Summe der „Anzahl Tage Abwesenheit > 8h" 72** (32 + 40) in Zeile 75, die **Summe der „Anzahl Tage An- und Abreise" 2** in Zeile 76 und die **Summe der „Anzahl Tage 24h" 6** in Zeile 77 ein. **Reisenebenkosten** werden blockartig in Excel aufgelistet und zu dem Wert in Zeile 71 addiert. Die Reisekosten für den Auslandsaufenthalt werden separat eingetragen, siehe Abb. 4.7.

Auswärtstätigkeiten im Ausland

Bei **Reisekostenangaben für Auslandsaufenthalte** muss die Zeile der Verpflegungsmehraufwandspauschale nach den Regelsätzen des jeweiligen Reiselandes hinterlegt werden. Bei **Auslandsreisen** wird die Summe aus Fahrtkosten, Verpflegungsmehraufwand und Reisenebenkosten in Zeile 79 der Anlage N eingetragen[143].

[142] Hier: Steuerjahr 2024.

[143] Eine gesonderte Aufstellung ist beizulegen. Achtung: Es ist gesetzlich noch nicht entschieden, wie bei Auslandssemestern oder Auslandspraktika der Verpflegungsmehraufwand nach der Drei-Monats-Frist verrechnet wird (Vgl. BFH, Urteil vom 14.05.2020 – Az. VI R 3/18 bzw. FG Münster, Urteil vom 24.01.2018 – Az. 7 K 1007/17).

		Auswärtstätigkeit - Spanien (Madrid)		
Ausland	Auswärtstätigkeit	Eigene Anschrift:	Calle de Zabalette, Madrid	
		Anschrift Auswärtstätigkeit:	IE Univerity, Madrid	
		Zeitraum:	Start: 01.01.	Ende: 30.03.
		Anzahl:	70	Fahrten
		Strecke Hin- und Rückfahrt:	20	km
		davon mit PKW / Öffentlichen:	70	Fahrten
		Pauschale:	0,30	€ / km
		Summe Reisefahrtkosten:	420,00	€
		Verpflegungsmehraufwand		
		Anzahl Tage > 8h:	32	Tage
		Pauschalbetrag (Ausland):	27	€
		Summe Verpflegungsmehraufwand:	864,00	€
		Summe Ausland:	1.284,00	€

Tab. 4.7: Excel - Auswärtstätigkeit Ausland[144]

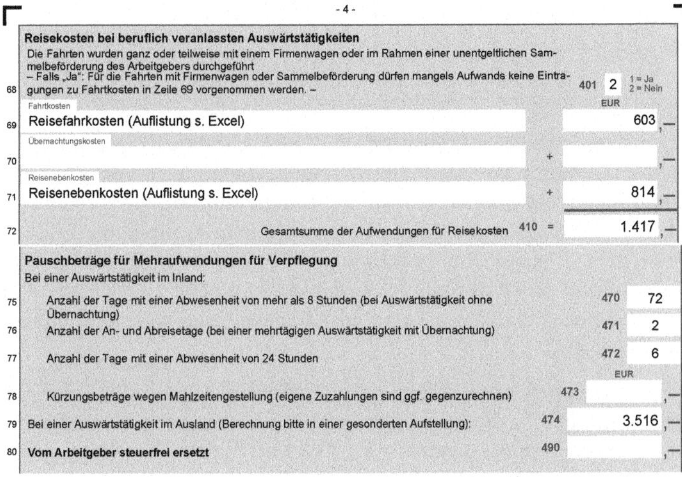
- 4 -

Zeile		Kz	Wert
	Reisekosten bei beruflich veranlassten Auswärtstätigkeiten		
68	Die Fahrten wurden ganz oder teilweise mit einem Firmenwagen oder im Rahmen einer unentgeltlichen Sammelbeförderung des Arbeitgebers durchgeführt – Falls „Ja": Für die Fahrten mit Firmenwagen oder Sammelbeförderung dürfen mangels Aufwands keine Eintragungen zu Fahrtkosten in Zeile 69 vorgenommen werden. –	401	2 (1 = Ja 2 = Nein)
			EUR
69	Fahrtkosten: Reisefahrkosten (Auflistung s. Excel)		603,–
70	Übernachtungskosten	+	,–
71	Reisenebenkosten: Reisenebenkosten (Auflistung s. Excel)	+	814,–
72	Gesamtsumme der Aufwendungen für Reisekosten	410 =	1.417,–
	Pauschbeträge für Mehraufwendungen für Verpflegung		
	Bei einer Auswärtstätigkeit im Inland:		
75	Anzahl der Tage mit einer Abwesenheit von mehr als 8 Stunden (bei Auswärtstätigkeit ohne Übernachtung)	470	72
76	Anzahl der An- und Abreisetage (bei einer mehrtägigen Auswärtstätigkeit mit Übernachtung)	471	2
77	Anzahl der Tage mit einer Abwesenheit von 24 Stunden	472	6
			EUR
78	Kürzungsbeträge wegen Mahlzeitengestellung (eigene Zuzahlungen sind ggf. gegenzurechnen)	473	,–
79	Bei einer Auswärtstätigkeit im Ausland (Berechnung bitte in einer gesonderten Aufstellung):	474	3.516,–
80	**Vom Arbeitgeber steuerfrei ersetzt**	490	,–

Abb. 4.7: Anlage N - Übertrag der Auswärtstätigkeiten

Nach neuester Rechtsprechung sind Auslandssemester Reisekosten. Daher könntet ihr hier für den Beginn der Auslandstätigkeit die Drei-Monats-Frist (Verpflegungsmehraufwand für Madrid) geltend machen. Im Beispiel wäre dies **2023** gewesen und taucht daher nicht in den Steuerbögen 2024 auf. Die Summe wird in der gleichen Zeile vermerkt wie die anderen Auslandskosten.

[144] Beispiel: Das Ergebnis (1.284 €) wird noch um die Reisenebenkosten (z. B. Unterkunftskosten, Flüge und Gepäck) erhöht (Beispiel: +2.232 €) und auf Anlage N Zeile 79 (hier: 3.516 €) vermerkt.

		Verpflegungsmehraufwand 3-Monats-Frist: Spanien (Madrid)		
Ausland	Auswärtstätigkeit	Anzahl Tage Abwesenheit 24h:	90	Tage
		Pauschalbetrag 24h (Ausland):	41	€
		Anzahl Tage An- / Abreise (Ausland):	1	Tag
		Pauschalbetrag An- / Abreise (Ausland):	28	€
		Summe Verpflegungsmehraufwand:	3.718,00	€
		Summe 3-Monats-Frist:	3.718,00	€

Tab. 4.8: Excel - 3-Monats-Frist Ausland

Warum setzt man den Verpflegungsmehraufwand und keine Essensrechnungen ab?
Kosten des privaten Lebens[145] (z. B. Essen oder Restaurantbesuche) dürfen steuerlich **nicht** abgesetzt werden, daher gibt man alternativ den Verpflegungsmehraufwand hierfür an.

Nachweise der Reisetätigkeiten

Bei einigen **Auswärtstätigkeiten** wird euch das Finanzamt nach der Abhaltung dieser befragen. Recht häufig kommt dies vor allem bei **Lerngruppen** und **praktischen Tätigkeiten** vor. Ihr seid hierzu verpflichtet, dem Finanzamt die nötigen Informationen zukommen zu lassen. Meist geht es darum bei **praktischen Tätigkeiten** wie Praktika oder Werkstudierendentätigkeiten den Bezug zum Studium zu erklären (z. B. Vertiefung der praktischen Lehre oder Kennenlernen eines bestimmten Berufszweiges).

Bei **Lerngruppen oder Lerngemeinschaften** hingegen sollten der Ort der Lerngruppe[146], die Dauer der Lerngruppe, das behandelte Thema und auch die Teilnehmenden samt Anschrift[147] dem Finanzamt offengelegt werden. Als kleiner Tipp, kann ich euch raten, dieser Anfrage sorgfältig nachzukommen. Gebt ihr die Steuererklärung über mehrere Jahre ab, wird das Finanzamt meist nur für das erste Steuerjahr Nachweise verlangen und danach das Absetzen der Reisekosten für Lerngruppen akzeptieren. Um euch auch hier Hilfe zu geben, findet

[145] § 12 EStG.

[146] Darauf achten, bei Campus-Hochschulen möglichst keine Lerngruppen auf dem Campus abzuhalten.

[147] Habt ihr keine Daten mehr zu den Teilnehmenden der Lerngruppen, rate ich, anzugeben, dass man die Teilnehmenden nur über die Uni kannte und deren Anschriften, auch durch Umzüge oder Berufseinstieg, nicht mehr nachverfolgen konnte.

ihr folgend die Excel-Tabelle „Lerngemeinschaften". Hier könnt ihr entweder eure Lerngruppen während des Semesters eintragen oder ihr „erinnert" euch nach dem Studium an diese zurück. Kontrollieren kann den Wahrheitsgehalt dieser Angaben kaum jemand. Selbstverständlich könnt ihr auch Auswärtstätigkeiten, beispielsweise, wenn ihr abseits der ersten Tätigkeitsstätte für euch **alleine lernt** oder eure **Abschlussarbeit schreibt** (sogenanntes Selbststudium), auf diese Weise für das Finanzamt dokumentieren und steuerlich absetzen.

Wichtig ist hierbei, dass ihr dies **vollständig** und vor allem **nachvollziehbar** gestaltet. Nach dem Beispiel (Übertrag von Reisetätigkeit Lerngruppe) der Reisekosten, habt ihr **42 Termine** für Lerngemeinschaften und **32 Termine** mit einer Dauer von mehr als acht Stunden angegeben.

Diese müssen auch in der Excel-Tabelle „Aufstellungen für Lerngemeinschaften" auftauchen, falls ein Nachweis angefordert wird. Ebenfalls zu beachten ist, dass ihr diese schlüssig bezüglich anderer im Steuerfall getätigter Angaben durchführt: Ein schlechtes Beispiel wäre, ihr gebt an im Auslandssemester zu sein und gleichzeitig tragt ihr eine Lerngruppe am deutschen Hochschulort ein.

Beispiel:

Vergleich und Optimierung für Fahrwege

Die Unterschiede der **Entfernungspauschale** zu **Reisekosten** sind in der Höhe immens. Bei der Wahl des Reisemittels seid ihr bei der Entfernungspauschale frei, jedoch könnt ihr hier nur **den einfachen und kürzesten Fahrweg** absetzen. Bei Reisekosten lassen sich demgegenüber auch die **tatsächlichen Kosten** (falls höher: Bahntickets, Fahrzeugkosten, etc.) oder **der gesamte Hin- und Rückweg als Pauschale** absetzen.

	Entfernungspauschale	Reisefahrtkosten
Abrechnung Verkehrsmittelwahl	Unabhängig	Abhängig der Wahl
Pauschale vs. tatsächliche Kosten	Beides möglich / eher Pauschale	Beides möglich
Fahrstrecke	Einfach (ohne Umwege)	Hin- und Rückweg
Häufigkeit	Max. einmal pro Tag	Keine Begrenzung

Tab. 4.9: Entfernungspauschale vs. Reisekosten

Zudem könnt ihr die Entfernungspauschale nur **maximal einmal pro Tag** absetzen, auch wenn ihr die Hochschule mehrfach pro Tag aufgesucht habt. Reisefahrtkosten lassen sich demgegenüber **mehrfach pro Tag** absetzen: z. B. bei Aufsuchen mehrerer Lerngruppen an verschiedenen Orten oder einer Lerngruppe und einer Werkstudierendentätigkeit.[148]

Entfernungspauschale	🚗 🚆 🏍 🚲 🚶	0,30 €/km
	✈	Tatsächliche Kosten
Reisefahrtkosten	🚗	0,30 €/km oder tats. Kosten
	🏍	0,20 €/km oder tats. Kosten
	🚲 🚶	0,00 €/km
	✈ 🚆	Tatsächliche Kosten

Tab. 4.10: Entfernungspauschale und Reisekosten

Wie oft ihr Reisekosten pro Tag oder die Entfernungspauschale pro Jahr[149] absetzt, hängt von der Plausibilität (z. B. Entfernung Wohnort zu Lerngruppe / Hochschule) und eurem persönlichen Steuerfall ab. Es gilt abzuwägen, ob die Darstellung realistisch und nachvollziehbar bleiben kann. Eine Nachprüfung des Sachverhaltes ist für das Finanzamt abseits einer beruflichen Tätigkeit (z. B. bei Arbeitgeber) schwer, da dieses kaum prüfen kann, wie oft eine Lerngruppe oder Vorlesung stattfand.

Auch wenn es möglich erscheint, vor allem bei Reisekosten, das maximal mögliche auszureizen, rate ich dazu, die Angabe von Anfahrten an die Hochschule und Reisetätigkeiten **unter 330 Tage pro Jahr** zu halten. Aufgrund der **höheren Absetzbarkeit von Reisekosten** befürworte ich genau zu prüfen, aus welchem Grund ihr beruflich das Haus verlassen habt.

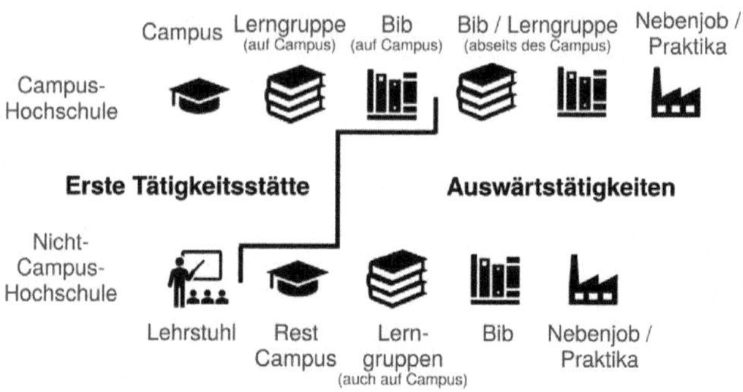

Abb. 4.8: Fahrtkosten für Campus- und Nicht-Campus-Hochschulen

[148] Selbstverständlich kann auch Entfernungspauschale und Reisekosten in Kombination an einem Tag auftreten.
[149] Maximal 365.

Tipps für Lerngruppen auf bzw. neben Campus
Bei einer Lerngruppe auf dem Campus-Gelände (Campus-Hochschule) ist nur der einfache Fahrweg (mit allen Verkehrsmitteln) steuerlich für euch absetzbar. Findet die Lerngruppe **abseits des Campus** (z. B. im Café, bei Kommilitonen, bei Nicht-Campus-Hochschule: auch der Campus abseits des eigenen Lehrstuhls) statt, so könnt ihr Hin- und Rückweg (bei Fahrt mit PKW oder Öffentlicher Verkehrsmittel) und einen Verpflegungsmehraufwand bei einer Abwesenheit von mehr als acht Stunden absetzen.[150]

1. Besucht ihr vor oder nach der Lerngruppe eine Vorlesung auf dem Hochschulgelände, müsst ihr die Anreise zum Besuch der ersten Tätigkeitsstätte und zur Auswärtstätigkeit aufteilen und berechnen.[151] Je nach Anfahrtsweg und Verkehrsmittel ergibt es daher Sinn, zu überlegen, ob es steuerlich vorteilhaft ist, vor oder nach dem Besuch der Hochschule eine Lerngruppe zu veranstalten (Vergleiche hierzu die Beispiele auf Seite 69).
2. Trefft ihr euch hingegen nur zur Lerngruppe am Campus und nehmt den Fahrweg mit dem Fahrrad auf euch, so ist es zu empfehlen, noch etwas vor oder nach der Lerngruppe an der Hochschule zu erledigen. So könnt ihr, statt aufgrund der Fahrradanreise bei den Reisefahrkosten leer auszugehen, den einfachen Fahrweg steuerlich absetzen[152] (Entfernungspauschale) und zusätzlich den Verpflegungsmehraufwand für die Lerngruppe geltend machen (Reisekosten).

Steueroptimierung: Fahrten mit Rad oder öffentlichen Verkehrsmitteln (bei Nutzung des Semestertickets) vorzugsweise zur ersten Tätigkeitsstätte angeben, da diese Fahrten verkehrsmittelunabhängig per Pauschale abgesetzt werden können. Veranstaltungen, die örtlich flexibel sind (wie Lerngruppen), **abseits** dieser ersten Tätigkeitsstätte abhalten, um den Verpflegungsmehraufwand und die Gesamtfahrstrecke[153] absetzen zu können.

Tipp: „Reisen beruflich verknüpfen"
Ihr plant einen **Städtetrip** zu unternehmen? Schaut, ob in dieser Stadt möglicherweise eine Messe oder Veranstaltung stattfindet, die mit eurem Studium in Verbindung steht (Architekturstudium: z. B. Möbelmesse). Falls ja, könnt ihr Städtetrip und Veranstaltungsbesuch verbinden und so **Teilkosten** der Reise steuerlich absetzen.[154]

Vergleich und Optimierung für Auslandsaufenthalte

1. *A geht zum **Auslandssemester** nach London. Wie setzt er dies bestmöglich steuerlich ab?*

   A setzt das Auslandssemester als **Reisetätigkeit** (Erste Tätigkeitsstätte bleibt in Deutschland) ab: A kann keine Umzugskosten absetzen. Trotzdem kann er die Kosten für alle Fahrten oder Flüge (zwischen Deutschland und London), die Hin- und Rückwege zum Campus oder Lerngruppen und den vollen Verpflegungsmehraufwand für London für die ersten drei Monate und die Kosten für die Unterkunft (Hotel oder Wohnung) absetzen. **(→ Beste Wahl)**

   Wählt A die Verlegung der ersten Tätigkeitsstätte und damit seines **Ersthaushaltes** nach London, so kann A die Umzugskostenpauschale (außerhalb der EU inkl. Aufschläge für Strom- und TV-Netzänderung) für Hin- und Rückzug wählen. Bei Rückzug wird die Pauschale reduziert, da die Tätigkeitsdauer von vornherein beschränkt war. Die Wege zum Campus kann er mit der Entfernungspauschale absetzen. Für Tätigkeiten abseits des Campus darf er – wie in Deutschland – ganz gewöhnlich die Gesamtfahrstrecke und den Verpflegungsmehraufwand (London) für Lerngruppen oder Ausflüge absetzen. Unterkunftskosten und Heimfahrten[155] kann er steuerlich nicht absetzen.

   A setzt das Auslandssemester als **Zweithaushalt** (doppelte Haushaltsführung) ab. Voraussetzung hierbei wäre, in Deutschland ein

[150] Daher ist immer dazu zu raten, Lerngruppen nicht auf dem Campus abzuhalten (Nachprüfen, wo diese tatsächlich stattfanden, kann das Finanzamt jedoch nicht).

[151] Reminder: Fahrten abseits der Wohnadresse und der ersten Tätigkeitsadresse, die beruflich bedingt sind, gelten als Reisekosten. Fahrten von Wohnadresse zur ersten Tätigkeitsstätte gelten als Entfernungspauschale (s. auch Beispiele auf S. 69).

[152] Reisefahrtkosten per Fahrrad 0,00 €/km. Entfernungspauschale verkehrsmittelunabhängig 0,30 €/km bzw. ab 21. km 0,38 €/km.

[153] Nur absetzbar, wenn tatsächliche Kosten durch Ticketkauf entstanden sind oder die Fahrten mit PKW/Motorroller unternommen wurden.

[154] Da eine zeitanteilige Aufteilung der Reise schwierig ist, sind die Reisekosten pauschal zur Hälfte anrechnungsfähig (BFH, Urteil vom 09.01.2003 – Az. VI B 133/12 & BFH, Urteil vom 24.02.2011 – Az. VI R 12/10). Die Kursgebühren oder Eintrittspreise bleiben zu 100 % anrechenbar. Die Begleitung eines Freundes oder Partners hat keinen Einfluss auf die steuerliche Behandlung der Reise (BFH, Urteil vom 24.08.2012 – Az. III B 21/12).

[155] Außer B könnte begründen, in Deutschland einen weiteren Lebensmittelpunkt (aufgrund Familie, Sportverein oder sonstiger Verpflichtung) zu haben. So könnte B Fahrten oder Flüge von Deutschland zur Tätigkeitsstätte absetzen.

Zimmer oder Wohnung gleichzeitig finanziell zu unterhalten. Für die Umzugskosten nach London und zurück könnte er nur die tatsächlich anfallenden Kosten absetzen (Ausnahme: er würde nach Deutschland wegen des Berufseinstieges ziehen). Die Wege zum Campus kann er mit der Entfernungspauschale absetzen. Für Tätigkeiten abseits des Campus darf er – wie in Deutschland – ganz gewöhnlich die Gesamtfahrstrecke und den Verpflegungsmehraufwand für Lerngruppen oder Ausflüge absetzen. Unterkunftskosten und Heim-Fahrten / Flüge (Einweg) kann er steuerlich durch den Zweithaushalt absetzen. Der Aufwand hierfür (Nachweise doppelte Mietzahlungen) wäre allerdings viel höher als bei der Reisetätigkeit.

2. *B zieht für sein* ***Masterstudium*** *nach Paris. Wie setzt er dies bestmöglich steuerlich ab?*

   B kann das reine Auslandsstudium auf keinen Fall als **Reisetätigkeit** absetzen, da in Deutschland keine erste Tätigkeitsstätte in Form einer Hochschule existiert. Die Hochschule in Paris wird daher seine erste Tätigkeitsstätte.

   Wählt B die Verlegung seines **Ersthaushaltes** nach Paris, so kann B die Umzugskostenpauschale (innerhalb der EU) wählen. Da B ins Ausland zieht, kann er die volle Pauschale absetzen, auch wenn er von einer WG oder dem Elternhaus aus nach Paris zieht. Ebenso kann er diese bei Rückzug nach Deutschland absetzen, sofern er beruflich in Deutschland weiterarbeitet. In Paris kann er für Tage am Campus die Entfernungspauschale und abseits des Campus ganz gewöhnlich die Gesamtfahrstrecke und den Verpflegungsmehraufwand für Auswärtstätigkeiten absetzen. Unterkunftskosten, Heimfahrten[156] und Drei-Monats-Frist entfallen bei Verlegung des Ersthaushaltes.

   B setzt das Auslandsstudium in Paris als **Zweithaushalt** (doppelte Haushaltsführung) ab. Voraussetzung hierbei wäre, in Deutschland ein Zimmer oder Wohnung gleichzeitig finanziell zu unterhalten. Die absetzbaren Kosten entsprechen denen in Fall 1 – Zweithaushalt. **(→ Beste Wahl)**

> Beachte bei einem längeren Auslandsaufenthalt vorsorglich die 183-Tage-Regelung!

[156] Außer B kann belegen, in Deutschland einen weiteren Lebensmittelpunkt zu haben.

Arbeitsmittel-, Fortbildungskosten und Pauschalbeträge

Wie schon in Kapitel 2 beschrieben, sind Werbungskosten alle Kosten, die in Zusammenhang mit eurer Arbeit (Studium, Praktikum, dualen Ausbildung oder Zweitausbildung etc.) entstehen. Neben Entfernungspauschale und Reisekosten, summieren sich Kosten für **Arbeitsmittel und Fortbildungen** hinzu, die ihr zum Ausüben des Berufs als Student benötigt.[157] Zu diesen gehören zum Beispiel Computer, Fachliteratur oder Hochschulgebühren.[158] Ausgaben für Arbeitsmittel oder Fortbildungen, die in einer **ausländischen Währung** gezahlt wurden, werden zum **tagesaktuellen Wechselkurs** des Zahlungsdatums in Euro umgerechnet.

Arbeitsmittel sind Gegenstände, die benötigt werden, um die *„beruflichen Aufgaben"*[159] zu erledigen. Das müssen nicht unbedingt nur physische Gegenstände wie der Computer oder Laptop sein – ein Telefonanschluss oder diverse Software (z. B. Microsoft Office, SPSS, etc.), die zu den sogenannten immateriellen Wirtschaftsgütern zählen, können ebenso als Arbeitsmittel gelten. Tatsächlich kann **jeder** Gegenstand ein Arbeitsmittel sein, maßgeblich ist **die berufliche Verwendung im Studium bzw. im Beruf**. Sobald ein Artikel zu **mindestens 10 % beruflich** genutzt wird, **kann** er als Arbeitsmittel **abgesetzt werden**! Bei einer beruflichen Nutzung zu **mehr als 90 Prozent** dürfen die **kompletten Kosten (also 100 %)** abgesetzt werden.[160] Ab einer **zehnprozentigen privaten** Nutzung müssen die Anschaffungskosten nach privater und beruflicher Nutzung aufgeteilt werden.[161] Kann das Verhältnis nicht geschätzt werden, so geht man von einer 50:50-Verteilung aus.[162] Zu den Anschaffungskosten zählen der Kaufpreis und Nebenkosten wie z. B. Versandkosten oder der Fahrweg (0,30 €/km) der Beschaffungsfahrt.

Fortbildungskosten sind Aufwendungen, die ihr tätigt, um Kenntnisse und Fertigkeiten in eurem Beruf zu erlernen oder Kenntnisse in diesem zu vertiefen. Dies liegt als Student der Definition von Arbeitsmitteln besonders nahe. Hierunter fallen jedoch zum Beispiel Semester-, Kurs- oder Prüfungsgebühren der Zweitausbildung oder Sprachkurse. Diese Aufwendungen müssen **nicht** abgeschrieben, sondern im Jahr der Zahlung (Abflussprinzip) vollständig abgesetzt werden.

Für die Summe der **Arbeitsmittel** existiert alternativ eine **Pauschale von 110 €** als Werbungskosten. Ich rate euch dazu, die Werbungskosten

157 FG Köln, Urteil vom 07.07.2004 – Az. 7 K 932/03.
158 Vgl. VLH.
159 § 9 Abs. 1 S. 3 Nr. 6 EStG.
160 BMF-Schreiben vom 06.07.2010 – BStBl. 2010 I, 614.
161 § 9 EStG.
162 BFH, Urteil vom 19.02.2004 – Az. VI R 135/01, BStBl. 2004 II, 958.

aufgeschlüsselt steuerlich einzureichen, da das Potential – vor allem als Student – deutlich über dieser Pauschale liegt. Durch das „Drop-Down-Menü" in meiner Excel-Datei und der folgenden Auflistung der Arbeitsmittel bekommt ihr einen ersten Überblick, welche angefallenen Kosten für euch absetzbar sind.

Für viele Studierende ist es schwer einen Überblick darüber zu gewinnen, was alles zu dieser Kostenart der Arbeitsmittel und Fortbildungskosten gehört. Die folgende Aufstellung soll dabei helfen. Diese Aufzählung ist nicht vollumfänglich, was in der heterogenen Landschaft von Studiengängen begründet liegt. Studiert ihr beispielsweise Sport, ist die Mitgliedschaft im Fitnessstudio oder die Sportausrüstung **plausibel und absetzbar**.[163] Ebenso ist der Klavier-Flügel[164] oder der Opernbesuch für ein Studium der Musikwissenschaften **plausibel und absetzbar**. Sportkleidung einer Musikstudentin ist jedoch **nicht** absetzbar! Demzufolge ist es je nach Studierendem und Studiengang unterschiedlich, welche Arbeitsmittel oder Fortbildungskosten jeder einzelne Studierende in der Steuererklärung absetzen und dem Finanzamt begründen kann.

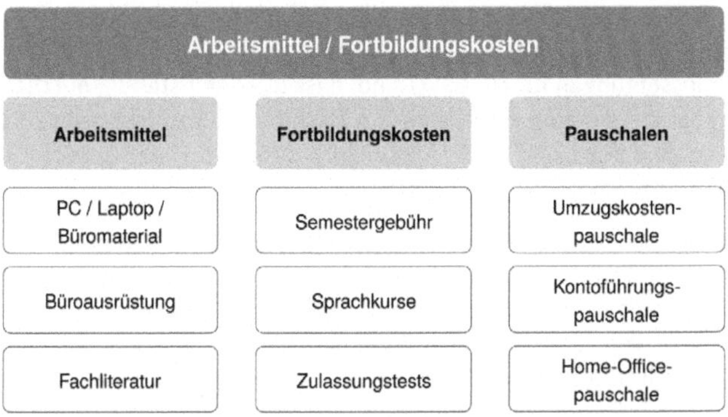

Abb. 4.9: Übersicht der Arbeitsmittel- und Fortbildungskosten

> Sind euch ungewöhnliche Kosten entstanden, die jedoch in Zusammenhang mit eurem Studium stehen, nehmt euch beim Anschreiben für das Finanzamt die Zeit und gebt hierbei an, weshalb das Arbeitsmittel mit eurem Studium in Verbindung steht.[165]

[163]Tipp: Es gibt eine Vielzahl von Urteilen zu „Arbeitsmitteln". Ob ihr euer spezielles Arbeitsmittel absetzen könnt, findet ihr sehr wahrscheinlich durch einfaches Recherchieren dieser Urteile heraus.

[164]BFH, Urteil vom 21.10.1988 – Az. VI R 18/86.

Sofort abzugsfähige oder abzuschreibende Arbeitsmittel

Arbeitsmittel unterscheiden sich bei der steuerlichen Absetzbarkeit hinsichtlich ihrer Anschaffungskosten. Sind diese günstiger als **410 €** (vor 2018) bzw. **800 €** (ab 2018), jeweils netto, so spricht man **von sofort abzugsfähigen Arbeitsmitteln (Geringwertigen Wirtschaftsgütern)** und kann diese im Anschaffungsjahr komplett absetzen. Ist das erworbene Arbeitsmittel teurer als 800 € (ohne MwSt.: z. B. gebraucht gekaufte Arbeitsmittel) oder 952 € (mit MwSt.), so **muss** dieses über seine Nutzungsdauer **linear abgeschrieben werden.**

Beispiel für sofort abzugsfähige Kosten eines Arbeitsmittels (Geringwertiges Wirtschaftsgut):
Ist der Artikel **günstiger** als 800 bzw. 410 €, so gilt er als Geringwertiges Wirtschaftsgut (GWG).[166] Der Artikel **kann** sofort komplett abgesetzt werden – muss er jedoch nicht.[167]

> **Achtung**: Im Jahr 2020 kurzzeitige Senkung der MwSt. aufgrund der Corona-Pandemie!

Voraussetzungen für ein GWG sind, dass diese **selbständig nutzbar**[168], **beweglich** und **abnutzbar** sind. Ein Desktop-PC ist nicht selbständig, da er ohne Maus und Bildschirm nicht nutzbar ist. Diese Arbeitsmittel sind dann zusammen abzuschreiben.

Beispiel für verpflichtend abzuschreibende Arbeitsmittel:
Ist der Artikel **teurer** als 800/410 € netto, so **muss** dieser über seine Nutzungsdauer abgeschrieben werden.[169] Angenommen ihr kauft einen Artikel für 1.200 € im April und schreibt ihn über **drei Jahre** (= 36 Monate) ab:

- **Jahr 1**:
  Abschreibung für April bis Dez. = 9 Monate = 9/36 (300 €).
- **Jahr 2**:
  Abschreibung für Januar bis Dez. = 12 Monate = 12/36 (400 €).
- **Jahr 3**:
  Abschreibung für Januar bis Dez. = 12 Monate = 12/36 (400 €).
- **Jahr 4**:
  Abschreibung fehlender Monate bis 36 voll = 3/36 (100 €).

---

[165] Den erstaunlichsten Fall hatte wohl eine Sportstudentin, die ihr Pferd steuerlich absetzen konnte, da Reiten ein Teil ihres Studiums war. Ich betreute aber auch Gesangsstudierende, die Opernbesuche absetzen konnten.

Für jedes Arbeitsmittel gilt für die entsprechende Abschreibung eine **andere Nutzungsdauer**. Anbei eine Tabelle zur schnellen Übersicht der gängigsten studentischen Arbeitsmittel und ihrer steuerlichen Nutzungsdauer.[170] Werden Arbeitsmittel aufgrund **hoher Belastung** stärker abgenutzt, kann die Nutzungsdauer **herabgesetzt** werden.

Arbeitsmittel	**Gesetzliche Nutzungsdauer**
Computer / Laptop / Tablet-PC / Drucker (seit 2021 Sofortabsetzen bei PC, Tablet, Laptop)	3 Jahre
Smartphone	5 Jahre
Monitor	7 Jahre
Büromöbel	13 Jahre

Tab. 4.11: Nutzungsdauer diverser Arbeitsmittel

Dies muss jedoch dem Finanzamt erläutert werden. Geht ein Arbeitsmittel vorzeitig durch einen Schaden **kaputt** oder **verloren**, so kann der **verbliebene Restwert** in entsprechendem Jahr vollständig abgeschrieben werden.[171] Bei gebraucht gekauften Arbeitsmitteln (über GWG) kann die **Restnutzungsdauer** verwendet werden.

Rückwirkend zum 01.01.2021 dürfen **alle digitalen Anschaffungen** (Laptop, Tablet (ab 9"), Software) im Jahr der Anschaffung ab 2021 vollständig abgeschrieben werden (Digitalisierungsstrategie).[172] Geräte, die vor 2021 erworben wurden, müssen ggf. abgeschrieben werden. Der **verbleibende Restwert** darf 2021 vollständig geltend gemacht werden.

[166] Der Gesamtpreis ist entscheidend. Nicht der Preis, der auf die berufliche Nutzung entfällt.

[167] § 9 Abs. 1 S. 3 Nr. 7 S. 2 EStG und § 6 Abs. 2 S. 1 EStG.

[168] Dies wird in der Praxis kaum angewendet. So können Kabel, Adapter, Software, etc. im Jahr der Anschaffung abgesetzt werden.

[169] § 7 Abs. 1 S. 1 EStG.

[170] Vollständige Liste unter: „AfA-Tabelle für die allgemein verwendbaren Anlagegüter" (Homepage Bundesfinanzministerium).

[171] BFH, Urteil vom 09.12.2003 – Az. VI R 185/97.

[172] Schreiben des Bundesfinanzministeriums vom 26.02.2021, IV C 3 – S2190/21/10002:013 & 22.02.2022.

Steuerliche Pauschalbeträge

Zu der bereits genannten **Arbeitnehmerpauschale**[173], existieren noch weitere absetzbaren Pauschalen[174], die ihr neben den abgesetzten Werbungskosten geltend machen könnt.

Umzugskostenpauschale

Verlegt ihr euren Ersthaushalt aus einem beruflichen Grund[175], so könnt ihr die **pauschale** absetzen. Für jeden weiteren beruflich bedingten Umzug **innerhalb von fünf Jahren** erhöht sich der Beitrag **einmalig um +50 %**, sofern vor und nach den Umzügen jeweils eine eigene Wohnung bewohnt wurde. Ebenso erhöht sich diese Pauschale, sofern ihr ins Ausland (EU- und Non-EU in unterschiedlicher Höhe) zu- oder zurückzieht.[176]

Die Umzugskostenpauschale ist an **Bedingungen** geknüpft. So muss der Umzug **(1) berufsbedingt** (Jobwechsel, Studienortwechsel, Rückkehr aus dem Ausland) erfolgen und **(2) eine Fahrzeitverkürzung von einer Stunde** (Hin- und Rückweg pro Tag) zur ersten Tätigkeitsstätte vorliegen.[177] Jedoch hat auch die letzte Bedingung wieder zahlreiche Ausnahmen: Beispielsweise, sobald ihr in fußläufige Nähe zur Tätigkeitsstätte ziehen würdet[178] oder ihr aufgrund eures Arbeitgebers umziehen müsstet[179], so könnt ihr auch in diesen Fällen die Pauschale absetzen. Ebenso könnt ihr die Pauschale absetzen, wenn ihr eine doppelte Haushaltsführung auflöst (bspw. nach Beenden des Studiums) und an den Ort der Arbeitsstätte bzw. ehemaligen Studienortes zieht.

Zieht ihr zu den Eltern (oder an den Lebensmittelpunkt) zurück, so dürft ihr nur die tatsächlichen Kosten absetzen.

---

173 Entweder die Werbungskostenpauschale oder die Summe von Arbeitsmitteln, Reisekosten und Pendlerpauschale.

174 Pauschalen in Anlage N (2024) unter „sonstige Werbungskosten“.

175 Bei privatbegründetem Umzug können nur die Speditionskosten unter haushaltsnahen Dienstleistungen steuerlich geltend gemacht werden. Seid ihr beispielsweise während der Corona-Krise, um Miete zu sparen, kurzzeitig wieder zu euren Eltern gezogen, dann war dieser Umzug nicht berufsbedingt.

176 Die Höhe hierbei richtet sich danach, ob ihr ins EU- oder weitere Ausland zieht oder zurückzieht.

177 H 9.9 Erhebliche Fahrzeitverkürzung LStH 2015.

178 BFH, Urteil vom 22.11.1991 – Az. VI R 77/89, BStBl. 1992 II, 494; FG Baden-Württemberg, Urteil vom 02.04.2004 – Az. 8 K 34/00 & EFG 2004 S. 1204; FG Rheinland-Pfalz, Urteil vom 21.06.1995 – EFG 1995 S. 1048.

179 Wohnheim wird renoviert oder maximale Wohnzeit endet dort. Bspw. FG Saarland, Urteil vom 25.02.1987 – Az. I K 236/85, EFG 1987 S. 347.

Der **Pauschalbetrag** umfasst lediglich den Einbau von Küchen und elektrischen Geräten, Trinkgelder für Möbelpacker, Anbringen von Lampen und Gebühren für die Ummeldung.

In der Umzugskostenpauschale sind keine **Maklerkosten, doppelte Mietzahlungen**[180], **Transportkosten** für Hausrat (Miete LKW, Umzugsunternehmen, Bezahlung und Verköstigung der Umzugshelfer, etc.), Verpackungsmaterialien oder Kilometerpauschalen und Verpflegungsmehraufwand für Besichtigungstermine enthalten und können noch **zusätzlich zur Pauschale** abgesetzt werden.[181] So können am Umzugstag **Reisekosten** wie bei einer Auswärtstätigkeit (Fahrwege und Verpflegungsmehraufwand) abgesetzt werden. Ebenso können auch **Übernachtungskosten** für den Zeitraum vom Einladen bis zum Ausladen des Umzugsgutes abgesetzt werden, sofern diese nachgewiesen werden können.

Die **Umzugskostenpauschale** ins Ausland oder aus dem Ausland nach Deutschland unterscheidet sich nicht nach Ländern, sondern nur hinsichtlich EU- oder Nicht-EU-Länder (Auslandsumzugskostenverordnung; AUV). Diese Umzugskostenpauschale ist an das **Grundgehalt der Besoldungsgruppe A13 Stufe 8** (Bundesumzugskostengesetz; BUKG) gekoppelt.[182]

Seit 01.06.2020 gilt: Habt ihr **keine eigene Wohnung vor oder nach eurem Umzug bewohnt** (z. B. Auszug bei den Eltern, WG-Zimmer), dann dürft ihr für Umzüge innerhalb Deutschlands nur 20 % (Ledige) oder 30 % (Verheiratete) der Umzugskostenpauschale absetzen.

Zieht ihr aus dem Ausland **zurück nach Deutschland**, erhaltet ihr 80 % der folgenden genannten Beträge. Ist der Auslandsaufenthalt von vornherein auf **maximal 2 Jahre** befristet, dann verkürzen sich die Beträge der Umzugskostenpauschale bei einem Aufenthalt von bis zu 8 Monaten auf 20 %, bei einem Aufenthalt ab 8 Monaten auf 40 % der ursprünglichen Pauschale.[183]

180 Bis zu sechs Monate doppelte Mietzahlungen für die alte Wohnung und bis zu drei Monate für die neue Wohnung.

181 Rechnungen hierfür sollten aufbewahrt werden. Kosten für private Helfer sind auch, sofern sie bezahlt oder verköstigt werden, absetzbar.

182 Dies ist der offizielle Richtwert. Lasst euch davon nicht verunsichern. 20 % bei EU-Ausland, 21 % bei Nicht-EU. Beispiel im Folgenden. Der Basiswert verändert sich jedes Jahr, da er mit der Besoldungsgruppe zusammenhängt.

183 Beispielsweise bei einem Auslandssemester.

Umzugskostenpauschale[184] innerhalb	BRD[185]	BRD[186]	EU	Non-EU[187]
Ledige (ohne Kinder) ab				
02/2017 (Entscheidend ist der Tag bei Beenden des Umzuges)	764 €	1.146 €	1.068 €	1.122 €
03/2018	787 €	1.181 €	1.100 €	1.155 €
04/2019	811 €	1.217 €	1.134 €	1.191 €
03/2020	820 €	1.230 €	1.146 €	1.204 €
06/2020	860 €	1.290 €	1.146 €	1.204 €
04/2021	870 €	1.305 €	1.160 €	1.218 €
04/2022 (gilt bis 2024, da 2023 keine Erhöhung stattand)	886 €	1.329 €	1.181 €	1.240 €
03/2024	964 €	1.446 €	1.286 €	1.350 €
Verheiratete (ohne Kinder) ab				
02/2017	1.528 €	2.292 €	2.083 €	2.243 €
03/2018	1.573 €	2.360 €	2.145 €	2.310 €
04/2019	1.622 €	2.433 €	2.212 €	2.382 €
03/2020 (BRD: bis hier: 2× Betrag ledige Person; z. B. 820€ × 2)	1.639 €	2.459 €	2.235 €	2.407 €
06/2020 (BRD: ab hier: Betrag ledige Person + Begleitperson/Kind: 860 + 573)	1.433 €	2.150 €	2.235 €	2.407 €
04/2021 (BRD: ab hier: Betrag ledige Person + Begleitperson/Kind: 870 + 580)	1.450 €	2.175 €	2.262 €	2.436 €
04/2022 (BRD: ab hier: Betrag ledige Person + Begleitperson/Kind: 886 + 590)	1.476 €	2.214 €	2.303 €	2.480 €
03/2024 (BRD: ab hier: Betrag ledige Person + Begleitperson/Kind: 964 + 643)	1.607 €	2.411 €	2.507 €	2.700 €

Tab. 4.12: Höhe der Umzugskostenpauschale

Kalkulation Umzugskostenpauschale EU-Ausland	Basis: A13 St. 8 (2019): 5.671 €
EU-Ausland (20 % des Grundgehaltes A13)	1.134 €
+ ggf. bei mehrfachem Umzug innerhalb 5 Jahren (+50 %)	+567 €
+ ggf. andere Fernsehnorm (+10 % des Grundgehaltes A13)	+567 €
+ ggf. andere Netzspannung (+13 % des Grundgehaltes A13)	+737 €
Summe Umzugskostenpauschale EU-Ausland	**3.006 €**

Tab. 4.13: Beispiel - Umzugskostenpauschale EU-Ausland

Arbeitsmittelpauschale

Zudem gibt es eine **Arbeitsmittelpauschale** von 110 €. Wenn keine Quittungen für Arbeitsmittel gesammelt wurden, können in der Regel pauschal **110 € pro Jahr** in der Anlage N eingetragen werden. Es gibt allerdings **keinen** Rechtsanspruch darauf. Außerdem solltet ihr durch das kostenintensive Studium deutlich mehr als diese 110 € für Arbeitsmittel absetzen.

Kontoführungspauschale

Zusätzlich könnt ihr eure **Kontoführungsgebühren** mit einer Pauschale von **16 € pro Jahr** absetzen. Sind die Kontoführungsgebühren eures Gehalts- oder BAföG-Kontos höher, so könnt ihr diese in voller Höhe absetzen, sofern diese mit den Einkommenszahlungen in Verbindung stehen. Die Kosten für eine **Kreditkarte** sind ebenso steuerlich absetzbar, jedoch nur, wenn bei Nachweis darüber die Kreditkarte so gut wie ausschließlich bei Auswärtstätigkeiten genutzt wurde. Ansonsten sollten die Kosten in einen privaten und beruflichen Teil aufgeteilt werden.

Home-Office-Pauschale / Tagespauschale

Im Rahmen der Corona-Krise wurde beschlossen, **Home-Office** zu subventionieren: So darf für jeden Tag, den man von zu Hause aus arbeitet (oder lernt), 5 € (**max. 120 Tage/Jahr**) abgesetzt werden (Ab 2023: 6 €/210 Tage). Galt vor 2023 noch, dass man sich zwischen Anfahrt zur Arbeit und Home-Office-Pauschale entscheiden musste (auch, wenn beides stattfand), so dürfen nun Personen **ohne** festen und dauerhaften Arbeitsplatz (z. B. Lehrer, Vollzeitstudierende) beides an einem Tag geltend machen, auch wenn nur ein paar Minuten im Home-Office gearbeitet wurde. Die Pauschale wird als Summe (Tage x Pauschale) in die Zeile des häuslichen Arbeitszimmers (2020) bzw. ab 2021 die Tagesanzahl in Z. 45, ab 2023 in Z. 61 & 62 (Anlage N) vermerkt.

---

[184] Achtung: Mit umziehende Kinder erhalten einen extra Zuschlag zur Umzugskostenpauschale.

[185] Nur, falls vor und nach Umzug eine eigene Wohnung bestand. Ansonsten 20 % der Pauschale für ledige oder 30 % der Pauschale für verheirate Personen: z. B. 172 € (ab 06/2020), 174 € (ab 04/2021), 178 € (ab 04/2022), 193 € (ab 03/2024) als Umzugskostenpauschale.

[186] Ab dem zweiten berufsbedingten Umzug innerhalb von fünf Jahren erhöht sich die Pauschale einmalig um 50 %.

[187] Bei Ländern mit anderer Netzspannung (+13 %) und/oder anderer Fernsehnorm (+10 % des Grundgehaltes der Besoldungsgruppe A13 Stufe 8) erhöhen sich diese Pauschalen nochmals (Netzspannung: 230 Volt in Deutschland. Fernsehnorm in Deutschland: PAL).

Nicht mehr absetzbar ist die Pauschale am Zweitwohnsitz, wenn eine doppelte Haushaltsführung vorliegt. In diesem Fall ist die Pauschale nur am **Lebensmittelpunkt** (z. B. bei den Eltern) absetzbar!

Arten von Arbeitsmittel-, Fortbildungskosten und Pauschalbeträge

Die **Arten der Arbeitsmittel- und Fortbildungskosten** im Studium sind ebenso zahlreich wie die vorhandenen Studiengänge. Eine Architekturstudentin wird andere Arbeitsmittel benötigen als ein BWL-Student. Ein Sportstudent wird seine Sportausrüstung absetzen können, während eine Musikstudentin Musikinstrumente geltend machen könnte. Aus diesem Grund wird das folgende Kapitel **allgemein** gehalten werden.

Kosten vor und während des Studiums

Bereits die Kosten, die euch dazu befähigen eine Ausbildung aufzunehmen und zu durchlaufen, sind für euch steuerlich absetzbar. Darunter fallen etwa alle Kosten, die unmittelbar mit der Bewerbung (Beglaubigungen, Porto, Zulassungs- oder Sprachtests) für ein Hochschulstudium, der Hochschule und damit eurem Studium zustande kommen. Hierzu kommen die weiteren klassischen Ausgaben eines Studierenden wie:

- Ausgaben für wiederholt anfallende **Arbeitsmaterialien**, wie Semestergebühren, Bürobedarf, Schreibblöcke, Druckerpapier, Klammern, Karteikarten, Textmarker, Druckkosten, Ordner, Toner, Tacker bis hin zum Binden, Plagiatsprüfungen und Lektorate von Semester- oder Abschlussarbeiten, sind absetzbar.

- Hinzu kommen **elektronische Geräte**: Diese reichen vom Laptop[188], Tablet, Handy[189] oder Drucker bis hin zum Diktiergerät und sind ausnahmslos absetzbar. Nicht zu vernachlässigen ist **Zubehör** dieser, wie externe Festplatten, Adapter, Kabel, Bildschirme, Tastaturen, Kopfhörer, Software-Programme wie Word oder SPSS, kostenpflichtige Apps oder auch notwendige Reparaturen der Geräte. **Tipp**: Bei diesen Anschaffungen solltet ihr zwischen privater und beruflicher Nutzung unterscheiden. Jedoch könnt ihr versuchen, diese zu mehr als 90 % (dadurch 100 %, also steuerlich ohne private Nutzung) für das Studium geltend zu machen.

- Auch Rucksäcke, Akten- oder **Laptoptaschen** für die Uni oder die Arbeit lassen sich steuerlich absetzen. Als **Tipp** für die Damen: Auch

[188] BFH, Urteil vom 19.02.2004 – Az. VI R 135/01: Bei Arbeitnehmern zu 50 % pauschal absetzbar. Jedoch kann man bei Studierenden von einer höheren beruflichen Nutzung ausgehen. Diese solltet ihr gut begründen (z. B. Schreiben der Abschlussarbeit).

[189] Smartphone nur zu 50 % oder maximal 70 % steuerlich absetzen, da auch immer eine private Nutzung vorliegt.

eure Handtaschen, sofern kein Luxusartikel oder zu klein für den Transport von Arbeitsmitteln, könnt ihr als Laptop- oder Arbeitstasche deklarieren und steuerlich absetzen.[190]

- Kosten für **Auslandssemester und -praktikum**. Zieht ihr während des Studiums ins Ausland und studiert oder arbeitet dort, könnt ihr die Kosten hierfür steuerlich als Werbungskosten geltend machen. Zusätzlich erhaltet ihr die ersten drei Monate vollen Verpflegungsmehraufwand. Hierzu im Thema Reisekosten mehr.
- **Bewerbungskosten**[191] an Hochschulen wie auch bei potenziellen Arbeitgebern (hierunter zählen Bewerbungskostenpauschalen, Anfahrtskosten und Verpflegungsmehraufwand, Beglaubigungen, Mappen, Porto, Bewerbungsfotos, Übersetzungen, Stellenanzeigen oder Zulassungstests wie GMAT, TOEFL oder sonstige Zertifikate). Ebenso können Kosten für Premium-Zugänge zu Karrierenetzwerken (wie LinkedIn oder XING) abgesetzt werden.
- **Berufskleidung**, sofern diese nicht privat nutzbar ist (z. B. weiße Krawatte bei Juristen oder Arztkittel bei Medizinern, Hemden mit Firmenlogo). **Ausnahme**: Mediziner (weiße Sneaker / Hosen) und Sportstudenten (Sportequipment).
- **Doppelte Haushaltsführung**, sofern ihr die Voraussetzungen erfüllt, könnt ihr eure Miete, ebenso wie die **notwendige** Einrichtung, am Studien- oder Arbeitsort absetzen.
- **Fachliteratur** wie Bücher, Skripte, Mitschriften von Online-Portalen, E-Books, Fachzeitschriften/ -zeitungen mit beruflichem Bezug bis hin zu Ausleihgebühren von Bibliotheken.
- **Fahrtkosten**. Hierzu zählen nicht nur die Pendlerpauschale zur ersten Tätigkeitsstätte oder Fahrkostenpauschale für Hin- und Rückweg bei Auswärtstätigkeiten, sondern auch tatsächliche Kosten für Bahncard, Jobticket, Deutschlandticket und Semesterticket.[192]
- **Feierlichkeiten (Bewirtungskosten)**. Kosten für eine Feier (z. B. Abschlussfeier, Abschiedsfeier) mit Kollegen und Kommilitonen sind steuerlich absetzbar, sofern das Fest beruflich (in eurem Fall z. B. Beenden des Studiums) veranlasst war.

---

[190] Maximal zwei Stück pro Veranlagungszeitraum bzw. Jahr absetzbar.

[191] Für Online-Bewerbung gilt eine Pauschale von 2,50 € je Bewerbung, bei postalisch versendeten eine Pauschale von 7,50 €. Ihr solltet euch die Durchschriften / Eingangsbestätigungen der Bewerbungen aufheben, um diese belegen zu können (FG Köln, Urteil vom 07.07.2004 – Az. 7 K 932/03).

[192] BFH, Urteil vom 22.09.2011 – Az. III R 38/08.

- **Kreditkosten**. Nehmt ihr während eures Studiums einen **Studienkredit** (bspw. bei der KfW-Bank) auf, um euch das Studium finanzieren zu können, so könnt ihr die daraus entstandenen Zinsen und Gebühren steuerlich geltend machen. Müsst ihr BAföG zurückzahlen und hierfür einen Kredit aufnehmen, könnt ihr auch diese Kosten absetzen.[193]
- **Nachhilfestunden und kostenpflichtige Kurse** (für Hochschulkurse oder Fortbildungen jeglicher Art, egal ob On- oder Offline), z. B. Volkshochschulkurse oder Udemy.
- Zu euren Arbeitsmaterialien zählen auch **Möbel (Voraussetzung hierfür, dass diese zum Arbeiten benötigt werden)** wie ein Bücherschrank, Schreibtisch und Zubehör, eine Kommode oder der Schreibtischstuhl. Bei der doppelten Haushaltsführung könnt ihr die gesamte notwendige Einrichtung eurer Wohnung oder des WG-Zimmers absetzen.
- **Promotionskosten**.[194]
- Aber auch **Rechtskosten** wie bei **Studienplatzklagen** oder sonstige Rechtsverfahren in Verbindung mit eurer Ausbildung (Anwalts- und Gerichtskosten) sind steuerlich absetzbar.[195] Auch, wenn die Verfahren nicht erfolgreich waren.
- **Sprachkurse**, die ihr neben eurem Studium absolviert, sind ebenso absetzbar – sollten jedoch mit eurem beruflichen Werdegang in Verbindung gebracht werden können.
- **Steuerberatungskosten**. Hierunter fallen nicht nur Kosten für Steuerberater, Steuerkurse oder Steuersoftware. Auch **dieses Buch** und **Excel-Dateien** dürft ihr steuerlich absetzen!
- **Telefon- und Internetkosten**. Ihr könnt 20 % der monatlichen Kosten steuerlich absetzen. Allerdings maximal 20 € pro Monat.
- Zieht ihr um, könnt ihr die **tatsächlichen Umzugskosten** bei Umzug des Zweithaushaltes oder bei Umzug des Ersthaushaltes eine **Pauschale plus weiterer Kosten** absetzen.
- Sobald ihr bei einer Fahrt, die beruflich veranlasst ist, einen Unfall habt, dürft ihr die **Unfallkosten** (Selbstbeteiligung, eigener Schaden), die nachweislich entstanden sind, absetzen.[196]

[193] BFH, Urteil vom 15.03.1974 – Az. VI R 252/71, BStBl. II 1974, 513.
[194] BFH, Urteil vom 16.03.2004 – Az. VIII R 65/03 & BFH/NV 2004, 1522.
[195] BFH, Urteil vom 28.07.2011 – Az. VI R 7/10, BStBl. 2012 II, 557 & Az. VI R 38/10, BStBl. 2012 II, 561.
[196] Schadenbericht der Polizei bzw. Versicherung reicht als Nachweis aus: Diebstahl (FG Hamburg, Urteil vom 05.07.2006 – Az. I 4/06); Motorschaden (FG München, Urteil vom 21.04.2009 – Az. 13 K 4357/07).

- Kosten für **Visum** und **Aufenthaltstitel** (sowie Nebenkosten) können steuerlich abgesetzt werden.

Bei **Arbeitsmitteln mit einem Kaufpreis von mehr als 952 €**[197] **brutto** gilt, dass diese über eine **Nutzungsdauer abgeschrieben** werden müssen. Hierbei gilt nicht die tatsächliche Nutzungsdauer, sondern eine gesetzlich vorgegebene (meist drei Jahre). Ein Arbeitsmittel mit einem Kaufpreis von 1.500 € wird beispielsweise über drei Jahre zu je 500 € pro Jahr abgeschrieben.

Kosten nach dem Studium

Auch Kosten nach Beenden der Ausbildung lassen sich als Werbungskosten absetzen, falls diese mit dem Studium an sich oder mit der Aufnahme des Berufes oder dessen in Verbindung stehen: z. B. Pendlerpauschale, Bewerbungskosten oder Fahrten zu Vorstellungsgesprächen.

Zu diesen Werbungskosten zählen auch die **Abschlussfeier**aktivitäten – dabei ist es unerheblich, ob mit Eltern oder Kommilitonen gefeiert wird.[198] Bei Arbeitnehmern treten diese Feierlichkeiten (sog. **Bewirtungskosten**[199]) bei Eintritt bzw. Beendigung des Arbeitsverhältnisses auf. Dies könnt ihr mit dem Austritt an der Universität gleichsetzen und eure Kosten der Feierlichkeit zu 100 % geltend machen. Hierunter fallen nicht nur die **Eintrittskarten** für die Feier an eurer Hochschule, die ihr eurem engsten Kreis bezahlt habt, sondern auch die **Bewirtung** (z. B. Restaurantbesuch: maschinelle Rechnung aufbewahren und unterschreiben!) eurer Gäste. Ob die Feierlichkeit abgesetzt werden kann, hängt davon ab, ob die Feier im beruflichen Umfeld (Gäste bestehend vor allem aus Kommilitonen, Ort der Feierlichkeit) stattfindet. Ist die Feier teilweise privat veranlasst (Gäste aus privatem und beruflichem Umfeld), so sind die Kosten anteilig nach Gästen aufzuteilen. Das Gesamtbild der Feier entscheidet meist, ob die Kosten hierfür absetzbar sind.

Ebenso sind spätere **Bewerbungskosten** (Porto, Bewerbungsbilder, CV-Checks) für den Jobeinstieg/Trainee-Stelle, wie auch Bücher für eine Assessmentcenterausbildung, Besuche bei Unternehmen (sofern nicht

[197] Gilt seit 2018. Vor 2018 betrug der Betrag 410 € netto (brutto (mit MwSt.): 487,40 €). Weiteres im nächsten Abschnitt.

[198] BFH, Urteil vom 18.08.2016 – Az. VI R 52/15; FG München, Urteil vom 21.07.2009 – Az. 6 K 2907/08; FG Münster, Urteil vom 29.05.2015 – Az. 4 K 3236/12 E; FG Hessen, Urteil vom 23.04.13 – Az. 3 K 11/10.

[199] Feiert ihr euren Geburtstag im Büro (BFH, Urteil vom 10.11.2016 – Az. VI R 7/16) oder bringt Snacks zum Abschluss eures Praktikums (BFH, Urteil vom 11.01.2007 – Az. VI R 52/03) mit, könnt ihr die hierfür entstandenen Kosten steuerlich absetzen.

erstattet)[200] oder Bewerbungsmappen und -fotos absetzbar.

Schätzung für Bewerbungskosten:
Für jede Online-Bewerbung könnt ihr pauschal 2,50 € absetzen – für jede Offline-Bewerbung 7,50 €. Ihr solltet unbedingt hierfür die Eingangsbestätigungen der Unterlagen oder die Bewerbungsanschreiben als Beleggrundlage abspeichern und aufbewahren (FG Köln, Urteil vom 07.07.2004 – Az. 7 K 932/03).

Benötigte Kleidung für den Jobeinstieg (bei Herren Anzüge oder bei Frauen Etui-Kleider oder Kostüme) sind steuerlich **nicht** absetzbar[201] (Stichwort: Kosten des privaten Lebens). Jedoch ist die Reinigung dieser Kleidung[202] – auch während Ausübung des Berufes – steuerlich absetzbar.[203]

Beispiele für Arbeitsmittel, Fortbildungskosten und Pauschalbeträge

Schauen wir uns zu der Thematik einige Beispiele an, wie die unterschiedlichen Kosten für Arbeitsmittel und Fortbildungskosten behandelt werden.

1. *A kauft für sein Studium einen Laptop im Februar 2020 (1.200 €), Fachliteratur im Wert von 800 € und überweist den Studienbeitrag von 7.000 € an die Privathochschule. Zudem zieht er an den neuen Studienort.*

   A muss den Laptop über drei Jahre abschreiben. Da er ihn im Februar kauft, kann er von den anteiligen 400 € nur 11/12 absetzen. Die Fachliteratur, sofern mehrere Werke, kann er komplett im entsprechenden Jahr absetzen. Ebenso kann er die 7.000 € komplett absetzen, da diese als Fortbildungskosten und nicht als Arbeitsmittel gelten. Für den Umzug (Ersthaushalt) kann er die Pauschale absetzen. Ist er bereits in den letzten fünf Jahren für ein Praktikum/-Ausbildung umgezogen, erhöht sich die Pauschale um 50 %. Hinzu kann er Kosten, die nicht in der Pauschale enthalten sind, zusätzlich absetzen. Zudem kann er noch Pauschalen für Kontoführungsgebühr

[200] Sofern die Firmen euch die Anreisekosten erstatten, dürft ihr diese nicht mehr absetzen, da die Anfahrt bereits vom Unternehmen steuerlich als Betriebsausgabe abgesetzt wird. Den Verpflegungsmehraufwand der Reise dürft ihr trotzdem geltend machen.

[201] BFH, Urteil vom 19.06.2012 – Az. B 4 AS 163/11 R.

[202] BFH, Urteil vom 20.06.1993 – Az. VI R 77/91.

[203] Wäsche: 0,76 €/kg Buntwäsche; 0,88 €/kg pflegeleichte Wäsche; 0,41 €/kg Trockner; 0,07 €/kg Bügeln: Pauschal lässt das Finanzamt hier bis zu 110 € zu (Erfahrungswert).

absetzen. Die Pauschale für Arbeitsmittel ist durch das Absetzen des Laptops bereits überschritten.

2. *B kauft für sein Studium einen Laptop im Februar des Vorjahres (1.200 €). Dieser wird aber in der Bib gestohlen. Zudem legt er sich einen neuen höhenverstellbaren Schreibtisch (800 €) mit passender Arbeitsplatte (200 €) und einen passenden Stuhl (40 €) zu.*

   B kann den Restwert des Laptops (833,33 € = 2 1/12 x 400 €) abschreiben. Muss dies dem Finanzamt jedoch belegen. Auch der Stuhl lässt sich im gleichen Jahr vollständig abschreiben. Der Schreibtisch muss als Ganzes bewertet werden (Gestell und Arbeitsplatte sind keine eigenständigen Arbeitsmittel). Da er kein GWG mehr ist, muss er über 13 Jahre abgeschrieben werden.

3. *B kauft für sein Studium im Januar einen Tablet-PC für 1.200 €, welchen er noch privat (20 %) nutzt.*

   B kann, da er das Tablet privat und im Studium nutzt, nach Anteilen gewichten und absetzen. Im ersten Jahr kann er von 400 € (=1.200/3) 320 € (80 %) steuerlich absetzen. Würde er es nur zu 10 % privat nutzen, könnte er die kompletten 400 € steuerlich absetzen.

4. *B hat sich im Juli 2018 eine Kommode für 500 € gekauft, welche er ab 2020 für die Aufbewahrung von Studienmaterialien beruflich nutzt. Wie kann er die Kommode absetzen?*

   B kann die Kommode umwidmen und über die Nutzungsdauer von 13 Jahren beginnend im Juni 2018 abschreiben. 2020 hat diese einen Restwert von 442 €. Diese kann er in 2020 anteilig (1/13=38,46 €) absetzen.

Überführen der Arbeitsmittel in Excel und Steuerformulare

Die Grundlagen der absetzbaren Kosten für Arbeitsmittel habt ihr nun kennengelernt. Im Folgenden geht es nun darum, dem Finanzamt aufgeschlüsselt aufzuzeigen, welche Kosten ihr aus eurem Studium in entsprechendem Steuerjahr absetzen möchtet. Je detaillierter ihr dies durchführt, desto eher ist die Sachlage erfolgsversprechend.

> Der steuerlich **absetzbare Anschaffungspreis** setzt sich aus Artikelpreis und Beschaffungskosten (z. B. Versandkosten, Fahrweg ins Geschäft) zusammen.

Artikel	Spezifikation	Steuerkennzeichen	Kaufdatum	Kaufpreis	Anrechenbar
Drucker	HP Deskjet	Arbeitsmittel	21.06.2024	390,00 €	390,00 €
Laptop	MacBook	Arbeitsmittel	22.09.2024	1.724,99 €	1.724,99 €
Fachliteratur	Mitschriften	Arbeitsmittel	21.12.2024	47,50 €	47,50 €
Semesterbeiträge	WS 2024	Fortbildungskosten	01.04.2024	225,00 €	225,00 €
Bewerbungsbilder		Arbeitsmittel	01.05.2024	20,00 €	20,00 €
Summe lfd. Jahr:					2.407,49 €

Tab. 4.14: Übertrag der Arbeitsmittel[204]

Unter dem Reiter „Arbeitsmittel" in der Excel-Datei seht ihr in der **ersten Spalte** alle auswählbaren Artikel (ca. 120), die ihr per Drop-Down-Menü (oder Schaltfläche) auswählen könnt. Diese Liste ist, wie bereits erwähnt, aufgrund der heterogenen Studienlandschaft nicht vollumfänglich. Natürlich existieren noch weitere nicht aufgeführte absetzbare Arbeitsmittel. Diese könnt ihr dann als „Sonstige"-Artikel auswählen. Die bereits eingefügten 120 Artikel sollen euch eine Übersicht geben, welche Ausgaben allgemein als Arbeitsmittel für Studierende absetzbar sind.

Die Spalte B **(zweite Spalte)** gibt die Möglichkeit, Artikel zu spezifizieren. Dies dient der exakteren Darstellung für das Finanzamt. Denn je genauer und detaillierter ihr einen Einblick über die Arbeitsmittel gebt, desto eher kann beim Finanzamt nachvollzogen werden, ob die steuerliche Absetzbarkeit korrekt ist. In dieser Spalte kann frei nach Wahl eingetragen werden.

Die **dritte Spalte** ist das Steuerkennzeichen[205]. Dieses füllt sich je nach Eintrag in Spalte A in Excel vollautomatisch aus. Das Kennzeichen dient dazu, dass ihr abschließend die Summe der jeweiligen entstandenen Kostenart aus der folgenden Tabelle ablesen und in das jeweilige Steuerformular überführen könnt.

Kosten gesamt	2.407,49 €	Übertragen in ...
Fortbildungskosten	225,00 €	Anlage N Z. 63
Arbeitsmittel	2.182,49 €	Anlage N Z. 57 & 58
Summe Sonderausgaben	- €	Anlage Sonderausgaben

Tab. 4.15: Excel - Summe der Kostenposten

[204]Steuerjahr 2024, daher darf der Laptop vollständig im gleichen Steuerjahr abgesetzt werden. Vor 2021 hätte er abgeschrieben werden müssen (1.724,99 € / 3 Jahre x 4 Monate / 12)!

[205]Fortbildungskosten, Arbeitsmittel oder Sonderausgaben.

In die **vierte Spalte** gebt ihr das Kaufdatum des Artikels ein. Dies dient dazu, den Kauf nachvollziehbar zu machen und falls eine Abschreibung durchzuführen ist, diese korrekt zu kalkulieren. Eine (erforderliche) Abschreibung erledigt meine Excel-Datei hierbei für euch völlig automatisch (Spalte „Anrechenbar"). Ist ein Artikel teurer als die Grenze des GWG, wird er entsprechend des Kaufdatums auf die Nutzungsdauer abgerechnet.

In der **fünften Spalte** wird die Kaufsumme[206] für den Artikel eingesetzt und in der **sechsten Spalte** die anrechenbare Summe für das laufende Jahr berechnet. Über der sechsten Spalte seht ihr die Summe der anrechenbaren Kosten. Das ist die Summe der Kosten, die ihr in diesem Steuerjahr absetzen könnt. Diese Summe wird in der Anlage N (2024) Zeile 57 und 58 eingetragen und dient als Referenz nach dem Erhalt des Steuerbescheides.

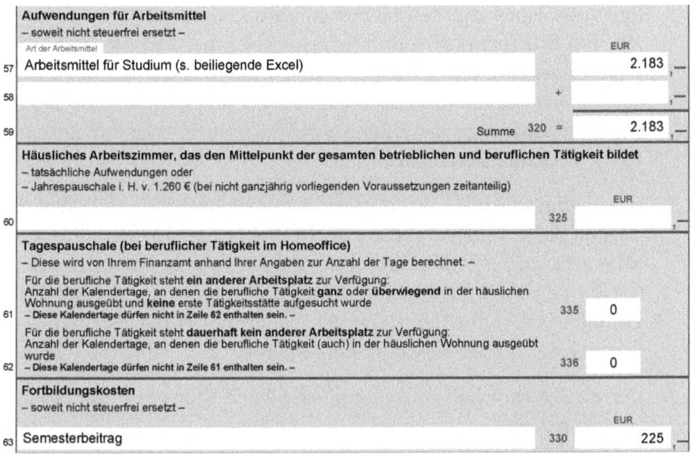
Aufwendungen für Arbeitsmittel
– soweit nicht steuerfrei ersetzt –
Art der Arbeitsmittel — EUR
57 Arbeitsmittel für Studium (s. beiliegende Excel) — 2.183,–
58 + ,–
59 Summe 320 = 2.183,–
Häusliches Arbeitszimmer, das den Mittelpunkt der gesamten betrieblichen und beruflichen Tätigkeit bildet
– tatsächliche Aufwendungen oder
– Jahrespauschale i. H. v. 1.260 € (bei nicht ganzjährig vorliegenden Voraussetzungen zeitanteilig)
EUR
60 325 ,–
Tagespauschale (bei beruflicher Tätigkeit im Homeoffice)
– Diese wird von Ihrem Finanzamt anhand Ihrer Angaben zur Anzahl der Tage berechnet. –
Für die berufliche Tätigkeit steht **ein anderer Arbeitsplatz** zur Verfügung:
Anzahl der Kalendertage, an denen die berufliche Tätigkeit **ganz** oder **überwiegend** in der häuslichen Wohnung ausgeübt und **keine** erste Tätigkeitsstätte aufgesucht wurde
61 **– Diese Kalendertage dürfen nicht in Zeile 62 enthalten sein. –** 335 0
Für die berufliche Tätigkeit steht **dauerhaft kein anderer Arbeitsplatz** zur Verfügung:
Anzahl der Kalendertage, an denen die berufliche Tätigkeit (auch) in der häuslichen Wohnung ausgeübt wurde
62 **– Diese Kalendertage dürfen nicht in Zeile 61 enthalten sein. –** 336 0
Fortbildungskosten
– soweit nicht steuerfrei ersetzt –
EUR
63 Semesterbeitrag 330 225,–

Abb. 4.10: Anlage N - Übertrag der Arbeitsmittel

> **Info:**
> In unserem Beispiel setzen wir in Zeile 61 und 62 keine Tagespauschale an, da wir bereits die doppelte Haushaltsführung geltend machen. Die Tagespauschale wäre nur am Erstwohnsitz (bei den Eltern) absetzbar.

[206] Die Aufwandssumme setzt sich zusammen aus Artikelpreis und den Beschaffungskosten.

Doppelte Haushaltsführung

Die **doppelte Haushaltsführung** bei Arbeitnehmern ist ein Sachverhalt, bei welchem der Arbeitnehmer **zwei eigenständige Haushalte führt** – einen in der Nähe der ersten Tätigkeitsstätte und einen am Lebensmittelpunkt – und zwischen diesen regelmäßig pendelt. Habt ihr nicht? Vielleicht doch! Bei jungen Menschen zählt die Ausnahme, bspw. am Studienort (oder Praktikumsort) eine Wohnung, ein WG- oder Wohnheim-Zimmer zu bewohnen und noch bei den Eltern ein Zimmer zu beziehen und infolgedessen die Möglichkeit zu haben, die doppelte Haushaltsführung abzusetzen.[207] Ist diese bewilligt, so gilt diese bis zur Beendigung der Beschäftigung (bzw. des Studiums).

Vier Bedingungen für eine doppelte Haushaltsführung:

1. Ihr müsst einen **eigenen Hausstand am Lebensmittelpunkt führen**. Bei Studierenden kann hier ausreichen, **bei den Eltern einen separaten Raum** (z. B. Kinderzimmer) während der Anwesenheit zu beziehen. Zudem müsst ihr euch an den **regelmäßig anfallenden Betriebskosten der Unterkunft**[208] eurer Eltern **zu** mindestens **10 % finanziell beteiligen.**[209]

2. **Euer Lebensmittelpunkt muss am Hauptwohnsitz**[210] **(hier: Wohnort der Eltern) liegen** und ihr **sucht** diesen **regelmäßig** auf. Eine Mindestanzahl an Besuchen existiert nicht, sollte aber je nach Entfernung zwischen **6 bis 52-mal pro Jahr**[211] liegen. Die Begründung als „Lebensmittelpunkt" kann mit Bezug zur Familie, Freundeskreis oder Verein erklärt werden.

3. Der **zweite Haushalt** muss **beruflich** (durch Studium/Praktikum) **veranlasst** sein.

4. Ihr müsst durch den **zusätzlichen beruflich veranlassten Hausstand am Ort** oder **in der Nähe der ersten Tätigkeitsstätte** eure **Fahrtzeit oder -strecke an die Tätigkeitsstätte verkürzen**[212]: (1) Die Zweitwohnung muss die Fahrzeit um **mindestens 50 %** im Vergleich zur Anfahrt vom Lebensmittelpunkt verkürzen. (2) Die **Zweitwohnung** muss in **maximal 50 Kilometer Entfernung** zur ersten Tätigkeitsstätte liegen. (3) Liegt der **Lebensmittelpunkt** ebenfalls **maximal 50 Kilometer** (oder eine Stunde Fahrzeit je Wegstrecke) entfernt, kann keine doppelte Haushaltsführung

[207] BFH, Urteil vom 19.09.2012 – Az. VI R 78/10; Bei mehr als einer wöchentlichen Heimfahrt: Wahlrecht (s. „Anlage Doppelte Haushaltsführung").

angesetzt werden, da diese Fahrstrecke vom Finanzamt als **zumutbare Strecke** gewertet wird und somit keinen doppelten Haushalt erfordert.

Die **erste Anforderung** belegt ihr dem Finanzamt durch eine Skizze des Kinderzimmers bei den Eltern. Diese muss die Grundrisse, die grobe Einrichtung (Schrank, Bett, etc.) und die Maße des Raumes ausweisen.[213] Es reicht auch aus, wenn Gemeinschaftsräume wie Küche und Bad zusammen mit den Eltern genutzt werden, um im Elternhaus einen **eigenen Hausstand** zu führen.[214]

Offen gesagt, ist der **zweite Teil des ersten Anforderungspunktes** der kritischste der Anforderungen, da die **finanzielle Beteiligung** vorliegen sollte, um einen „eigenen Haushalt im Haushalt der Eltern" zu führen. Einige Studierende beteiligen sich daher während des Studiums finanziell an den Betriebsausgaben der elterlichen Unterkunft, um in den steuerlichen Vorteil der doppelten Haushaltsführung zu gelangen. In den letzten Jahren und bei vielen betreuten Fällen ging auch häufig als Begründung durch, je nach finanzieller Lage des Studierenden, Einkäufe für die Eltern übernommen oder Aufgaben rund um Haus/Wohnung oder Auto für die Familie erledigt und so die Betriebsausgaben reduziert zu haben. Reine Dienstleistungen als Betriebskostenbeteiligung reichen allerdings **nicht** aus. Eine gewisse Höhe einer finanziellen Beteiligung

[208] Kostenaufstellung nicht offiziell geregelt: Grundsteuer, Abschreibung, Kreditkosten, Miete, Nebenkosten (Strom, Wasser, Heizung, Abfallgebühren, Versicherungen, Schornsteinfeger), Renovierungen, Anschaffung notwendiges Mobiliar und Lebensmittel. lt. FG Niedersachsen (19.09.2019 – Az. 9 K 209/18) dürfen Daten des stat. BAs als Grundlage herangezogen werden.

[209] Wichtiges Urteil (Kostenbeteiligung): BFH-Urteil vom 12.01.2023 – Az. VI R 39/19 (Kap. 10).

[210] Dies hat Nichts mit der Meldeadresse beim Einwohnermeldeamt zu tun!

[211] BFH, Urteil vom 19.09.2012 – Az. VI R 78/10. Bei mindestens zwei monatlichen Heimfahrten ist davon auszugehen, dass der Lebensmittelpunkt am Heimatort liegt (R 42 Abs. 1 S. 8 LStrR. 2005).

[212] Da die Finanzgerichte bis 2020 bei Entfernungsregeln der Wohnsitze recht unkonkret waren, existieren seit November 2020 exakte Regelungen hierzu, die auch nachträglich anzuwenden sind.

[213] Das Finanzamt verweist hier gerne auf Urteile, nach denen das Bewohnen des Kinderzimmers nicht ausreichend sei, um einen eigenen Haushalt zu bewohnen (z. B. BFH, Urteil vom 07.10.2020 – Az. 13 K 1756/18 E & Urteil vom 01.03.2017 – Az. VI B 74/16). Diese Urteile sind allerdings nur für wirtschaftlich selbständige (i.S.v. berufstätige) Kinder geltend. Bei Studierenden hat in den von mir betreuten Steuerfällen ein Kinderzimmer ausgereicht (s. Urteile nächste Fußzeile).

[214] FG Münster, Urteil vom 12.03.2014 – Az. VI K 3093/11 E und BFH, Urteil vom 26.07.2012 – Az. VI R 10/12.

an den Kosten sollte stattgefunden haben.[215] Diese Zahlungen müssen nicht regelmäßig oder per Überweisung stattgefunden haben, sondern können auch unregelmäßig in bar geleistet (Eigenbeleg) worden sein.[216]

Die **zweite Anforderung**, „den **Nachweis des Lebensmittelpunktes**", könnt ihr in vielerlei Hinsicht aufzeigen: Von dem Partner, der noch am Heimatort lebt, der familiären Nähe oder der Mitgliedschaft im Ortsverein wird alles seitens des Finanzamtes akzeptiert. Die Meldung des Wohnsitzes (Erst- und Zweitwohnsitz) beim Einwohnermeldeamt hat hiermit **nichts** zu tun!

Die **dritte** und **vierte Anforderung** dürfte recht einfach belegbar sein: Den **zusätzlichen Hausstand** belegt ihr durch einen Mietvertrag oder -zahlungen. Dieser muss dauerhaft verfügbar sein (Hotelunterkunft ist nicht möglich). Die **berufliche Begründung** könnt ihr durch die Immatrikulationsbescheinigung oder einen Arbeitsvertrag nachweisen. Die **Fahrstreckenreduktion** kann durch Vorlegen der Entfernung oder Fahrplanauskunft z. B. der Deutschen Bahn belegt werden.

> Doppelte Haushaltsführung **immer** in der Nähe der ersten Tätigkeitsstätte. **Reisekosten abseits dieser. Jedoch haben Reisekosten immer Vorrang vor der doppelten Haushaltsführung!** Daher setzt das Praktikum oder Auslandssemester besser als Reisekosten ab.

Steuerliche Auswirkungen der doppelten Haushaltsführung

Das Absetzen der **doppelten Haushaltsführung** bietet steuerliche **Vorteile**: So lassen sich der Verpflegungsmehraufwand am Zweithaushalt für die ersten drei Monate, die Kosten für die Unterkunft[217] und die Entfernungspauschale einer wöchentlichen Heimfahrt geltend machen.

[215] Wie genau dies definiert sein kann, findet ihr hier: Vgl. BDO. Diese Zahlungen müssen nicht regelmäßig stattgefunden haben (Vgl. BFH, Urteil vom 18.09.2019 – Az. 9 K 209/18). Es existieren auch Urteile, die ohne finanzielle Beteiligung zugunsten des Steuerpflichtigen ausgingen. Diese hatten jedoch besondere Umstände (z. B. ausgegliederte Wohnung statt Kinderzimmer).

[216] **Wichtig**: Die finanzielle Beteiligung am Haushalt der Eltern müssen eure Eltern nicht als Mieteinnahmen in ihrer Steuererklärung angeben, da diese finanziellen Beteiligungen keine Mieteinnahmen darstellen. Die Kosten für Betriebsausgaben sind Kosten der privaten Lebensführung und sind somit nicht einkommensteuerpflichtig für eure Eltern.

[217] Hierunter fällt nicht nur Miete einer Wohnung, sondern auch Kosten für eine Jugendherberge, Wohnwagen oder Pension. Hierunter fällt nicht nur Miete einer Wohnung, sondern auch Kosten für eine Jugendherberge, Wohnwagen oder Pension.

Verpflegungsmehraufwand (Drei-Monats-Frist)

Durch Bestehen der doppelten Haushaltsführung könnt ihr für die Anwesenheit am Zweithaushalt während der ersten drei Monate den **Verpflegungsmehraufwand** absetzen (Volle Tage, sowie An- und Abreisetage). Dies soll dazu dienen, mit der Verpflegungssituation am neuen Wohnort „klarzukommen". Ihr könnt diesen Verpflegungsmehraufwand jedoch auch absetzen, wenn ihr bereits einmal in dieser Gegend gelebt habt – ihr also die Verpflegungssituation vor Ort kennt oder nur in einen anderen Ortsteil zieht.[218] Nach den ersten drei Monaten dürft ihr den Verpflegungsmehraufwand nur absetzen, sofern ihr euch abseits der Wohnadresse und ersten Tätigkeitsstätte beruflich aufhaltet (Reisetätigkeit: s. ab Seite 64 und Tipp beachten).

Kosten der Unterkunft

Durch das Absetzen der doppelten Haushaltsführung seid ihr dazu befähigt die **Miete** oder **Unterkunftskosten** (inkl. Nebenkosten – auch Hotel- oder Airbnb-Rechnungen), die gezahlte GEZ, die Zweitwohnungssteuer, sowie **das notwendige und preislich angemessene Mobiliar** abzusetzen.[219] Bei Letzterem ist es zwingend erforderlich, dass es sich hierbei **nicht** um **Luxus** handelt. Es darf sich hierbei nur um die Aufwendungen für die notwendige Einrichtung handeln. Als **notwendig** gelten *„alle Gegenstände, die zur Führung eines geordneten Haushalts erforderlich sind. Dazu gehören insbesondere die notwendige Einrichtung für eine Schlafmöglichkeit, Aufbewahrungsmöbel wie Schränke, das notwendige Sitzmobiliar wie zumindest ein Tisch, ferner eine Kücheneinrichtung und ggf. eine Badezimmereinrichtung. Hierzu gehören die notwendigen Gardinen und ggf. Fenstervorhänge."*[220] Die nachweisbaren Kosten für die Wohnungseinrichtung sind als sonstige Mehraufwendungen **unbegrenzt** abziehbar.[221] Bis zu 5.000 € werden hierbei meist ohne Prüfung seitens des Finanzamtes anerkannt.[222]

Zur **Erstausstattung** eurer Studierendenbude gehören z. B.:

- Bett, Matratze und Bettwäsche,
- Stühle und Tische,
- Küche mit Utensilien, Herd, Mikrowelle, Kühlschrank, Spüle und Waschmaschine,

[218] BFH, Urteile vom 08.07.2010 – Az. VI R 11/08 & Az. VI R 10/08.

[219] BFH, Urteil vom 09.08.2007 – Az. VI R 10/06, BStBl. 2007 II, 820 und vom 03.12.1982 – Az. VI R 228/80.

[220] FG Köln vom 05.02.1992 – Az. 4 K 5056/87.

[221] BFH, Urteil vom 06.06.2019 – Az. VI R 18/17.

[222] Schreiben des Bundesfinanzministeriums vom 25.11.2020, Textziffer 108 (Vereinfachungsregel).

- Schränke, Regale, Kommoden und Vorhänge,
- Badezimmereinrichtung,
- Hausratsgegenstände, wie z. B. Töpfe, Geschirr, Pfannen, Staubsauger und andere Reinigungsgeräte, Kaffeemaschine, Lampen,
- normaler Fernseher, notwendige technische Einrichtungsgegenstände und Telefonanschluss.

Die Designer-Lederwohnlandschaft oder der 85"-Fernseher allerdings **nicht** (gilt als „Luxus").

> Bei **der absetzbaren Wohnungseinrichtung des zweiten Haushaltes** gilt, sich an der unteren Preisgrenze für Mobiliar und Elektronik zu orientieren!

Bis 2019 galt gesetzlich ein absetzbarer Kostenhöchstbetrag von 1.000 €/Monat beim Absetzen der doppelten Haushaltsführung. Dies wurde jedoch annulliert und ist nun beim Absetzen der Unterkunftskosten in der Höhe unbegrenzt (auch rückwirkend). Die **Kaltmiete** – auch bei Bezug einer Pension / Airbnb – bleibt bis maximal 1.000 €/Monat begrenzt absetzbar. Ist der Mietbetrag **einer möblierten Wohnung** höher als der Grenzbetrag, so kann dieser, sofern er per Mietvertrag nicht nach Miete und Möbel aufgeteilt wurde, nach Schätzung aufgeteilt werden.

Heimfahrten

Durch die doppelte Haushaltsführung dürft ihr **Heimfahrten** zu eurem Lebensmittelpunkt (im Studierendenfall: meist Heimfahrten zu den Eltern) entweder pauschal zu 0,30 €/km (bzw. seit 2021: 0,38 €/km ab dem 21. Kilometer) der einfachen Strecke **oder** die tatsächlich entstandenen Kosten steuerlich absetzen. Eine maximale Anzahl ist hier gesetzlich nicht vorgegeben. Da es sich dabei um euren „Lebensmittelpunkt" handelt, sollte die Anzahl der Fahrten zwischen **6 bis 52-mal** pro Jahr (bei **mehr** als einer Heimfahrt pro Woche besteht Wahlrecht: s. Kapitel 5.7, ab S. 166) und in einem plausiblen Rahmen liegen. Beim Absetzen der Heimfahrten ist es unerheblich, ob Kosten entstanden sind oder ihr kostenlos mitgenommen wurdet, denn Heimfahrten werden steuerlich wie die Entfernungspauschale gehandhabt.

Umzugskosten des Zweithaushaltes

Die **Umzugskosten** bei einer doppelten Haushaltsführung (Zweithaushalt) sind im Gegensatz zu einem Umzug des Ersthaushaltes nur in tatsächlicher Höhe absetzbar (Kosten müssen belegt werden). Hierzu zählen die Aufwendungen für Umzugshelfer, einen Umzugswagen und für Umzugskartons. Eine Umzugskostenpauschale wird im Rahmen einer doppelten Haushaltsführung (wie bei einem Umzug des Ersthaushaltes) nur bei **Auflösen des Lebensmittelpunktes** gewährt.

Beispiele für die doppelte Haushaltsführung

Zur **besseren Verständlichkeit** rund um diese komplexe Thematik absetzbarer Umzugs-, Unterkunfts- und Heimfahrtkosten sind folgend Beispiele dargestellt:[223]

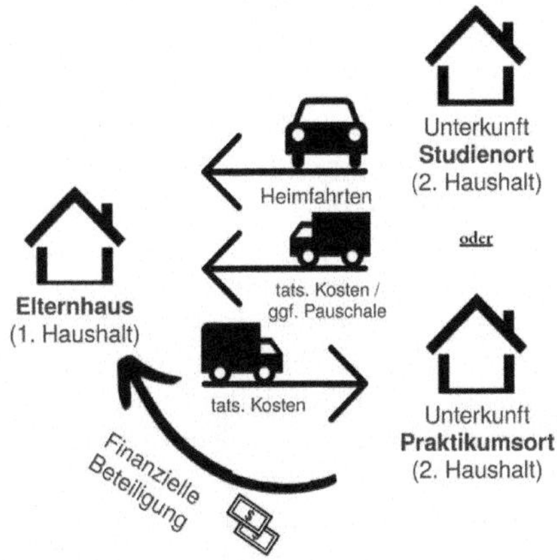

Abb. 4.11: Absetzbare Kosten bei doppelter Haushaltsführung

Situation „Doppelte Haushaltsführung": Es liegt eine finanzielle Beteiligung bei den Eltern vor oder es werden zwei unabhängig Haushalte geführt. Folglich kann eine wöchentliche „Heimfahrt", die Drei-Monats-Frist, sowie die Unterkunftskosten geltend gemacht werden. Die Umzugskosten dürfen nur in ihrer tatsächlichen Höhe abgesetzt werden. Ausnahme wieder hierbei, wenn die doppelte Haushaltsführung aufgelöst wird. Zieht man jedoch wieder zu den Eltern, dürfen nur die tatsächlichen Kosten angesetzt werden. Verlegt man den Lebensmittelpunkt an den Ort der Arbeitsstätte, so darf die Umzugskostenpauschale abgesetzt werden.

Zweithaushalt - absetzbare Kosten:

- Umzugskosten: Tatsächliche Umzugskosten, außer Auflösen des Lebensmittelpunktes (verminderte Pauschale).

[223] In den Beispielen wird immer davon ausgegangen, dass die Zeit- und Streckenersparnis, sowie die Abstandsanforderungen erfüllt sind. Liegen diese nicht vor, so wird dies in dem entsprechenden Beispiel explizit erwähnt!

- Heimfahrten: Bis zu eine wöchentliche Heimfahrt absetzbar.
- Verpflegungsmehraufwand: Drei-Monats-Frist absetzbar.
- Miete & Möbel: Für Studien- oder Praktikumsort absetzbar.

1. *A zieht 2024 für sein Studium von Heidelberg nach Köln um und setzt die doppelte Haushaltsführung an. Die Ersteinrichtung kauft er bei IKEA, zusätzlich gönnt er sich einen Kaffeevollautomaten für 2.000 € und eine neue Küche für 5.000 €. Die Kaltmiete in Köln beträgt 1.100 €. Bei den Eltern steht noch das Kinderzimmer frei und zusätzlich zahlt A die Einkäufe der Familie (um ca. 100 €), sobald er in der Heimat ist.*

   A kann die doppelte Haushaltsführung absetzen. Er erfüllt alle Voraussetzungen und beteiligt sich finanziell an den Betriebsausgaben der Eltern (Annahme: Maximal 1.000 € Betriebsausgaben des Elternhauses pro Monat). Von der Kaltmiete in Köln darf allerdings nur 1.000 € pro Monat (Höchstbetrag Kaltmiete) abgesetzt werden. Die Miete wird ohne Abschreibungen abgesetzt. Von den Umzugskosten kann A nur die tatsächlich angefallenen Kosten und keine Pauschale geltend machen. Zusätzlich kann A alle Möbel unter der GWG-Grenze direkt absetzen. Die Küche muss er über eine Nutzungsdauer von 10 Jahren abschreiben. Der Kaffeevollautomat gilt in dieser Preisklasse als Luxus-Einrichtung und darf nicht abgesetzt werden. Zudem kann A die ersten drei Monate in Köln den vollen Verpflegungsmehraufwand absetzen und jede Heimfahrt nach Heidelberg pauschal mit 0,30 bzw. 0,38 €/km oder den tatsächlichen Kosten absetzen.

2. *A löst nach Studiumsende den Haushalt bei den Eltern auf und zieht an den Studiumsort.*

   A kann nun hierfür die verminderte Umzugskostenpauschale und weitere Kosten des Umzuges (z. B. Fahrkosten) absetzen, da er die doppelte Haushaltsführung am Lebensmittelpunkt auflöst.

   Situation „Potentielle doppelte Haushaltsführung“: Wird nun wie im letzten Beispiel parallel eine Wohnung am Studien- und eine am Praktikumsort geführt, so können Fahrten zwischen diesen Wohnungen abgesetzt werden. Am Praktikumsort kann zusätzlich die Unterkunft und die Drei-Monats-Frist geltend gemacht werden. Wird an einem der beiden Orte keine eigene Wohnung bewohnt (z. B. WG), kann bei Auflösen der doppelten Haushaltsführung nur die verminderte Umzugskostenpauschale abgesetzt werden. Gleiches gilt für den Umzug vom Elternhaus in die Wohnung oder zurück. **Alternativ** kann diese Situation auch als Reisekosten abgesetzt werden, sofern der Praktikumsort nicht die erste Tätigkeitsstätte wird. Der

Vorteil der Reisetätigkeit ist, diese steuerlich einfacher abgesetzt zu bekommen.

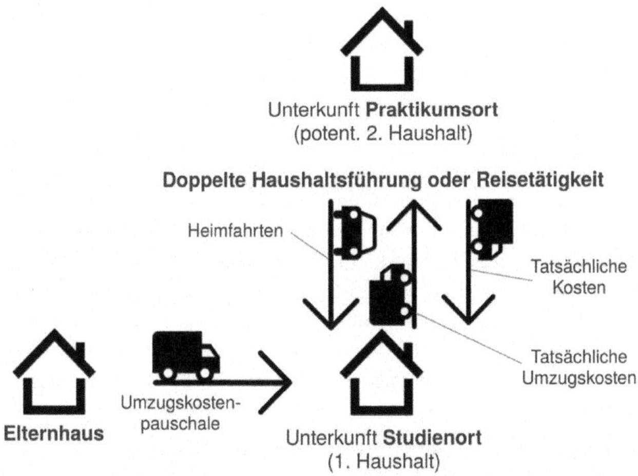

Abb. 4.12: Absetzbare Kosten bei Unterhalt von mehreren beruflich bedingten Haushalten

Reisetätigkeit - absetzbare Kosten:

- Umzugskosten: Nicht absetzbar.
- Heimfahrten (zum Studienort): Bis zu eine wöchentliche Heimfahrt absetzbar.
- Verpflegungsmehraufwand: Drei-Monats-Frist absetzbar.
- Miete & Möbel: Nur Unterkunft (Miete) absetzbar.

Zweithaushalt - absetzbare Kosten:

- Umzugskosten: Tatsächliche Umzugskosten, außer beim Auflösen des Lebensmittelpunktes (Pauschale).
- Heimfahrten (zum Studienort): Bis zu eine wöchentliche Heimfahrt absetzbar.
- Verpflegungsmehraufwand: Drei-Monats-Frist absetzbar.
- Miete & Möbel: Für 2. Haushalt absetzbar.

Ersthaushalt - absetzbare Kosten:

- Umzugskosten: Pauschale absetzbar.
- Heimfahrten (zu Eltern): Nicht absetzbar.

- Verpflegungsmehraufwand: Nicht absetzbar.
- Miete & Möbel: Nicht absetzbar.

3. *B studiert in Heidelberg, wo auch seine Eltern in der Nähe wohnen, und bewohnt in der Weststadt ein WG-Zimmer. Für ein Praktikum in Stuttgart zieht er um. Gleichzeitig zahlt er das WG-Zimmer in Heidelberg weiterhin.*

   B kann nun für die neue Bleibe in Stuttgart die doppelte Haushaltsführung und Möbel für die Stuttgarter Wohnung, die tatsächlichen Umzugskosten, die Pauschalen für den Verpflegungsmehraufwand (Drei-Monats-Frist) und „Heimfahrten" an den Studienort nach Heidelberg absetzen. Zudem kann für den Rückzug nach Heidelberg nur die tatsächlichen Kosten absetzen, da er an den Lebensmittelpunkt zurückzieht. (Er könnte, falls er zeitgleich immatrikuliert ist, die **Mietkosten** in Stuttgart auch ohne Vorliegen der doppelten Haushaltsführung als Reisetätigkeit absetzen, da der Praktikumsort eine Auswärtstätigkeit ist.)

   Situation „Keine doppelte Haushaltsführung": Durch Aufgabe des Ersthaushaltes (z. B. durch Untervermietung) oder fehlender finanzieller Beteiligung (bei den Eltern) fehlt eine Voraussetzung für die doppelte Haushaltsführung.

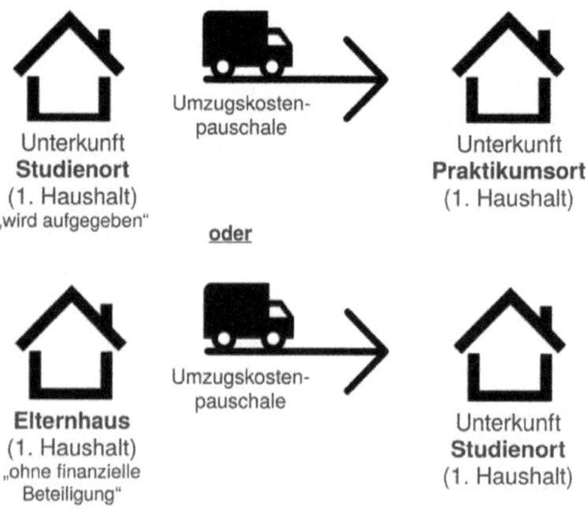

Abb. 4.13: Absetzbare Kosten bei keiner doppelten Haushaltsführung

So können **keine** Heimfahrten, Unterkunftskosten oder die Drei-Monats-Frist abgesetzt werden. Jedoch kann die Umzugskostenpauschale aktiviert werden. Diese kann im zweiten Fall (Auszug aus Elternhaus) allerdings nur vermindert abgesetzt werden.

Erstwohnsitz (Praktikumsort) - absetzbare Kosten:

- Umzugskosten: Pauschale absetzbar.
- Heimfahrten (zum Studienort): Nicht absetzbar.
- Verpflegungsmehraufwand: Nicht absetzbar.
- Miete & Möbel: Nicht absetzbar.

Da das Praktikum als Reisetätigkeit gelten kann, können in diesem Fall ggf. Reisekosten abgesetzt werden:

Reisetätigkeit - absetzbare Kosten:

- Umzugskosten: Nicht absetzbar.
- Heimfahrten (zum Studienort): Bis zu eine wöchentliche Heimfahrt absetzbar.
- Verpflegungsmehraufwand: Drei-Monats-Frist absetzbar.
- Miete & Möbel: Nur Unterkunft (Miete) absetzbar.

Erstwohnsitz (Studienort) - absetzbare Kosten:

- Umzugskosten: Verminderte Pauschale absetzbar.
- Heimfahrten (zu Eltern): Nicht absetzbar.
- Verpflegungsmehraufwand: Nicht absetzbar.
- Miete & Möbel: Nicht absetzbar.

4. *B zieht für sein Studium ins 30 km entfernte Karlsruhe um und setzt die doppelte Haushaltsführung ab. Die Kaltmiete in Karlsruhe beträgt 400 €. Bei den Eltern steht noch das Kinderzimmer frei und A zahlt der Familie eine vereinbarte anteilige Kostenbeteiligung (15 %).*

   B kann die doppelte Haushaltsführung wahrscheinlich **nicht** absetzen, da der Lebensmittelpunkt (bei den Eltern) zu nah an der ersten Tätigkeitsstätte liegt. Er kann daher weder Miete, noch Einrichtung absetzen. Für die Umzugskosten kann B auch keine Umzugskostenpauschale absetzen, da er angab seinen Zweithaushalt in Karlsruhe zu haben. Hätte B Karlsruhe als neuen Ersthaushalt abgesetzt, hätte er die Umzugskostenpauschale ebenso nicht absetzen können, da die Fahrzeitersparnis zu gering wäre – außer er wäre in fußläufige Nähe der Uni gezogen (Ausnahmeregelung).

5. *A zieht während des Gap-Years für ein Praktikum (in Aachen) von Heidelberg nach Köln, da ihm Köln besser als Aachen gefällt. Er*

möchte hierfür die doppelte Haushaltsführung absetzen, da er in Heidelberg noch in einer WG-Miete bezahlt und dieses Zimmer parallel nutzt.

A kann **keine** doppelte Haushaltsführung absetzen, da sich zwar die Fahrzeit verkürzt. Köln jedoch mit 80 km zu weit von Aachen entfernt liegt. Würde das Praktikum in Düsseldorf (40 km Entfernung) stattfinden, könnte er die doppelte Haushaltsführung geltend machen.

Überführen der dopp. Haushaltsführung in Excel und Steuerformulare

Die Überführung der **Unterkunftskosten der doppelten Haushaltsführung** in Excel besitzt eine ähnliche Struktur wie die der Arbeitsmittelkosten (Arbeitsmittel werden durch Einrichtungsgegenstände und Miete[224] ersetzt). Das für den Zweithaushalt gekaufte **Inventar** wird aufgelistet, falls nötig abgeschrieben und aufsummiert. Die Summe wird in die Zeile 32 der Anlage N Doppelte Haushaltsführung übertragen. Die Summe der **Miet- und Nebenkosten** wird in Zeile 23 eingesetzt.

Sonstige Aufwendungen
(z. B. Kosten für den Umzug, die Einrichtung und den Hausrat, jedoch ohne Kosten der Unterkunft laut Zeile 23)

			EUR
32	Möbel und Hausrat für Wohnheimzimmer (Aufstellung s. Excel-Liste)	550	978 ,—
23	Aufwendungen (z. B. Miete einschließlich Stellplatz- / Garagenkosten, Nebenkosten)	530	2.468 ,—

Abb. 4.14: Anlage N (Doppelte Haushaltsführung) - Übertrag Möbel & Hausrat / Unterkunftskosten

Heimfahrten werden wie in Tab. 4.16 angegeben: Die *„40"* gibt hierbei die Anzahl der Fahrten und die *„265"* die einfache zurückgelegte Wegstrecke zwischen den Wohnadressen an.

Heimfahrten	Dopp. Haushaltsführung	**Heimfahrten**		
		Eigene Anschrift:	Ringe 39, 50667 Köln	
		Anschrift Lebensmittelpunkt:	Hauptstr. 12, 68723 Musterstadt	
		Zeitraum:	Start: 01.01.	Ende: 31.12.
		Anzahl:	40	Fahrten
		Einfache Entfernung:	265	km
		Pauschale (ab 21. km 0,38):	0,30 / 0,38	€ / km
		Summe Entfernungspauschale:	240,00	€
		Summe erhöhte Entfernungspauschale:	3.724,00	€
		Summe Heimfahrten:	3.964,00	€

Tab. 4.16: Excel - Heimfahrten (ab 2022)[225]

[224] Möbel (falls kein GWG) müssen abgeschr. werden, Unterkunftskosten nicht.

Zusätzlich sollten die Adressen, sowie das Start- und Enddatum vermerkt sein. Die Angabe zu den Fahrten (Anzahl und Kilometer) werden in der Anlage N Doppelte Haushaltsführung in die Zeile 17 übertragen.

	Wöchentliche Familienheimfahrten					
17	einfache Entfernung in km (ohne Flugstrecken)	514	265	Anzahl der Familienheimfahrten	515	40

Abb. 4.15: Anlage N (DHF) - Übertrag der Heimfahrten

Den **Verpflegungsmehraufwand** für die **ersten drei Monate am neuen Wohnort** wird ähnlich der Tab. 4.17 abgesetzt. So kann in den ersten drei Monaten bei einem Umzug des Zweithaushaltes der Verpflegungsmehraufwand für die Anwesenheitstage abgesetzt werden. Jedoch gilt hier zu beachten, dass für diese Tage **keine weiteren** Pauschalverpflegungen für Lerngruppen, Nebenjobs oder andere Auswärtstätigkeiten abgesetzt werden können. Die Pauschalbeträge werden in Anlage N in die Zeilen 25 und 26 übertragen.

Drei-Monats-Frist	Doppelte HHF	Verpflegungsmehraufwand Drei-Monats-Frist		
		Anzahl Tage neuer Wohnort:	66	Tage
		Pauschalbetrag 24h:	28	€
		Anzahl Tage An- / Abreise:	5	Tage
		Pauschalbetrag An- / Abreise:	14	€
		Summe Verpflegungsmehraufwand:	1.918,00	€
		Summe Drei-Monats-Frist:	1.918,00	€

Tab. 4.17: Excel - Drei-Monats-Frist neuer Zweithaushalt

	Bei einer doppelten Haushaltsführung im Inland		
25	Anzahl der An- und Abreisetage	541	5
26	Anzahl der Tage mit einer Abwesenheit von 24 Stunden	542	66

Abb. 4.16: Anlage N (DHF) -
Übertrag Drei-Monats-Frist neuer Zweithaushalt

Sonderausgaben

Auch wenn ihr in der Zweitausbildung seid, könnt ihr nicht alle entstandenen Kosten als Werbungskosten absetzen. Es gibt Kostenarten, die per steuerlicher Definition als **Sonderausgaben** anzugeben sind. Sonderausgaben im Sinne des deutschen Einkommensteuergesetzes (§ 10, § 10a EStG) sind Aufwendungen, die weder Betriebsausgaben

[225] Bis 2021 einfache Entfernungspauschale, siehe Tab. 10.3, S. 221.

noch Werbungskosten sind und auch nicht wie Betriebsausgaben oder Werbungskosten (i.d.R. privat veranlasst) behandelt werden und dennoch geltend macht werden können. Das deutsche Steuergesetz liefert keine konkrete Definition, sondern bietet in § 10 bis 10g EStG eine Auflistung der darunterfallenden Kosten. Sonderausgaben werden vom Gesamtbetrag der Einkünfte abgezogen, sofern sie den Sonderausgaben-Pauschbetrag überschreiten. Sie mindern dadurch das zu versteuernde Einkommen, tragen jedoch nicht zu einem Verlustvortrag bei. Gebt ihr keine Sonderausgaben an, so wird euch eine Pauschale von 36 € veranlagt. Diese Pauschale steht jedem Steuerpflichtigen zu.

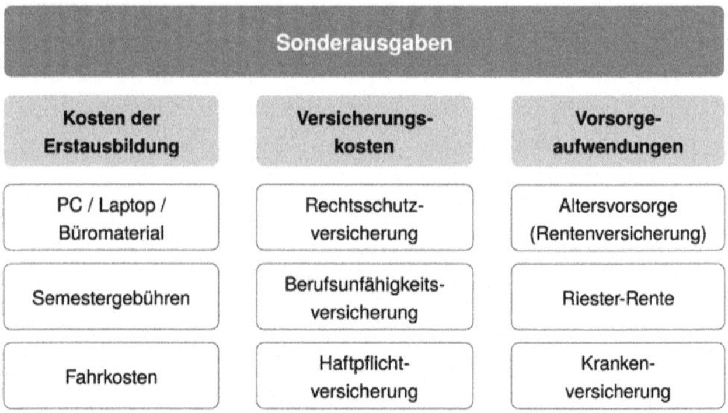

Abb. 4.17: Übersicht der Sonderausgaben

Sonderausgaben umfassen alles, was ihr versicherungs- oder vorsorgetechnisch aufwendet. Diese unterteilen sich in **Altersvorsorgeaufwendungen** (wie Renten), **sonstige Vorsorgeaufwendungen** (wie Krankenkassenbeiträge o. Versicherungen) und **anderen Sonderausgaben** (wie Aufwendungen für die Erstausbildung). Bei Sonderausgaben unterscheidet man zwischen **beschränkt** und **unbeschränkt** absetzbaren Kosten. Wer von Sonderausgaben profitieren möchte, muss in entsprechendem Jahr Einkommensteuer bezahlt haben.

Unter Sonderausgaben fallen Kosten wie:

- **Altersvorsorge** (§ 10 Abs. 1 Nr. 1 EStG) (Rente z. B.) [beschränkt abzugsf. 21.388 €]: Altersvorsorgeaufwendungen sind Ausgaben für eine Basis-Altersvorsorge (also Beiträge zur gesetzlichen Rentenversicherung und Rürup-Rente). Diese sind im Jahr 2019 mit 88 % absetzbar (max. 24.305 € als ledige Person). Dies bedeutet 21.388 € können maximal abgesetzt werden. Der Berücksichtigungssatz (2019: 88 %) sollte jedes Jahr bis 2025 um 2 % steigen, jedoch wurde beschlossen bereits 2023 100 % steuerlich zu berücksichtigen. Bei Verheirateten kann der doppelte Betrag geltend gemacht werden. Beiträge zur Riester-Rente sind hiervon unberührt und werden bis zu einem Betrag von 2.100 € steuerlich berücksichtigt.

Arbeitnehmerbetrag	4.650 €	aus Lohnsteuerbescheinigung Nr. 23a
Arbeitgeberbetrag	4.650 €	aus Lohnsteuerbescheinigung Nr. 22a
Basisrentenvertrag	2.000 €	z. B. Rürüp
Summe	**11.300 €**	
Höchstbetrag	24.305 €	
88 % von 11.300 €	9.944 €	
Abzgl. steuerfr. AG-Anteil	4.650 €	aus Lohnsteuerbescheinigung Nr. 22a
Anrechenbarer Vorsorgebetrag	**5.294 €**	

- **Basis-Krankenkassenbeiträge** (§ 10 Abs. 1 Nr. 3 EStG) (KV-Beiträge) [unbeschränkt abzugsf.] und **sonstige Vorsorgeaufwendungen** (§ 10 Abs. 1 Nr. 3a EStG) wie Wahlleistungen der Krankenkassenbeiträge, Arbeitslosigkeit-, Erwerbs- und Berufsunfähigkeit- (BU) sowie Unfall-, Haftpflicht- (auch Kfz-Haftpflicht) und Risikolebensversicherungen [beschränkt abzugsf.: 1.900 € / 2.800 €].
  - Kranken- und Pflegeversicherung sind bis zu 1.900 € (bei Personen, die einen Arbeitgeberzuschuss hierzu erhalten) bzw. 2.800 € (bei Personen, die die Kosten allein aufbringen – z. B. Studierende) steuerlich absetzbar. Unabhängig dieser Grenzen können **Basiskrankenkassenbeiträge** in voller Höhe abgesetzt werden.
  - **Wahlleistungen** der Krankenkasse, Unfall-, Haftpflicht- und Berufsunfähigkeitsversicherungen können nur steuerlich abgesetzt werden, sofern die **Höchstgrenzen** noch nicht ausgereizt wurden.
- **Gezahlte Kirchensteuer** (§ 10 Abs. 1 Nr. 4 EStG) [unbeschränkt abzugsf.].
  Falls ihr Kirchensteuer von eurem Lohn entrichtet habt, so könnt ihr diese in voller Höhe absetzen.
- **Außergewöhnliche Belastungen** (§ 33 EStG) [unbeschränkt abzugsf.]. Sofern euch außergewöhnliche Belastungen entstanden sind und diese die zumutbare Belastungsgrenze[226] überstiegen haben, so können diese steuerlich als Sonderausgaben abgesetzt werden. Gründe für außergewöhnliche Belastungen können Krankheitskosten (sofern keine Erstattung seitens der Krankenkasse vorliegt), Pflegekosten (von näheren Angehörigen oder von einem selbst), Bestattungskosten (z. B.

[226] BFH, Urteil vom 19.01.2017 – Az. VI R 75/14.

eines Angehörigen) und sonstige Kosten (z. B. Wiederbeschaffung von Hausrat nach Unwetter oder Brand oder Sicherung der Gesundheit durch Schimmelbeseitigung in der Wohnung) sein.

- Und natürlich die Sonderausgaben für die Erstausbildung (§ 9 Abs. 6 EStG) [beschränkt abzugsf.: 6.000 €].[227]

Steuerermäßigungstatbestände

Steuerermäßigungstatbestände sind keine Werbungskosten oder Sonderausgaben, sondern werden direkt von der **Steuerlast** abgezogen. Darunter fallen Spenden und Aufwendungen für haushaltsnahe Beschäftigungsverhältnisse.

- Haushaltsnahe Beschäftigungsverhältnisse (§ 35a EStG) [beschränkt abzugsf.]. **20 % der haushaltsnahen Aufwendungen** (u.a. Hausmeister, Handwerker) zahlt der deutsche Fiskus zurück. Jedoch gelten hier verschiedene Höchstgrenzen (s. Kapitel 5.3).
- Spenden (§ 10b Abs. 3 S. 1 EStG) (z. B. an **gemeinnützige** Organisationen wie Arche/ Greenpeace).[228] Auch Sachspenden könnt ihr bei der Steuer absetzen. Wichtig ist dabei, dass die Spende für einen satzungsmäßigen Vorsatz eines Vereins innerhalb der EU gespendet wird [unbeschränkt abzugsf.:].[229] Spenden an Privatpersonen (Bettler) oder Freizeitvereine (z. B. Sport oder Musik) sind demnach **nicht** absetzbar. Spendet ihr in einem Jahr, in welchem Sonderausgaben keinen Einfluss hätten, so könnt ihr die Beiträge auch ins Folgejahr übertragen lassen!
  - **Maximal** dürfen absetzbare Spenden **20 % des jährlichen Einkommens** darstellen.
  - **Parteispenden** oder Parteimitgliedschaftsbeiträge unter 1.650 € werden zu 50 % direkt von der Steuerlast abgezogen. Der Anteil über 1.650 € (für Ledige) wird als Sonderausgaben behandelt.

Diese Liste ist nicht vollumfänglich, da Unterhaltszahlungen, Kinderbetreuungskosten, etc. für den Hauptteil der Studierenden nicht bedeutend sind, jedoch auch zu den Sonderausgaben zählen. **Eine abschließende Liste findet ihr unter §§ 10 bis 10g EStG.**

[227] Bis zu 6.000 € pro Jahr.
[228] Hierfür werden bis 50 € keine Nachweise verlangt.
[229] Hierbei müsst ihr bei gebrauchten Gegenständen den aktuellen Preis nach Alter, Zustand und Qualität schätzen.

Diese oben genannten Kosten könnt ihr als Studierende, ebenso wie als Berufstätige, als Sonderausgaben absetzen. Bei der KFZ-Versicherung eures Fahrzeuges (unabhängig ob PKW, Mofa oder E-Bike) wird jedoch nur die Haftpflichtversicherung als anrechnungsfähig akzeptiert. Zudem gibt es für ledige Personen einen **Sonderausgabenpauschalbetrag** von 36 €, für verheiratete Personen beträgt dieser 72 €. Dieser wird gewährt, sofern man keine unbeschränkt abziehbaren Sonderausgaben absetzt.

Sofern euer Ziel darin liegt, einen **möglichst hohen Verlust** im entsprechenden Steuerjahr zu erzielen und nicht eure Steuerlast in diesem Jahr zu minimieren (normale Steuererklärung), könnt ihr die Sonderausgaben auslassen. Diese minimieren nur das zu versteuernde Einkommen im entsprechenden Steuerjahr. Können jedoch nicht ins Folgejahr übernommen werden.

Beispiele für Sonderausgaben

1. *A hat Medizin studiert und möchte Arbeitsmittel (7.000 €) absetzen. Zusätzlich setzt er noch Basis-Krankenkassenbeiträge eines Arbeitsverhältnisses (1.000 €), die KFZ-Haftpflicht (400 €) und zusätzlich noch 900 € für die Berufsunfähigkeitsversicherung und 300 € für den Winterdienst, der in der Nebenkostenabrechnung steht, ab.*

   A kann nur 6.000 € für Arbeitsmittel als Sonderausgaben für seine Erstausbildung absetzen. Zudem kann er 1.900 € der Vorsorgeaufwendungen (1.000 + 400 + 900 > Höchstbetrag) als Single absetzen (Würde A den Basiskrankenversicherungsbeitrag ohne seinen Arbeitgeber zahlen, würde sich der Höchstbetrag auf 2.800 € erhöhen). Die 300 € aus der Nebenkostenabrechnung kann er als haushaltsnahe Dienstleistungen zu 20 % absetzen (60 €).

2. *B studiert BWL auf Bachelor und möchte Ausbildungskosten (5.800 €) absetzen. Zusätzlich fallen bei ihm nur Kosten für eine Brille (640 €) als außergewöhnliche Belastungen an. Er verdient im Bachelor bereits 2.000 € nebenher.*

   B kann seine Erstausbildungskosten in Höhe von 5.800 € (max. 6.000) absetzen. Die Brille kann er als außergewöhnlichen Belastungen zu 540 € (= 640 € – 5 % des Einkommens von 2.000 €) als Sonderausgaben anrechnen, da er die zumutbare Belastungsgrenze überschreitet.

5 Ausfüllen der Steuerformulare

Nachdem ihr eure gesammelten Daten in Excel-Dateien übertragen habt, geht es an die Steuerformulare. Sofern ihr keine Kapitalerträge (Zinsen, Dividenden oder Aktienverkäufe – hierfür Anlage K) oder **Mieteinnahmen** (hierfür Anlage V) euer Eigen nennt, werden für euch als Studierende der **Mantelbogen M** (ggf. Anlage Sonderausgaben, Anlage Außergewöhnliche Belastungen, Anlage Haushaltsnahe Aufwendungen, Anlage Sonstiges), die **Anlage N** und **die Anlage Vorsorgeaufwendungen** (ggf. noch Anlage S, sofern ihr als Selbständige tätig wart) benötigt.

> **Woher bekomme ich die Steuerformulare?**
> Auf formulare-bfinv.de oder beim örtlichen Finanzamt.[230]

Wichtig ist, dass ihr diese korrekt ausfüllt und die entsprechenden Kreuze (vor allem die für die Verlustvorträge oder des Verlustrücktrags und der Verlustvortragsübernahme)[231] richtig setzt. Es empfiehlt sich, der Verlustfeststellung ein kurzes Anschreiben inklusive der Sachlage beizulegen. Dies verhindert unnötige Fragestellungen seitens des Finanzamtes und einer unnötig langwierigen Diskussion zur Klärung des Sachverhaltes. Was in einem solchen Anschreiben enthalten sein sollte, ist pauschal nicht eindeutig zu beantworten und kommt darauf an, welche Komplexität in eurem Lebenslauf steckt. Ich empfehle folgende Punkte aufzunehmen:

- Persönliche Anrede und Einleitung „hiermit den Verlust aus dem Studium für das Steuerjahr X geltend zu machen".
- Was ihr in entsprechendem (Steuer-)Jahr gemacht habt: Erst- / Zweitausbildung, Auslandssemester, Praktikum oder Gap-Year.
- Ob Auslandssemester oder Praktika für das Studium notwendig waren. Hierbei kann man direkt aufzeigen, dass Praktika oder Austauschse-

[230] Oder ihr nutzt die Steuersoftware Steuertipps. Mit dieser könnt ihr eure gesammelten Kosten übertragen und auf die amtlichen Steuerformulare ausdrucken lassen. Tipp: Software-CDs von Steuertipps gibt es gebraucht sehr günstig bei Ebay. Ihr benötigt hier für jedes Steuerjahr die entsprechende Software.

[231] Bis 2019 auf Mantelbogen, danach Anlage Sonstige.

mester dafür dienten, sich besser auf den Arbeitsmarkt vorzubereiten oder in der Studienordnung vorgegeben waren. Und ihr deshalb diese Tätigkeiten als Reisekosten absetzt.[232]

- Ebenso könnt ihr eine Begründung für spezielle Arbeitsmittel hinzufügen.

Das sind die typischen Fragen, die von den Steuersachbearbeitern gestellt werden, falls Unklarheiten bestehen sollten. Im Anhang findet ihr ein typisches – von mir vorgefertigtes – Anschreiben, das den Vorgang mit der Finanzbehörde vereinfachen sollte.

So könnte übrigens eine Antwort des Finanzamtes aufgrund fehlerhaften Ausfüllens der Steuerformulare lauten:

Ich habe versucht Ihren Verlust für 2012 festzustellen. Leider sind keinerlei relevanten Daten in der Anlagen N ausgefüllt worden. Daher ist es mit nicht möglich Ihre Erklärung 2012 zu bearbeiten.

Bitte füllen Sie die Anlage N vollständig aus. (Verweise auf beigefügte Anlagen reichen nicht aus und Werte müssen angegeben werden.)

Es ist wichtig, die Steuerformulare ordentlich (**leserlich** und **vollständig**) auszufüllen. Füllt man diese nicht korrekt aus, so erhält man vom Finanzamt obige Antwort mit der Chance zur Nachbesserung. Hat der Beamte keine Lust auf ein fehlerbehaftetes Steuerformular zu antworten, kürzt er möglicherweise eure angesetzten Kosten.

5.1 Mantelbogen M / Hauptvordruck

Der **Mantelbogen M** (oder **Hauptvordruck**) gehört zwingend zu euren Steuerunterlagen, denn auf diesem merkt ihr an, was ihr dem Finanzamt mitteilen möchtet (hier: **Erklärung zur Feststellung des verbleibenden Verlustvortrags**) und gebt eure personenbezogenen Daten wie Steuernummer, Steuer-ID, damaligen Beruf, Wohnsitz und Kontoverbindung zur Personenfeststellung an.

Die **Abkürzung** Zeile (Z.) bezieht sich im Folgenden auf das Steuerformular. Die Abkürzung Nummer (Nr.) bezieht sich auf den Ausdruck der elektronischen Lohnsteuerbescheinigung.

[232] Hierbei z. B. Verweis zu der Quelle „Berger".

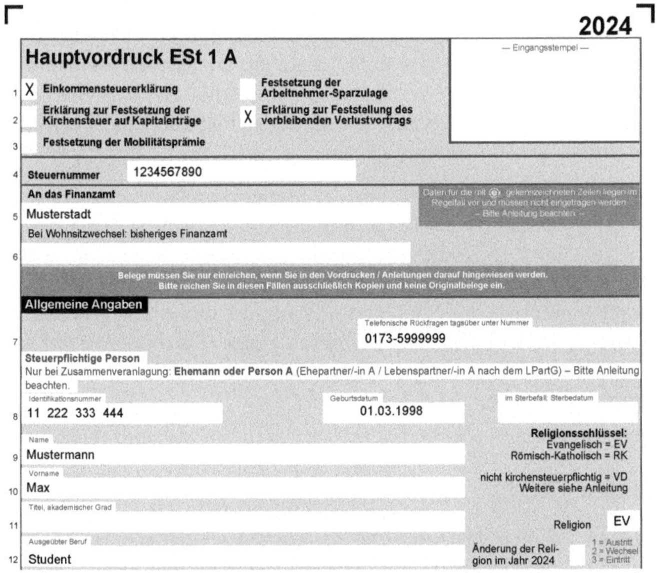

2024

Hauptvordruck ESt 1 A

— Eingangsstempel —

1 X Einkommensteuererklärung | Festsetzung der Arbeitnehmer-Sparzulage

2 Erklärung zur Festsetzung der Kirchensteuer auf Kapitalerträge | X Erklärung zur Feststellung des verbleibenden Verlustvortrags

3 Festsetzung der Mobilitätsprämie

4 Steuernummer 1234567890

An das Finanzamt

5 Musterstadt

Daten für die mit ⓔ gekennzeichneten Zeilen liegen im Regelfall vor und müssen nicht eingetragen werden – Bitte Anleitung beachten –

Bei Wohnsitzwechsel: bisheriges Finanzamt

6

Belege müssen Sie nur einreichen, wenn Sie in den Vordrucken / Anleitungen darauf hingewiesen werden. Bitte reichen Sie in diesen Fällen ausschließlich Kopien und keine Originalbelege ein.

Allgemeine Angaben

Telefonische Rückfragen tagsüber unter Nummer

7 0173-5999999

Steuerpflichtige Person

Nur bei Zusammenveranlagung: **Ehemann oder Person A** (Ehepartner/-in A / Lebenspartner/-in A nach dem LPartG) – Bitte Anleitung beachten.

Identifikationsnummer | Geburtsdatum | im Sterbefall: Sterbedatum

8 11 222 333 444 | 01.03.1998 |

Name

9 Mustermann

Vorname

10 Max

Titel, akademischer Grad

11

Ausgeübter Beruf

12 Student

Religionsschlüssel: Evangelisch = EV, Römisch-Katholisch = RK, nicht kirchensteuerpflichtig = VD, Weitere siehe Anleitung

Religion EV

Änderung der Religion im Jahr 2024 (1 = Austritt, 2 = Wechsel, 3 = Eintritt)

Abb. 5.1: Mantelbogen / Hauptvordruck

Achtung: 2019 wurde der Mantelbogen aufgeteilt. Wurden bis 2018 noch haushaltsnahe Beschäftigungsverhältnisse, Sonderausgaben und außergewöhnliche Belastungen in den Mantelbogen eingetragen, existieren für diese Kosten seit 2019 eigene Anlagen.

In den oberen Zeilen ist das Kästchen bei „*Erklärung zur Feststellung des verbleibenden Verlustvortrags*“ anzukreuzen, um euren Verlust anzumelden – sonst wird der Verlust als Rücktrag geltend gemacht! Zusätzlich ist auf den folgenden Seiten noch das Kreuzchen bei „*es wurde im Vorjahr ein Verlustvortrag festgestellt*“ wichtig.[233] Dies ist entweder anzukreuzen, wenn bereits der Steuerbescheid des Vorjahres einen Verlust vorsieht oder ihr plant mehrere Steuerjahre gleichzeitig beim Finanzamt abzugeben. Ansonsten müsst ihr auf dem **Mantelbogen Seite 1 / Hauptvordruck** eure aktuelle Adresse, eure Stellenbezeichnung im Steuerjahr (Student oder Praktikant), eure Bankverbindung (inkl. IBAN und BIC) und eure Steuerkennungen (Steuer-Nr. und Steuer-ID) angeben.

233 Nur bis 2019.

Die **Steuer-ID** ist elfstellig. Ältere **Steuernummern** sind 10- und neuvergebene Steuernummern 13-stellig. Die Steuer-ID behaltet ihr ein Leben lang. Die Steuernummer erhaltet ihr immer neu ausgestellt, falls ihr heiratet, selbständig werdet oder das Finanzamt wechselt.

Mit ⓔ gekennzeichnete Zeilen der Steuerformulare: Seit 2019 sind einzelne Abschnitte der Steuerformulare mit einem ⓔ gekennzeichnet (eDaten). Diese Zeilen müssen zur Vereinfachung nicht mehr von euch ausgefüllt werden, da diese dem Finanzamt mittlerweile durch elektronische Datenübermittlung der mitteilungspflichtigen Stellen (wie Arbeitgeber oder Versicherungen) vorliegen. Wisst ihr, dass Abweichungen entstanden sind, so müsst ihr diese jedoch weiterhin angeben.

Anliegen (Z. 1-6)

In diesen Zeilen geht es darum, für euch den richtigen Betreff anzukreuzen. Wollt ihr einen Verlustvortrag anschreiben, dann markiert das zugehörige Kästchen. Seid ihr bereits im Beruf, so kreuzt ihr nur *„Einkommensteuererklärung"* an. Arbeitnehmer-Sparzulage und Kirchensteuer auf Kapitalerträge sind nur bei Kapitaleinkünften anzukreuzen.

Zeile 4 dient zum Eintragen der Steuernummer. Diese Nummer wird vom Finanzamt an jede steuerpflichtige natürliche oder juristische Person vergeben, unter der die Person beim Finanzamt geführt wird. Für alle Verwaltungsvorgänge innerhalb der Steuerbehörden ist **diese 10-stellige / 13-stellige Steuernummer** von zentraler Bedeutung. Habt ihr noch keine Steuererklärung abgegeben, so lasst ihr die Zeile frei. Zeile 5 und 6 stehen für das derzeitige oder letzte Finanzamt (sofern ihr bereits an ein anderes Finanzamt eine Steuererklärung abgegeben habt und danach umgezogen seid).

Allgemeine Angaben (Z. 7-33)

In Zeile 7 bis 33 werden die persönlichen Daten wie die Telefonnummer (Z. 7), Name und akademischer Titel (Z. 9 bis 11), aktuelle Anschrift (Z. 13 bis 17), damalige Berufsbezeichnung (Z. 12), Religion (Z. 11), Bankverbindung (Z. 30 bis 33; steht in früheren Steuerjahren auf Seite 1) und die Identifikationsnummer (Steuer-ID) angegeben (Z. 8). Diese Identifikationsnummer wird vom Finanzamt vergeben und ist bei Umzug zu melden. Seit 2008 besitzen alle deutschen Bürger eine solche Steuer-Identifikationsnummer. Diese 11-stellige Nummer erhält man mit einem Brief vom Bundeszentralamt für Steuern mit der sogenannten elektronischen Lohnsteuerkarte (ELStAM) und ist lebenslang gleichbleibend.[234] Ist man bereits verheiratet, so füllt der Ehepartner zusätzlich die Zeilen 20 bis 24 für sich aus und beantwortet die Frage nach der Veranlagung in Zeile 19.

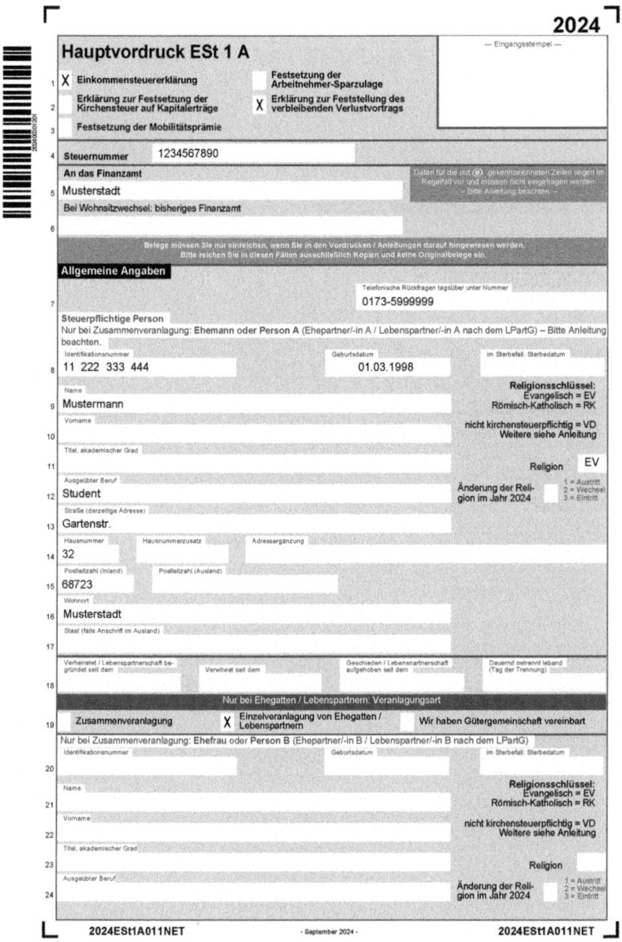
2024

Hauptvordruck ESt 1 A

— Eingangsstempel —

1 X Einkommensteuererklärung — Festsetzung der Arbeitnehmer-Sparzulage
2 Erklärung zur Festsetzung der Kirchensteuer auf Kapitalerträge — X Erklärung zur Feststellung des verbleibenden Verlustvortrags
3 Festsetzung der Mobilitätsprämie

4 Steuernummer 1234567890

An das Finanzamt
5 Musterstadt
Bei Wohnsitzwechsel: bisheriges Finanzamt
6

Daten für die mit gekennzeichneten Zeilen liegen im Regelfall vor und müssen nicht eingetragen werden. – Bitte Anleitung beachten –

Belege müssen Sie nur einreichen, wenn Sie in den Vordrucken / Anleitungen darauf hingewiesen werden. Bitte reichen Sie in diesen Fällen ausschließlich Kopien und keine Originalbelege ein.

Allgemeine Angaben

Telefonische Rückfragen tagsüber unter Nummer
7 0173-5999999

Steuerpflichtige Person
Nur bei Zusammenveranlagung: Ehemann oder Person A (Ehepartner/-in A / Lebenspartner/-in A nach dem LPartG) – Bitte Anleitung beachten.

Identifikationsnummer — Geburtsdatum — im Sterbefall: Sterbedatum
8 11 222 333 444 — 01.03.1998

Name
9 Mustermann
Religionsschlüssel: Evangelisch = EV, Römisch-Katholisch = RK, nicht kirchensteuerpflichtig = VD, Weitere siehe Anleitung
Vorname
10
Titel, akademischer Grad
11 — Religion EV
Ausgeübter Beruf
12 Student — Änderung der Religion im Jahr 2024 (1 = Austritt, 2 = Wechsel, 3 = Eintritt)
Straße (derzeitige Adresse)
13 Gartenstr.
Hausnummer — Hausnummerzusatz — Adressergänzung
14 32
Postleitzahl (Inland) — Postleitzahl (Ausland)
15 68723
Wohnort
16 Musterstadt
Staat (falls Anschrift im Ausland)
17

Verheiratet / Lebenspartnerschaft begründet seit dem — Verwitwet seit dem — Geschieden / Lebenspartnerschaft aufgehoben seit dem — Dauernd getrennt lebend (Tag der Trennung)
18

Nur bei Ehegatten / Lebenspartnern: Veranlagungsart
19 Zusammenveranlagung — X Einzelveranlagung von Ehegatten / Lebenspartnern — Wir haben Gütergemeinschaft vereinbart

Nur bei Zusammenveranlagung: Ehefrau oder Person B (Ehepartner/-in B / Lebenspartner/-in B nach dem LPartG)
Identifikationsnummer — Geburtsdatum — im Sterbefall: Sterbedatum
20
Name
21
Religionsschlüssel: Evangelisch = EV, Römisch-Katholisch = RK, nicht kirchensteuerpflichtig = VD, Weitere siehe Anleitung
Vorname
22
Titel, akademischer Grad
23 — Religion
Ausgeübter Beruf
24 — Änderung der Religion im Jahr 2024 (1 = Austritt, 2 = Wechsel, 3 = Eintritt)

2024ESt1A011NET — - September 2024 - — 2024ESt1A011NET

Abb. 5.2: Mantelbogen - Seite 1

[234]Vor 2013 wurden diese Daten auf einer gelben Lohnsteuerkarte mitgeteilt.

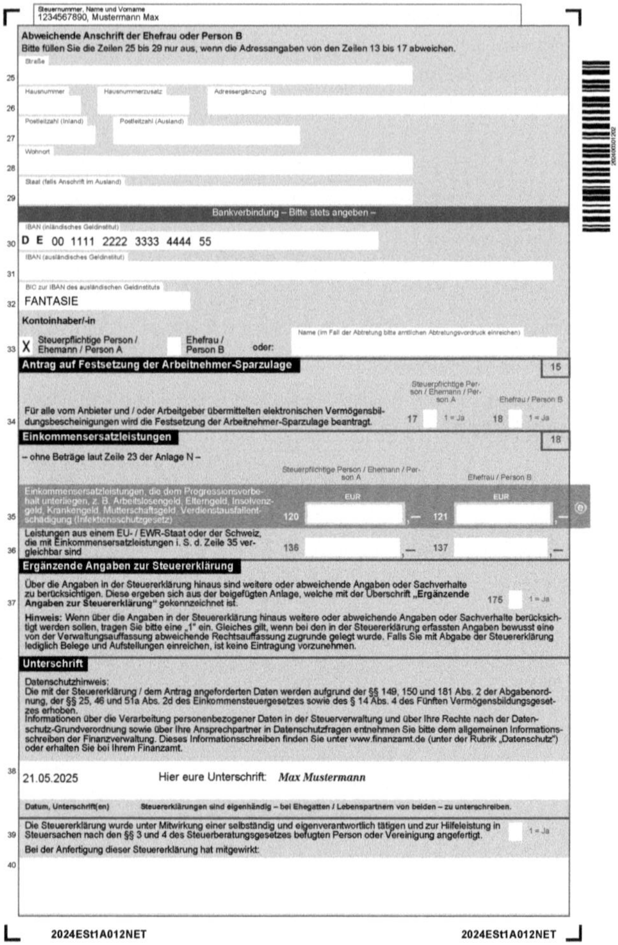

Steuernummer, Name und Vorname
1234567890, Mustermann Max

Abweichende Anschrift der Ehefrau oder Person B
Bitte füllen Sie die Zeilen 25 bis 29 nur aus, wenn die Adressangaben von den Zeilen 13 bis 17 abweichen.

25 Straße
26 Hausnummer | Hausnummerzusatz | Adressergänzung
27 Postleitzahl (Inland) | Postleitzahl (Ausland)
28 Wohnort
29 Staat (falls Anschrift im Ausland)

Bankverbindung – Bitte stets angeben –

30 IBAN (inländisches Geldinstitut): D E 00 1111 2222 3333 4444 55
31 IBAN (ausländisches Geldinstitut)
32 BIC zur IBAN des ausländischen Geldinstituts: FANTASIE

Kontoinhaber/-in
33 X Steuerpflichtige Person / Ehemann / Person A | Ehefrau / Person B | oder: Name (im Fall der Abtretung bitte amtlichen Abtretungsvordruck einreichen)

Antrag auf Festsetzung der Arbeitnehmer-Sparzulage 15

34 Für alle vom Anbieter und / oder Arbeitgeber übermittelten elektronischen Vermögensbildungsbescheinigungen wird die Festsetzung der Arbeitnehmer-Sparzulage beantragt. | Steuerpflichtige Person / Ehemann / Person A: 17 1 = Ja | Ehefrau / Person B: 18 1 = Ja

Einkommensersatzleistungen 18

– ohne Beträge laut Zeile 23 der Anlage N –

		Steuerpflichtige Person / Ehemann / Person A EUR		Ehefrau / Person B EUR
35	Einkommensersatzleistungen, die dem Progressionsvorbehalt unterliegen, z. B. Arbeitslosengeld, Elterngeld, Insolvenzgeld, Krankengeld, Mutterschaftsgeld, Verdienstausfallentschädigung (Infektionsschutzgesetz)	120 ,–		121 ,–
36	Leistungen aus einem EU- / EWR-Staat oder der Schweiz, die mit Einkommensersatzleistungen i. S. d. Zeile 35 vergleichbar sind	136 ,–		137 ,–

Ergänzende Angaben zur Steuererklärung

37 Über die Angaben in der Steuererklärung hinaus sind weitere oder abweichende Angaben oder Sachverhalte zu berücksichtigen. Diese ergeben sich aus der beigefügten Anlage, welche mit der Überschrift **„Ergänzende Angaben zur Steuererklärung"** gekennzeichnet ist. 175 1 = Ja

Hinweis: Wenn über die Angaben in der Steuererklärung hinaus weitere oder abweichende Angaben oder Sachverhalte berücksichtigt werden sollen, tragen Sie bitte eine „1" ein. Gleiches gilt, wenn bei den in der Steuererklärung erfassten Angaben bewusst eine von der Verwaltungsauffassung abweichende Rechtsauffassung zugrunde gelegt wurde. Falls Sie mit Abgabe der Steuererklärung lediglich Belege und Aufstellungen einreichen, ist keine Eintragung vorzunehmen.

Unterschrift

Datenschutzhinweis:
Die mit der Steuererklärung / dem Antrag angeforderten Daten werden aufgrund der §§ 149, 150 und 181 Abs. 2 der Abgabenordnung, der §§ 25, 46 und 51a Abs. 2d des Einkommensteuergesetzes sowie des § 14 Abs. 4 des Fünften Vermögensbildungsgesetzes erhoben.
Informationen über die Verarbeitung personenbezogener Daten in der Steuerverwaltung und über Ihre Rechte nach der Datenschutz-Grundverordnung sowie über Ihre Ansprechpartner in Datenschutzfragen entnehmen Sie bitte dem allgemeinen Informationsschreiben der Finanzverwaltung. Dieses Informationsschreiben finden Sie unter www.finanzamt.de (unter der Rubrik „Datenschutz") oder erhalten Sie bei Ihrem Finanzamt.

38 21.05.2025 Hier eure Unterschrift: *Max Mustermann*

Datum, Unterschrift(en) **Steuererklärungen sind eigenhändig – bei Ehegatten / Lebenspartnern von beiden – zu unterschreiben.**

39 Die Steuererklärung wurde unter Mitwirkung einer selbständig und eigenverantwortlich tätigen und zur Hilfeleistung in Steuersachen nach den §§ 3 und 4 des Steuerberatungsgesetzes befugten Person oder Vereinigung angefertigt. 1 = Ja

Bei der Anfertigung dieser Steuererklärung hat mitgewirkt:

40

2024ESt1A012NET 2024ESt1A012NET

Abb. 5.3: Mantelbogen - Seite 2

Alle relevanten Aufwendungen dürfen auf den Anlagen auf den nächsten € **aufgerundet** werden. Lediglich die Lohnsteuer, der Solidaritätszuschlag und die Kirchensteuer werden auf den Steuerbögen auf den Cent genau angeben!

Alternative Zustelladresse (Z. 25-29)

Falls ihr öfter umzieht oder nicht ständig am Wohnort anzutreffen seid, könnt ihr hier eine alternative Zustelladresse eintragen (z. B. die der Eltern). So wird euch der Steuerbescheid an diese hinterlegte Adresse geschickt. Es empfiehlt sich aufgrund der Bearbeitungszeit beim Finanzamt, sechs Monate im Voraus zu planen.

Bankverbindung (Z. 30-33)

Auf dem Hauptvordruck Seite 2 müsst ihr noch eure Bankverbindung eintragen.

Arbeitnehmer-Sparzulage (Z. 34)

Die Sparzulage bezieht sich auf sogenannte vermögenswirksame Leistungen (VL), die der Arbeitgeber z. B. in einen Bausparvertrag oder Fondssparplan einzahlt. Die Höhe der Förderung hängt vom Einkommen und der Art der Anlage ab. Gefördert wird nur, wenn bestimmte Einkommensgrenzen nicht überschritten werden.[235]

Einkommensersatzleistungen (Z. 35-36)

In Zeile 38 ist die Summe der Lohnersatzleistungen (Einkünfte mit Progressionsvorbehalt) wie Arbeitslosen-, Eltern- oder Krankengeld einzutragen.

Ergänzende Angaben und Unterschrift (Z. 37-38)

Besonders wichtig ist es, die finale Unterschrift (Z. 38) und das heutige Datum einzufügen. Hiermit bestätigt ihr die eigenständige Erstellung, ebenso wie die wahre Aussage eurer Steuererklärung. Die *„1"* in Zeile 37 könnt ihr angeben, wenn ihr dem Finanzamt, wie von mir empfohlen, noch ein **extra Schreiben oder eine Kostenaufstellung** beilegt und begründet, wie es zu einigen Ausgaben während des Studiums kam. In Zeile 40 könnt ihr angeben, ob euch jemand bei der Steuererklärung geholfen hat (**Achtung**: Dies dürfen offiziell nur nahe Angehörige, wie beispielsweise eure Eltern, der Verein für Lohnsteuerhilfe und Steuerberater).

> Lasst euch nicht verunsichern, wenn einzelne Zeilenzuordnungen der verschiedenen Steuerjahre nicht übereinstimmen. Diese verschieben sich teils um +/- 4 Zeilen bzw. wurden auf andere Formulare transferiert.

[235] § 13 - § 15 Fünftes VermBG.

Mantelbögen vor 2019 / neue Anlagen

Bis einschließlich 2018 war der Mantelbogen der Einkommensteuererklärung noch **vierseitig** aufgebaut. Ab dem Veranlagungsjahr 2019 wurde dieser deutlich gestrafft und die ehemals im Mantelbogen enthaltenen Angaben auf eigene Anlagen ausgelagert. Die 2024er Version des Mantelbogens ist – wie seit 2019 – zweiseitig und umfasst: Allgemeine Angaben (z. B. persönliche Daten, Familienstand, Steuer-ID, Veranlagungsart) sowie Angaben zur Bankverbindung, Mobilitätsprämie, Geltendmachung der Arbeitnehmer-Sparzulage, ggf. Vollmachten und Unterschrift(en).

Bei den früheren Steuerjahren ist die erste Seite des Bogens aber ziemlich identisch mit der bereits beschriebenen Version aus 2024. Zusätzlich lassen sich die **Sonderausgaben** (jetzt Anlage Sonderausgaben) auf Seite zwei eintragen. Auf Seite drei folgen (Anlage) **Außergewöhnliche Belastungen** und (Anlage) **Haushaltsnahe Aufwendungen** (Handwerker, Putzfrau o.Ä.). Die jeweiligen Zeilenzuordnungen verändern sich manchmal geringfügig über die jeweiligen Steuerjahre, daher würde eine Einzelbetrachtung der Steuerformulare der letzten sieben Jahre unverhältnismäßig großen Aufwand bereiten. Jedoch sollte mit einer Anleitung aus einem beliebigen Steuerjahr auch alle anderen Steuerjahre problemlos ausgefüllt werden können.

Für Studierende und die Abgabe einer Verlustfeststellung sind die weiter besprochenen Inhalte der abgesonderten Steuerformulare bis Kapitel 5.7 nicht bedeutend, da es sich hierbei um Sonderausgaben handelt. Trotz allem werde ich im Folgenden die neuen Anlagen vorstellen und dabei aufzeigen, wo ihr die entsprechenden Zeilen in den Vorjahresformularen findet.

Die Felder der vierten Seite des alten Mantelbogens sind vereinzelt noch auf der zweiten Seite des neuen Mantelbogens zu finden oder auf der Anlage Sonstiges. Einzig wichtig wäre hier bei der letzten Seite der alten Bögen die Zeile für die Unterschrift (letzte Zeile) und die Zeile zur vergangenen Feststellung des Verlustvortrags *(„Es wurde ein verbleibender Verlustvortrag nach §10d EStG festgestellt für . . . ")*. Hier sollte, sofern ihr das vorhergehende Steuerjahr auch als Verlustvortrag einreicht, ein Kreuz bei *„stpfl. Person"* gesetzt werden.

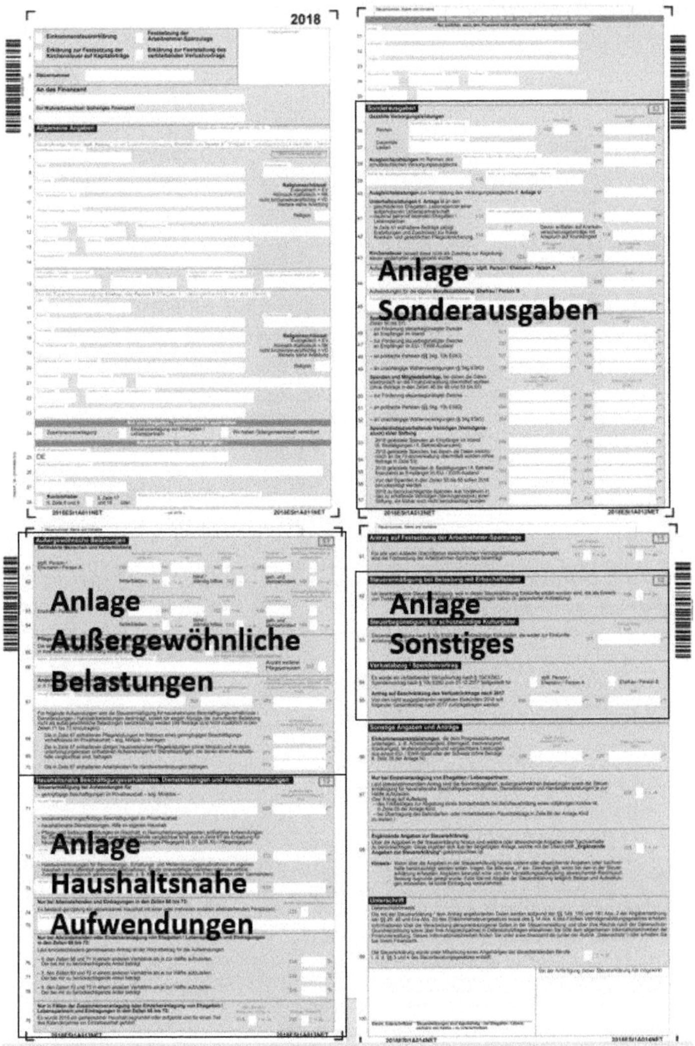

Abb. 5.4: Mantelbogen - Umstrukturierung

5.2 Anlage Außergewöhnliche Belastungen

2024

Anlage Außergewöhnliche Belastungen

Diese Anlage ist bei Zusammenveranlagung von Ehegatten / Lebenspartnern gemeinsam auszufüllen.

1 Name: Mustermann

2 Vorname: Max

3 **Steuernummer** 1234567890

Außergewöhnliche Belastungen / Pauschbeträge

Behinderten-Pauschbetrag 53

Steuerpflichtige Person / Ehemann / Person A

Ausweis / (Renten-) Bescheid / Bescheinigung
– bei erstmaliger Beantragung / Änderung bitte Nachweis in Kopie einreichen –

4 100 gültig von | 101 gültig bis | 102 unbefristet gültig 1 = Ja | 105 Grad der Behinderung

Ich bin

5 – erheblich gehbehindert (Merkzeichen „G") / außergewöhnlich gehbehindert (Merkzeichen „aG") 104 1 = Ja

6 – blind / taubblind / ständig hilflos (Merkzeichen „Bl", „TBl" und / oder „H"), schwerstpflegebedürftig (Pflegegrad 4 oder 5) 103 1 = Ja

Ehefrau / Person B

Ausweis / (Renten-) Bescheid / Bescheinigung
– bei erstmaliger Beantragung / Änderung bitte Nachweis in Kopie einreichen –

7 150 gültig von | 151 gültig bis | 152 unbefristet gültig 1 = Ja | 155 Grad der Behinderung

Ich bin

8 – erheblich gehbehindert (Merkzeichen „G") / außergewöhnlich gehbehindert (Merkzeichen „aG") 154 1 = Ja

9 – blind / taubblind / ständig hilflos (Merkzeichen „Bl", „TBl" und / oder „H"), schwerstpflegebedürftig (Pflegegrad 4 oder 5) 153 1 = Ja

Hinterbliebenen-Pauschbetrag

– Nur bei Hinterbliebenenbezügen nach § 33b Abs. 4 EStG; der alleinige Bezug einer Witwen- / Witwerrente ist nicht ausreichend –

	Steuerpflichtige Person / Ehemann / Person A	Ehefrau / Person B
10 Ich beantrage den Hinterbliebenen-Pauschbetrag	380 1 = Ja	381 1 = Ja

Pflege-Pauschbetrag

– bei erstmaliger Beantragung / Änderung bitte Nachweis in Kopie einreichen –

11 Die **unentgeltliche** persönliche Pflege einer pflegebedürftigen Person in ihrer oder in meiner Wohnung erfolgte durch 200 (1 = Steuerpflichtige Person / Ehemann / Person A; 2 = Ehefrau / Person B; 3 = beide Ehegatten / Lebenspartner)

12 Anzahl der weiteren an der Pflege beteiligten Personen 201

Name, Anschrift, Geburtsdatum und Verwandtschaftsverhältnis der pflegebedürftigen Person

13

14

15 Identifikationsnummer der pflegebedürftigen Person 202

16 Die pflegebedürftige Person hat ihren Wohnsitz / gewöhnlichen Aufenthalt im Inland 204 (1 = Ja; 2 = Nein)

17 Für die pflegebedürftige Person wurde folgender Pflegegrad festgestellt: 203 (2 = Pflegegrad 2; 3 = Pflegegrad 3; 4 = Pflegegrad 4 oder 5)

18 Für die pflegebedürftige Person wurde das Merkzeichen „H" festgestellt 205 1 = Ja

Behinderungsbedingte Fahrtkostenpauschale

– bei erstmaliger Beantragung / Änderung bitte Nachweis in Kopie einreichen –

Ich beantrage die Berücksichtigung der behinderungsbedingten Fahrtkostenpauschale, da ich die nachfolgenden Voraussetzungen erfülle:

	Steuerpflichtige Person / Ehemann / Person A	Ehefrau / Person B
19 Ich habe einen Grad der Behinderung von mindestens 80 oder einen Grad der Behinderung von mindestens 70 und Merkzeichen „G"	250 1 = Ja	251 1 = Ja
20 Ich bin außergewöhnlich gehbehindert / blind / taubblind / ständig hilflos (Merkzeichen „aG" / „Bl" / „TBl" und / oder „H"), schwerstpflegebedürftig (Pflegegrad 4 oder 5)	252 1 = Ja	253 1 = Ja

Abb. 5.5: Anlage Außergewöhnliche Belastungen - Seite 1

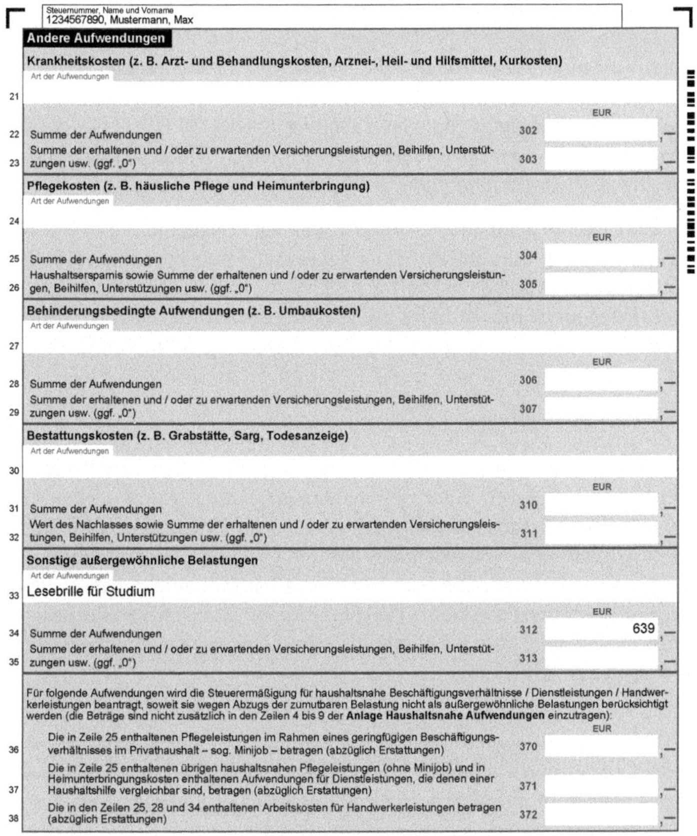

Steuernummer, Name und Vorname
1234567890, Mustermann, Max

Andere Aufwendungen

Krankheitskosten (z. B. Arzt- und Behandlungskosten, Arznei-, Heil- und Hilfsmittel, Kurkosten)

Art der Aufwendungen

Zeile		Kz	EUR
21			
22	Summe der Aufwendungen	302	,—
23	Summe der erhaltenen und / oder zu erwartenden Versicherungsleistungen, Beihilfen, Unterstützungen usw. (ggf. „0")	303	,—

Pflegekosten (z. B. häusliche Pflege und Heimunterbringung)

Art der Aufwendungen

Zeile		Kz	EUR
24			
25	Summe der Aufwendungen	304	,—
26	Haushaltserspamis sowie Summe der erhaltenen und / oder zu erwartenden Versicherungsleistungen, Beihilfen, Unterstützungen usw. (ggf. „0")	305	,—

Behinderungsbedingte Aufwendungen (z. B. Umbaukosten)

Art der Aufwendungen

Zeile		Kz	EUR
27			
28	Summe der Aufwendungen	306	,—
29	Summe der erhaltenen und / oder zu erwartenden Versicherungsleistungen, Beihilfen, Unterstützungen usw. (ggf. „0")	307	,—

Bestattungskosten (z. B. Grabstätte, Sarg, Todesanzeige)

Art der Aufwendungen

Zeile		Kz	EUR
30			
31	Summe der Aufwendungen	310	,—
32	Wert des Nachlasses sowie Summe der erhaltenen und / oder zu erwartenden Versicherungsleistungen, Beihilfen, Unterstützungen usw. (ggf. „0")	311	,—

Sonstige außergewöhnliche Belastungen

Art der Aufwendungen

Zeile		Kz	EUR
33	Lesebrille für Studium		
34	Summe der Aufwendungen	312	639 ,—
35	Summe der erhaltenen und / oder zu erwartenden Versicherungsleistungen, Beihilfen, Unterstützungen usw. (ggf. „0")	313	,—

Für folgende Aufwendungen wird die Steuerermäßigung für haushaltsnahe Beschäftigungsverhältnisse / Dienstleistungen / Handwerkerleistungen beantragt, soweit sie wegen Abzugs der zumutbaren Belastung nicht als außergewöhnliche Belastungen berücksichtigt werden (die Beträge sind nicht zusätzlich in den Zeilen 4 bis 9 der **Anlage Haushaltsnahe Aufwendungen** einzutragen):

Zeile		Kz	EUR
36	Die in Zeile 25 enthaltenen Pflegeleistungen im Rahmen eines geringfügigen Beschäftigungsverhältnisses im Privathaushalt – sog. Minijob – betragen (abzüglich Erstattungen)	370	,—
37	Die in Zeile 25 enthaltenen übrigen haushaltsnahen Pflegeleistungen (ohne Minijob) und in Heimunterbringungskosten enthaltenen Aufwendungen für Dienstleistungen, die denen einer Haushaltshilfe vergleichbar sind, betragen (abzüglich Erstattungen)	371	,—
38	Die in den Zeilen 25, 28 und 34 enthaltenen Arbeitskosten für Handwerkerleistungen betragen (abzüglich Erstattungen)	372	,—

Abb. 5.6: Anlage Außergewöhnliche Belastungen - Seite 2

Beginnen wir mit der Abspaltung der **„außergewöhnlichen Belastungen"** vom Mantelbogen. Diese gesonderte Anlage stellt seit 2019 eine ausführlichere Version der dritten Seite des damaligen Mantelbogens dar. In dieser Anlage kann man Behinderten-, Hinterbliebenen- und Pflegepauschalbeträge beantragen sowie Krankheitskosten und außergewöhnliche Belastungen geltend machen. In den Zeilen 1 bis 3 sind Name, Vorname und Steuernummer anzugeben.

Behinderten- und Hinterbliebenen-Pauschalbetrag (Z. 4-10)

Sofern bei euch eine **Behinderung** nachweislich vorliegt, könnt ihr diese hier absetzen und euren steuerlichen Vorteil des Pauschalbetrages sichern. Den Hinterbliebenen-Pauschalbetrag können Witwen- und Waisen in Zeile 10 beantragen. Dieser beträgt 370 €.

Pflege-Pauschalbetrag (Z. 11-18)

Sofern ihr eine Person pflegt, die *„nicht nur vorübergehend hilflos"*[236] ist, kann der Steuerpflichtige hier anstelle einer vom Gesamtbetrag der Einkünfte abhängigen Steuerermäßigung nach § 33 EStG die Bemessungsgrundlage der Einkommensteuer um einen **Pflege-Pauschbetrag von 924 €**[237] im Kalenderjahr verringern.

Ab 2021 gibt es deutliche Verbesserungen: Ab Pflegegrad 2 gibt es einen Pauschalbetrag von 600 €. Bei Pflegegrad 3 beträgt dieser 1.110 €. Ab Pflegegrad 4 stehen zukünftig 1.800 € zu. Der Pauschalbetrag steht allen Pflegepersonen **anteilig** zu. Aus diesem Grund wird der Bogen auch ausführlicher und der Pflegepauschalbetrag ist in den Zeilen 11 bis 18 zu finden.

Andere Aufwendungen (Z. 21-38)

In diesen Zeilen tragt ihr Kosten ein, die euch z. B. durch **Krankheit** (Kosten für Medikamente oder Behandlungen/Therapien, die nicht durch Krankenkasse erstattet wurden) (Z. 21f.), einen **Unfall**, durch **Pflege** (Z. 24f.), Umbaukosten bei Behinderung (Z. 27f.) oder **Bestattungen** (Z. 30f.) entstanden sind. Die Rechtsprechung hat im Laufe der Zeit jedoch weitere Kostenarten erlaubt. Hierunter könnt ihr auch Physiotherapie, Kosten für eine Brille, eine Gehhilfe oder sonstige ähnliche Hilfsmittel eintragen (Z. 33f.).

Die Aufwendungen wirken sich steuerlich nur aus, soweit sie die sog. **zumutbare Eigenbelastung**, die von der Höhe der Einkünfte aus allen Einkunftsarten und den persönlichen Verhältnissen (Familienstand, berücksichtigungsfähige Kinder) abhängt, übersteigen. Bei einem ledigen Haushalt ohne Kinder und einem Einkommen von unter 15.340 € sind dies 5 %. Die Kosten für außergewöhnliche Belastungen müssen also 5 % des Einkommens übersteigen, um angerechnet werden zu können.[238] Steigt das Einkommen oder ändert sich die Familiensituation, ändert sich auch der Prozentsatz.[239]

Übersteigen die abgesetzten Kosten diese Grenze nicht, so können diese in den Zeilen 20 bis 22 als haushaltsnahe Aufwendungen abgesetzt werden.

---

[236] Dies ist eine steuerliche Definition und muss zwingend erfüllt sein.
[237] Bei Pflegestufe 4 oder 5.
[238] § 33 Abs. 3 EStG.
[239] Online-Rechner: https://www.finanzamt.bayern.de/Informationen/Steuerinfos/Steuerberechnung/Zumutbare_Belastung/.

5.3 Anlage Haushaltsnahe Aufwendungen

2024

Anlage Haushaltsnahe Aufwendungen

Diese Anlage ist bei Zusammenveranlagung von Ehegatten / Lebenspartnern gemeinsam auszufüllen.

Name
1 Mustermann

Vorname
2 Max

3 **Steuernummer** 1234567890

Haushaltsnahe Beschäftigungsverhältnisse, Dienstleistungen und Handwerkerleistungen

Steuerermäßigung für Aufwendungen 18

Geringfügige Beschäftigungen im Privathaushalt – sog. Minijobs –

Art der Tätigkeit		Aufwendungen (abzüglich Erstattungen) EUR
4 Putzfrau	202	800,–

Haushaltsnahe Beschäftigungsverhältnisse / Dienstleistungen
- sozialversicherungspflichtige Beschäftigungen im Privathaushalt
- haushaltsnahe Dienstleistungen, Hilfe im eigenen Haushalt
- Pflege- und Betreuungsleistungen im Haushalt, bei eigener Heimunterbringung in den Heimkosten enthaltene Aufwendungen für Dienstleistungen, die mit denen einer Haushaltshilfe vergleichbar sind, sowie das in Zeile 26 der Anlage Außergewöhnliche Belastungen als Erstattung für häusliche Pflege- und Betreuungskosten berücksichtigte Pflegegeld (§ 37 SGB XI) / Pflegetagegeld

Art der Tätigkeit / Aufwendungen		Aufwendungen (abzüglich Erstattungen) EUR
5 Winterdienst durch Hausmeister	212	100,–

Handwerkerleistungen
für Renovierungs-, Erhaltungs- und Modernisierungsmaßnahmen im eigenen Haushalt
(**ohne** Handwerkerleistungen, für die eine öffentliche Förderung durch zinsverbilligte Darlehen oder steuerfreie Zuschüsse [z. B. KfW-Bank, BAFA, landeseigener Förderbanken oder Gemeinden] oder für die eine Steuerermäßigung für energetische Maßnahmen nach § 35c EStG in Anspruch genommen wird)

Art der Aufwendungen	Rechnungsbeträge (bei Eintragungen in Zeile 10 nur anteilig) EUR		darin enthaltene Lohnanteile, Maschinen- und Fahrtkosten inklusive Umsatzsteuer EUR
6 Renovierung	1.200,–		600,–
7	,–	+	,–
8	,–	+	,–
9 Summe steuerlich berücksichtigungsfähiger Lohnanteile, Maschinen- und Fahrtkosten inklusive Umsatzsteuer	214	=	600,–

Nur bei Alleinstehenden und Eintragungen in den Zeilen 36 bis 38 der Anlage Außergewöhnliche Belastungen und / oder in den Zeilen 4 bis 9 der Anlage Haushaltsnahe Aufwendungen:

10 Es bestand ganzjährig ein gemeinsamer Haushalt mit einer oder mehreren anderen alleinstehenden Person(en): Anzahl der weiteren Personen im Haushalt 223

Name, Vorname, Geburtsdatum
11

Nur bei Alleinstehenden oder Einzelveranlagung von Ehegatten / Lebenspartnern und Eintragungen in den Zeilen 36 bis 38 der Anlage Außergewöhnliche Belastungen und / oder in den Zeilen 4 bis 9 der Anlage Haushaltsnahe Aufwendungen:

Laut einzureichendem gemeinsamen Antrag ist der Höchstbetrag für die Aufwendungen in einem anderen Verhältnis als je zur Hälfte aufzuteilen:

12 – Der bei mir zu berücksichtigende Anteil am Höchstbetrag für Aufwendungen laut Zeile 36 der Anlage Außergewöhnliche Belastungen und / oder Zeile 4 der Anlage Haushaltsnahe Aufwendungen beträgt 224 %

13 – Der bei mir zu berücksichtigende Anteil am Höchstbetrag für Aufwendungen laut Zeile 37 der Anlage Außergewöhnliche Belastungen und / oder Zeile 5 der Anlage Haushaltsnahe Aufwendungen beträgt 225 %

14 – Der bei mir zu berücksichtigende Anteil am Höchstbetrag für Aufwendungen laut Zeile 38 der Anlage Außergewöhnliche Belastungen und / oder Zeile 9 der Anlage Haushaltsnahe Aufwendungen beträgt 226 %

Nur in Fällen der Zusammenveranlagung oder Einzelveranlagung von Ehegatten / Lebenspartnern und Eintragungen in den Zeilen 36 bis 38 der Anlage Außergewöhnliche Belastungen und / oder in den Zeilen 4 bis 9 der Anlage Haushaltsnahe Aufwendungen:

	Steuerpflichtige Person / Ehemann / Person A	Ehefrau / Person B
15 Es wurde 2024 ein gemeinsamer Haushalt begründet oder aufgelöst und für einen Teil des Kalenderjahres ein Einzelhaushalt geführt	219 1 = Ja	220 1 = Ja

Abb. 5.7: Anlage Haushaltsnahe Aufwendungen

Habt ihr zwei linke Hände, benötigt Hilfe im Haushalt oder wird euch durch einen Hausmeister der Winterdienst erledigt, so könnt ihr diese Kosten durch diese Anlage dem Finanzamt melden. Ebenso sind hierbei auch Nebenkosten (nur Dienstleistungen) eurer Wohnung (oder WG) absetzbar.

In den Zeilen 1 bis 3 sind hierzu wie auf allen Steuerformularen Name, Vorname und Steuernummer anzugeben. Ehepartner können zusammen ein Formular abgeben. Je nachdem, was bei euch anfiel, sind entsprechende Zeilen mit den Ausgaben und der entsprechenden Tätigkeit auszufüllen. So können **haushaltsnahe Dienstleistungen** durch reguläre Beschäftigungsverhältnisse wie den Hausmeister oder Winterdienst aus der Nebenkostenabrechnung (20 % der Kosten, maximal 510 € jährlich) in Zeile 5 oder durch **Mini-Jobs**, wie die selbst eingestellte Putzfrau der Wohnung/WG, in Zeile 4 (20 %, maximal 4.000 € jährlich) eingetragen werden. **Handwerkerleistungen**, z. B. durch Renovierungen (20 % der Aufwendungen, höchstens 1.200 € jährlich), werden in Zeile 6 vermerkt (ohne Materialkosten).[240] Dazu zählen sämtliche Renovierungs-, Erhaltungs- und Modernisierungsmaßnahmen ebenso wie alle Wartungen und Reparaturen rund ums Haus, z. B. auch die Reparatur von Haushaltsgeräten vor Ort oder die Wartung der Heizung sowie die Kosten für den Schornsteinfeger. In die Zeilen der Steuerformulare werden immer die vollen Beträge der entsprechenden Leistungen vermerkt. Das Finanzamt berechnet anschließend die Anrechnungshöhe dieser Dienstleistungen.

Die Höchstbeträge sind haushaltsbezogen und eventuell auf Partner oder Mitbewohner zu verteilen. Deshalb muss man in Zeile 10 und 11 die Anzahl und die Namen der Mitbewohner benennen. Wohnt ihr mit einem Partner zusammen oder in einer WG, so kann nur eine Person die Kostenbeiträge absetzen oder ihr müsst diese unter euch aufteilen. In Zeilen 12 folgend gibt man aufgrund dessen den für sich abzusetzenden prozentualen Anteil der Aufwendungen an.

> Kosten, die ihr aus euren Nebenkostenabrechnungen (z. B. Hausmeisterkosten) absetzen wollt, müssen dort detailliert aufgeschlüsselt werden, um steuerlich abgesetzt werden zu können.

[240] Zeile 6 wird ab dem Steuerjahr 2020 auf die Zeilen 6 bis 9 erweitert.

Haushaltsnahe Dienstleistungen

Haushaltsnahe Dienstleistungen sind Reinigung der Wohnung oder des Treppenhauses (Putzdienste), Schornsteinfeger, Wartungsdienstleistungen, Gartenpflege, Winterdienst, Fütterung und Pflege von Haustieren, Pflege und Betreuung von Kindern oder Reinigung von Gemeinschaftsflächen. Ebenso sind die Transport- oder Dienstleistungskosten (Helfer) eines **privaten** Umzugs als haushaltsnahe Dienstleistungen steuerlich absetzbar.

Handwerkerleistungen

Handwerkerleistungen sind Reparaturen, die zum Erhalt oder der Renovierung dienen: Streichen von Wänden oder Fassaden, Austausch von alten Böden, Modernisierungsarbeiten, Kontrollmaßnahmen (z. B. bei Fahrstühlen), etc.

5.4 Anlage Sonderausgaben

2024

Anlage Sonderausgaben

Diese Anlage ist bei Zusammenveranlagung von Ehegatten / Lebenspartnern gemeinsam auszufüllen.

1	Name	Mustermann
2	Vorname	Max
3	**Steuernummer**	1234567890

Angaben zu Sonderausgaben
– Ohne Versicherungsaufwendungen und Altersvorsorgebeiträge –

Kirchensteuer 52

			2024 gezahlt EUR		2024 erstattet EUR
4	soweit diese nicht als Zuschlag zur Abgeltungsteuer einbehalten oder gezahlt wurde	103	135,–	104	,–

Zuwendungen (Spenden und Mitgliedsbeiträge)

Spenden und Mitgliedsbeiträge (ohne Spenden in das zu erhaltende Vermögen einer Stiftung)

			laut Bestätigungen EUR		laut Betriebsfinanzamt EUR
5	– zur Förderung steuerbegünstigter Zwecke an Empfänger im Inland	123	50,–	124	,–
6	– zur Förderung steuerbegünstigter Zwecke an Empfänger im EU- / EWR-Ausland	133	,–	134	,–
7	– an politische Parteien (§§ 34g, 10b EStG)	127	50,–	128	,–
8	– an unabhängige Wählervereinigungen (§ 34g EStG)	129	,–	130	,–

Spenden in das zu erhaltende Vermögen (Vermögensstock) einer Stiftung

			Steuerpflichtige Person / Ehemann / Person A EUR		Ehefrau / Person B EUR
9	2024 geleistete Spenden an Empfänger im Inland (laut Bestätigungen / laut Betriebsfinanzamt)	208	,–	209	,–
10	2024 geleistete Spenden an Empfänger im EU- / EWR-Ausland (laut Bestätigungen / laut Betriebsfinanzamt)	224	,–	225	,–
11	Von den Spenden in den Zeilen 9 und 10 sollen 2024 berücksichtigt werden	212	,–	213	,–
12	2024 zu berücksichtigende Spenden aus Vorjahren in das zu erhaltende Vermögen (Vermögensstock) einer Stiftung, die bisher noch nicht berücksichtigt wurden	214	,–	215	,–

Aufwendungen für die eigene Berufsausbildung

Steuerpflichtige Person / Ehemann / Person A

	Bezeichnung der Ausbildung, Art der Aufwendungen		EUR
13		200	,–

Ehefrau / Person B

	Bezeichnung der Ausbildung, Art der Aufwendungen		EUR
14		201	,–

Weitere Aufwendungen

Gezahlte Versorgungsleistungen aus Renten laut Vertrag

Angaben zur 1. empfangsberechtigten Person

	Rechtsgrund, Datum des Vertrags		abziehbar in %		tatsächlich gezahlt EUR
15		102		101	,–
16	Name und Geburtsdatum der empfangsberechtigten Person				
17	136 Identifikationsnummer der empfangsberechtigten Person	Die empfangsberechtigte Person hat ihren Wohnsitz / gewöhnlichen Aufenthalt im Inland	153		1 = Ja 2 = Nein

Angaben zur 2. empfangsberechtigten Person

	Rechtsgrund, Datum des Vertrags		abziehbar in %		tatsächlich gezahlt EUR
18		138		137	,–
19	Name und Geburtsdatum der empfangsberechtigten Person				
20	139 Identifikationsnummer der empfangsberechtigten Person	Die empfangsberechtigte Person hat ihren Wohnsitz / gewöhnlichen Aufenthalt im Inland	154		1 = Ja 2 = Nein

Abb. 5.8: Anlage Sonderausgaben - Seite 1

Steuernummer, Name und Vorname
1234567890, Mustermann, Max

Zeile			
21	Gezahlte Versorgungsleistungen aus Renten laut gesonderter und einheitlicher Feststellung	150 %	151 EUR ,—
	Gezahlte Versorgungsleistungen aus Dauernden Lasten laut Vertrag		
	Angaben zur 1. empfangsberechtigten Person		tatsächlich gezahlt EUR
22	Rechtsgrund, Datum des Vertrags	100	,—
23	Name und Geburtsdatum der empfangsberechtigten Person		
24	Identifikationsnummer der empfangsberechtigten Person 144	Die empfangsberechtigte Person hat ihren Wohnsitz / gewöhnlichen Aufenthalt im Inland	155 1 = Ja 2 = Nein
	Angaben zur 2. empfangsberechtigten Person		tatsächlich gezahlt EUR
25	Rechtsgrund, Datum des Vertrags	145	,—
26	Name und Geburtsdatum der empfangsberechtigten Person		
27	Identifikationsnummer der empfangsberechtigten Person 146	Die empfangsberechtigte Person hat ihren Wohnsitz / gewöhnlichen Aufenthalt im Inland	156 1 = Ja 2 = Nein
28	Gezahlte Versorgungsleistungen aus Dauernden Lasten laut gesonderter und einheitlicher Feststellung	152	,—
	Unterhaltsleistungen laut Anlage U – ohne Kindesunterhalt – an den - geschiedenen Ehegatten, Lebenspartner einer aufgehobenen Lebenspartnerschaft - dauernd getrennt lebenden Ehegatten / Lebenspartner		
	Angaben zur 1. unterstützten Person		tatsächlich gezahlt EUR
29	Name und Geburtsdatum der unterstützten Person	116	,—
30	Identifikationsnummer der unterstützten Person 117	Die unterstützte Person hat ihren Wohnsitz / gewöhnlichen Aufenthalt im Inland	157 1 = Ja 2 = Nein
31	In Zeile 29 enthaltene Beiträge (abzüglich Erstattungen und Zuschüsse) zur Basis-Kranken- und gesetzlichen Pflegeversicherung	118	,—
32	Davon entfallen auf Krankenversicherungsbeiträge mit Anspruch auf Krankengeld	119	,—
	Angaben zur 2. unterstützten Person		tatsächlich gezahlt EUR
33	Name und Geburtsdatum der unterstützten Person	140	,—
34	Identifikationsnummer der unterstützten Person 141	Die unterstützte Person hat ihren Wohnsitz / gewöhnlichen Aufenthalt im Inland	158 1 = Ja 2 = Nein
35	In Zeile 33 enthaltene Beiträge (abzüglich Erstattungen und Zuschüsse) zur Basis-Kranken- und gesetzlichen Pflegeversicherung	142	,—
36	Davon entfallen auf Krankenversicherungsbeiträge mit Anspruch auf Krankengeld	143	,—
	Ausgleichszahlungen im Rahmen des schuldrechtlichen Versorgungsausgleichs		tatsächlich gezahlt EUR
37	Rechtsgrund, Datum der erstmaligen Zahlung	121	,—
38	Name und Geburtsdatum der empfangsberechtigten Person		
39	Identifikationsnummer der empfangsberechtigten Person 132	Die empfangsberechtigte Person hat ihren Wohnsitz / gewöhnlichen Aufenthalt im Inland	159 1 = Ja 2 = Nein
	Ausgleichsleistungen zur Vermeidung des Versorgungsausgleichs laut Anlage U		tatsächlich gezahlt EUR
40	Name und Geburtsdatum der empfangsberechtigten Person	131	,—
41	Identifikationsnummer der empfangsberechtigten Person 135	Die empfangsberechtigte Person hat ihren Wohnsitz / gewöhnlichen Aufenthalt im Inland	160 1 = Ja 2 = Nein

Abb. 5.9: Anlage Sonderausgaben - Seite 2

Sonderausgaben – wie gezahlte Kirchensteuer, Mitgliedsbeiträge, Spenden, Berufsausbildungskosten (Erstausbildung!) – werden in der **Anlage Sonderausgaben** behandelt. Die entsprechenden Zeilen findet ihr in leicht veränderter Reihenfolge auf der zweiten Seite des früheren Mantelbogens. In den ersten drei Zeilen gibt man wie gewohnt Name, Vorname und Steuernummer an. Über die verschiedenen Steuerjahre variieren die Zeilenzuordnungen.

Kirchensteuer (Z. 4)

Die **Kirchensteuer**, sofern gezahlt, tragt ihr in Zeile 4 ein.[241] Die gezahlten Beiträge findet ihr auf dem Ausdruck der elektronischen Lohnsteuerbescheinigung (Nr. 6). Gezahlte Kirchensteuer ist unbegrenzt als Sonderausgabe absetzbar.

Spenden und Mitgliedsbeiträge (Z. 5-12)

Spenden oder Mitgliedsbeiträge, egal ob an NGOs, Tierheime oder politische Gesellschaften, tragt ihr in die Zeilen 5 bis 12 ein. Der Vordruck unterscheidet zwischen vier Arten von Zuwendungen: Zuwendungen für gemeinnützige, mildtätige und kirchliche Zwecke von Vereinen oder Organisationen (Z. 5), Beiträge oder Spenden an Parteien (Z. 7), Zuwendungen an unabhängige Wählervereinigungen (Z. 8) und Spenden in den Vermögensstock einer Stiftung (Z. 9 bis 12). Für Vereine oder Organisationen im Ausland nutzt man Zeile 6. Ebenso könnt ihr Sachspenden mit ihrem **geschätzten Wert**[242] in diese Spalten eintragen und so steuerlich absetzen.

Berufsausbildungskosten (Z. 13-14)

Die **Berufsausbildungskosten** der **Erstausbildung** (inkl. Kosten für Arbeitsmittel, Aufwendungen der doppelten Haushaltsführung, Fahr- und Reisekosten einschließlich der Verpflegungsmehraufwendungen während der Erstausbildung) tragt ihr als Summe in die Zeile 13 ein. Zu empfehlen ist, hierbei wiederum diese Kosten separat aufgelistet darzustellen. Diese absetzbaren Kosten sind auf 6.000 € pro Steuerjahr begrenzt.

Weitere Aufwendungen (Z. 15-41)

Unter weitere Aufwendungen der Sonderausgaben fallen **Renten** (abseits der gesetzlichen Abzüge vom Lohn) (Z. 15-21), dauernde **Lasten** (Z. 22-28), **Unterhaltsleistungen** (an Kinder oder geschiedene Ehegatten) (Z. 29-36) und **Ausgleichszahlungen** (Z. 37-41). Dies sind allesamt Zahlungen, die ihr an andere (z. B. Ex-Partner) leistest. Diese Ausführungen sind für euch als Studierende nicht entscheidend, da sie zumeist eher weniger auf typische Studierende zutreffen. Seit 2020 und 2021 sind die **weiteren Aufwendungen** ausführlicher in den Bögen dargestellt.

---

[241] Seid ihr aus der Kirche ausgetreten, entfällt dies selbstverständlich.

[242] Hierfür gilt es den aktuellen Marktwert anzugeben. Am besten recherchieren, wie ähnliche Artikel bei Ebay gehandelt werden. Hierbei Alter, Zustand und damaliger Kaufpreis berücksichtigen. Zusätzlich solltet ihr euch von der gespendeten Ware eine Zuwendungsbestätigung mit Art und Zustand der Sachspende, Spender und Empfänger ausstellen lassen.

5.5 Anlage Sonstiges

2024

Name
1 Mustermann
Vorname
2 Max
3 **Steuernummer** 1234567890

Anlage Sonstiges

Diese Anlage ist bei Zusammenveranlagung von Ehegatten / Lebenspartnern gemeinsam auszufüllen.

Sonstige Angaben und Anträge

Steuerermäßigung bei Belastung mit Erbschaftsteuer 18

4 Ich beantrage eine Steuerermäßigung nach § 35b EStG, weil in dieser Steuererklärung Einkünfte erklärt worden sind, die als Erwerb von Todes wegen ab 2020 der Erbschaftsteuer unterlegen haben. 185 1 = Ja

– Falls Zeile 4 mit „Ja" beantwortet wurde, füllen Sie bitte die folgenden Zeilen aus. –

EUR

5 Einkünfte, für die eine Steuerermäßigung nach § 35b EStG beantragt wird (ohne Einkünfte, die der Abgeltungsteuer nach § 32d Abs. 1 EStG unterliegen) 187 ,—

6 Insgesamt festgesetzte Erbschaftsteuer 188 ,—

7 Erbschaftsteuerpflichtiger Erwerb zuzüglich der Freibeträge nach den §§ 16, 17 ErbStG und des steuerfreien Betrags nach § 5 ErbStG 189 ,—

8 In Zeile 5 sind Einkünfte enthalten, die bei der Einkommensteuer ermäßigt besteuert werden. 1 = Ja

Steuerbegünstigung für schutzwürdige Kulturgüter

EUR

9 Abzugsbetrag bei Steuerbegünstigung nach § 10g EStG für schutzwürdige Kulturgüter, die weder zur Einkunftserzielung noch zu eigenen Wohnzwecken genutzt werden 151 ,—

Anteile an der Steuerbegünstigung nach § 10g EStG laut gesonderter und einheitlicher Feststellung

Steuerpflichtige Person / Ehemann / Person A

Gemeinschaft / Gesellschaft
10
Finanzamt | Steuernummer
11

EUR

12 Gesondert und einheitlich festgestellter Betrag nach § 10g EStG 198 ,—

Ehefrau / Person B

Gemeinschaft / Gesellschaft
13
Finanzamt | Steuernummer
14

EUR

15 Gesondert und einheitlich festgestellter Betrag nach § 10g EStG 199 ,—

Spendenvortrag

	Steuerpflichtige Person / Ehemann / Person A	Ehefrau / Person B
16 Es wurde ein verbleibender Spendenvortrag nach § 10b EStG zum 31.12.2023 festgestellt.	1 = Ja	1 = Ja

Verlustabzug

	Steuerpflichtige Person / Ehemann / Person A	Ehefrau / Person B
17 Es wurde ein verbleibender Verlustvortrag nach § 10d EStG zum 31.12.2023 festgestellt.	1 — 1 = Ja	1 = Ja

18 Ich beantrage / Wir beantragen von einem Verlustrücktrag nach § 10d EStG in die Jahre 2023 und 2022 abzusehen. 802 1 = Ja

Negative Einkünfte mit Bezug zu Drittstaaten

	Steuerpflichtige Person / Ehemann / Person A	Ehefrau / Person B
19 Es wurden verbleibende negative Einkünfte nach § 2a Abs. 1 Satz 5 EStG zum 31.12.2023 festgestellt.	1 = Ja	1 = Ja

Freibetrag für bestandsgeschützte Alt-Anteile an Investmentfonds

	Steuerpflichtige Person / Ehemann / Person A	Ehefrau / Person B
20 Es wurde ein verbleibender Freibetrag für bestandsgeschützte Alt-Anteile an Investmentfonds nach § 56 Abs. 6 Satz 2 InvStG zum 31.12.2023 festgestellt.	1 = Ja	1 = Ja

Abb. 5.10: Anlage Sonstiges - Seite 1

Auf dieser Anlage ist nur ein Kreuz zu setzen, sofern ihr im Vorjahr einen Verlustvortrag erwirtschaftet habt oder das Vorjahr gerade beim Finanzamt parallel bearbeitet wird. In den ersten drei Zeilen vermerkt ihr, wie bei allen Steuerformularen, Namen und Steuernummer. Das Kreuz oder „1" ist in Zeile 17 (vorherige Steuerjahre Z. 7) bei „Es wurde ein verbleibender Verlustvortrag nach §10d EStG festgestellt" bei „stpfl. Person" zu setzen. Zwischen 2019 und 2021 vermerkt ihr in Z. 8 zudem, ob ihr den Verlust ggf. ins Vorjahr (**Verlustrücktrag**) übertragen wollt und falls ja, wie viel eures Verlustes ihr **vortragen** wollt.[243] Bedenkt, dass ihr hierbei nur so viel Verlust vortragen braucht, um **inklusive Sonderausgaben des Vorjahres** auf den **Steuerfreibetrag** zu kommen (falls Einkünfte im Vorjahr erzielt wurden). Wollt ihr dies nicht (**Verlustvortrag**), so tragt in Zeile 8 („Antrag auf Beschränkung des Verlustrücktrags nach [Jahr]") eine Null ein. Ab dem Steuerjahr 2022 (**Gesetzesänderung für Verlustrücktrag**) ist eine „1" für die Beantragung eines vollständigen Verlustrücktrag in Zeile 18 einzusetzen.

Die anderen Felder der Anlage sind für Studenten nicht von Bedeutung!

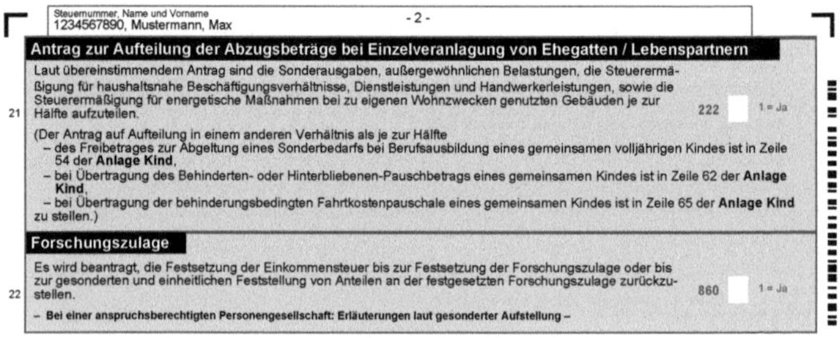

Steuernummer, Name und Vorname
1234567890, Mustermann, Max
- 2 -

Antrag zur Aufteilung der Abzugsbeträge bei Einzelveranlagung von Ehegatten / Lebenspartnern

21 Laut übereinstimmendem Antrag sind die Sonderausgaben, außergewöhnlichen Belastungen, die Steuerermäßigung für haushaltsnahe Beschäftigungsverhältnisse, Dienstleistungen und Handwerkerleistungen, sowie die Steuerermäßigung für energetische Maßnahmen bei zu eigenen Wohnzwecken genutzten Gebäuden je zur Hälfte aufzuteilen. 222 1 = Ja

(Der Antrag auf Aufteilung in einem anderen Verhältnis als je zur Hälfte
– des Freibetrages zur Abgeltung eines Sonderbedarfs bei Berufsausbildung eines gemeinsamen volljährigen Kindes ist in Zeile 54 der **Anlage Kind**,
– bei Übertragung des Behinderten- oder Hinterbliebenen-Pauschbetrags eines gemeinsamen Kindes ist in Zeile 62 der **Anlage Kind**,
– bei Übertragung der behinderungsbedingten Fahrtkostenpauschale eines gemeinsamen Kindes ist in Zeile 65 der **Anlage Kind** zu stellen.)

Forschungszulage

22 Es wird beantragt, die Festsetzung der Einkommensteuer bis zur Festsetzung der Forschungszulage oder bis zur gesonderten und einheitlichen Feststellung von Anteilen an der festgesetzten Forschungszulage zurückzustellen. 860 1 = Ja

– Bei einer anspruchsberechtigten Personengesellschaft: Erläuterungen laut gesonderter Aufstellung –

Abb. 5.11: Anlage Sonstiges - Seite 2

[243] 2022: Zeile 7; 2023: Zeile 17.

5.6 Anlage Vorsorgeaufwand

2024

Name
1 Mustermann
Vorname
2 Max
3 **Steuernummer** 1234567890

Anlage Vorsorgeaufwand

Diese Anlage ist bei Zusammenveranlagung von Ehegatten / Lebenspartnern gemeinsam auszufüllen.

Daten für die mit (e) gekennzeichneten Zeilen liegen im Regelfall vor und müssen nicht eingetragen werden. – Bitte Anleitung beachten. –

Angaben zu Vorsorgeaufwendungen

52

Beiträge zur Altersvorsorge

Zeile		Kz	Steuerpflichtige Person / Ehemann / Person A EUR	Kz	Ehefrau / Person B EUR	
4	Arbeitnehmeranteil laut Nr. 23 a / b der Lohnsteuerbescheinigung	300	682,–	400	,–	(e)
5	Beiträge zur landwirtschaftlichen Alterskasse; zu berufsständischen Versorgungseinrichtungen, die den gesetzlichen Rentenversicherungen vergleichbare Leistungen erbringen (abzüglich steuerfreier Zuschüsse laut Nr. 22 b der Lohnsteuerbescheinigung) **– ohne Beiträge, die in Zeile 4 geltend gemacht werden –**	301	,–	401	,–	
6	Beiträge zu gesetzlichen Rentenversicherungen **– ohne Beiträge, die in Zeile 4 geltend gemacht werden –**	302	,–	402	,–	
7	Erstattete Beiträge und / oder steuerfreie Zuschüsse zu den Zeilen 4 bis 6 (ohne Zuschüsse, die von den Beiträgen laut Zeile 8 abzuziehen sind und ohne Zuschüsse laut den Zeilen 9 und 10)	309	,–	409	,–	(e)
8	Beiträge zu zertifizierten Basisrentenverträgen (sog. Rürup-Verträge) mit Laufzeitbeginn nach dem 31.12.2004 (abzüglich steuerfreier Zuschüsse) **– ohne Altersvorsorgebeiträge, die in der Anlage AV geltend gemacht werden –**	303	,–	403	,–	(e)
9	Arbeitgeberanteil / -zuschuss laut Nr. 22 a / b der Lohnsteuerbescheinigung	304	682,–	404	,–	(e)
10	Arbeitgeberanteil zu gesetzlichen Rentenversicherungen im Rahmen einer pauschal besteuerten geringfügigen Beschäftigung	306	,–	406	,–	

Beiträge zur inländischen gesetzlichen Kranken- und Pflegeversicherung

Zeile		Kz	EUR	Kz	EUR	
11	Arbeitnehmerbeiträge zu Krankenversicherungen laut Nr. 25 der Lohnsteuerbescheinigung	320	579,–	420	,–	(e)
12	In Zeile 11 enthaltene Beiträge, aus denen sich kein Anspruch auf Krankengeld ergibt	322	,–	422	,–	
13	Arbeitnehmerbeiträge zu sozialen Pflegeversicherungen laut Nr. 26 der Lohnsteuerbescheinigung	323	169,–	423	,–	(e)
	Zu den Zeilen 11 bis 13:					
14	Von der Kranken- und / oder sozialen Pflegeversicherung erstattete Beiträge	324	,–	424	,–	(e)
15	In Zeile 14 enthaltene Beiträge zur Krankenversicherung, aus denen sich kein Anspruch auf Krankengeld ergibt, und zur sozialen Pflegeversicherung	325	,–	425	,–	(e)
16	Beiträge zu Krankenversicherungen **– ohne Beiträge, die in Zeile 11 geltend gemacht werden –** (z. B. bei Rentnern, bei freiwillig gesetzlich versicherten Selbstzahlern)	326	,–	426	,–	(e)
17	In Zeile 16 enthaltene Beiträge zur Krankenversicherung, aus denen sich ein Anspruch auf Krankengeld ergibt	328	,–	428	,–	
18	Beiträge zu sozialen Pflegeversicherungen **– ohne Beiträge, die in Zeile 13 geltend gemacht werden –** (z. B. bei Rentnern, bei freiwillig gesetzlich versicherten Selbstzahlern)	329	,–	429	,–	(e)
	Zu den Zeilen 16 bis 18:					
19	Von der Kranken- und / oder sozialen Pflegeversicherung erstattete Beiträge	330	,–	430	,–	(e)
20	In Zeile 19 enthaltene Beiträge zur Krankenversicherung, aus denen sich ein Anspruch auf Krankengeld ergibt	331	,–	431	,–	
21	Zuschuss zu den Beiträgen laut den Zeilen 16 und / oder 18 **– ohne Beträge laut den Zeilen 34 und 36 –** (z. B. von der Deutschen Rentenversicherung)	332	,–	432	,–	(e)
22	Über die Basisabsicherung hinausgehende Beiträge zu Krankenversicherungen (z. B. für Wahlleistungen, Zusatzversicherungen) abzüglich erstatteter Beiträge	338	,–	438	,–	

Abb. 5.12: Anlage Vorsorgeaufwand - Seite 1

Die **Anlage Vorsorgeaufwendungen** benötigt ihr, um eure Krankenkassen- (KV), Pflege- (PV), Rechts-, Arbeitslosen-, Haftpflichtversicherung und Rentenvorsorge steuerlich als Sonderausgaben geltend zu machen. Die **Vorsorgeaufwendungen** beinhalten die Kosten, welche euch direkt vom Lohn abgezogen werden, wie auch die, die ihr freiwillig und selbständig leistet. Die steuerlich abzugsfähigen Vorsorgeaufwendungen werden in **Altersvorsorgeaufwendungen** (Z. 4 bis 11) und **sonstige Vorsorgeaufwendungen** (ab Z. 11) unterteilt. Die sonstigen Vorsorgeaufwendungen werden nochmals in Basis-Kranken- und Pflegeversicherungsbeiträge und andere Versicherungsbeiträge gegliedert. Diese Anlage existiert schon seit mehreren Steuerjahren und ist demnach immer, sofern ihr Kosten hierfür abzusetzen habt, einzureichen. In die ersten drei Zeilen tragt ihr Name, Vorname und Steuernummer ein.

Die Anlage Vorsorgeaufwand ist vor 2023 auf weniger Seiten konzentriert, daher weichen Zeilen von der folgenden Erklärung ab.

Altersvorsorge (Z. 4-10)

Die **Altersvorsorgeaufwendungen** setzt sich aus gesetzlicher Rentenversicherung, freiwillig geleisteter Rentenversicherung und Rürup-Rente zusammen.

In die linken Zeilen (rechte Zeilen benutzt der Ehepartner) 4 bis 10 tragt ihr eure **geleisteten Beiträge zur Altersvorsorge**[244] (Z. 4 für Arbeitnehmeranteil zur Rentenversicherung und Z. 9 für den Arbeitgeberanteil der **gesetzlichen Leistungen als Übertrag der Lohnsteuerbescheinigung** Nr. 22 a/b und Nr. 23 a/b, **freiwillige geleistete Vorsorgebeiträge** – z. B. als Mini-Jobber – kommen in Z. 6) ein.

Wurden **Beiträge** seitens der Krankenkasse **erstattet**, z. B. durch Bonusprogramm, sind diese in Zeile 7 einzutragen. Einzahlungen in **private Rentenversicherungen** (Rürup, z. B. Z. 8) werden in die übrigen Zeilen übertragen.[245] In Zeile 10 gehören die Rentenversicherungsbeiträge (Arbeitgeberanteil) eines pauschal besteuerten Mini-Jobs (nur, falls freiwillig geleistete Beiträge in Z. 6 vermerkt wurden).

Hierbei sind bei Einzelveranlagung[246] maximal 25.787 € zugelassen. Die Beiträge der Altersvorsorgeaufwendungen werden nur zu 88 % (2019,

---

[244] § 10 Abs. 1 Nr. 2 EStG.

[245] Wie bereits bei der Anlage N könnt ihr auch bei dieser Anlage pro Arbeitgeber eine separate Anlage benutzen.

[246] Als ledige Person.

+2 % jedes spätere Jahr: 2020 entspricht dann 90 %, ab 2023: 100 %) und abzüglich des Arbeitgeberanteils zur Rentenversicherung als Sonderausgaben angerechnet.[247]

Gesetzliche KV und PV (Z. 11-22)

Seid ihr **gesetzlich krankenversichert**, so tragt ihr in die Zeilen 11 bis 22 eure Krankenkassenbeiträge ein. Die **Basisbeiträge der Krankenkassen** werden vollständig als Sonderausgaben angerechnet. Pauschal jedoch um 4 % für Krankengeld gekürzt[248]. Bei einer Familienkrankenversicherung lasst ihr diese Zeilen frei, da die Kosten von euren Eltern getragen werden. Hattet ihr einen Job während des Studiums, so entnehmt ihr die Kosten der Krankenversicherung dem Ausdruck der elektronischen Lohnsteuerbescheinigung (KV: Z. 11 aus Nr. 25, PV: Z. 13/Nr. 26 und Z. 14). Ergeben sich aus den Beiträgen Anteile, die keinen Anspruch auf Krankengeld begründen (z. B. pflichtversicherte Praktikanten / Studierende), dann muss der Krankenversicherungsbeitrag zusätzlich in Zeile 12 vermerkt werden.

Freiwillig Versicherte (z. B. Studierende, die nicht mehr familienkrankenversichert sind) tragen die gezahlten Beiträge in Zeile 16 und 18 und übernehmen die tatsächlich bezahlten Kosten inklusive Pflegebeiträge den Krankenkassenabrechnungen (KV: Z. 16, PV: Z. 18) aus der Abrechnung der Krankenkasse (s. Abb. 5.13). Wurden hierbei wiederum Beiträge erstattet, so sind diese Erstattungen in Zeile 19 einzutragen.

In Zeile 22 können Beiträge für **Wahlleistungen** (wie z. B. Auslandsreiseversicherung) angeführt werden. Werden seitens der Kranken- und Pflegekasse Rückerstattung geleistet (z. B. Erstattungen durch Bonusprogramm), so werden diese in Zeile 14 und 15 vermerkt.

Geben Sie eine Steuererklärung ab? Dann tragen Sie die Beträge bitte so in die "Anlage Vorsorgeaufwand" Ihrer Steuererklärung ein:

Zeile 16:	gezahlte Beiträge zur Krankenversicherung	68,91 EUR
Zeile 18:	gezahlte Beiträge zur Pflegeversicherung	15,47 EUR

Abb. 5.13: Auszug aus Abrechnung mit gesetzlicher Krankenkasse

Private KV und PV (Z. 23-27)

Seid ihr **privat versichert**, so tragt ihr in die Zeilen 23 bis 27 eure **privaten Krankenkassenbeiträge** des entsprechenden Jahres ein. Die Beiträge der privaten Kassen sind im gleichen Umfang abzugsfähig wie die zur gesetzlichen Kranken- und Pflegeversicherung. Das heißt, dass

[247]Vgl. Kapitel 4, ab Seite 121.
[248]§ 10 Abs. 1 Nr. 3a S. 4 EStG.

man die Beiträge zur Basiskrankenversicherung in voller Höhe absetzen kann, Wahlleistungen oder Ansprüche auf Krankengeld hingegen – genau wie bei der gesetzlichen Versicherung – mit Einschränkungen (s. dazu Kapitel 5.4).

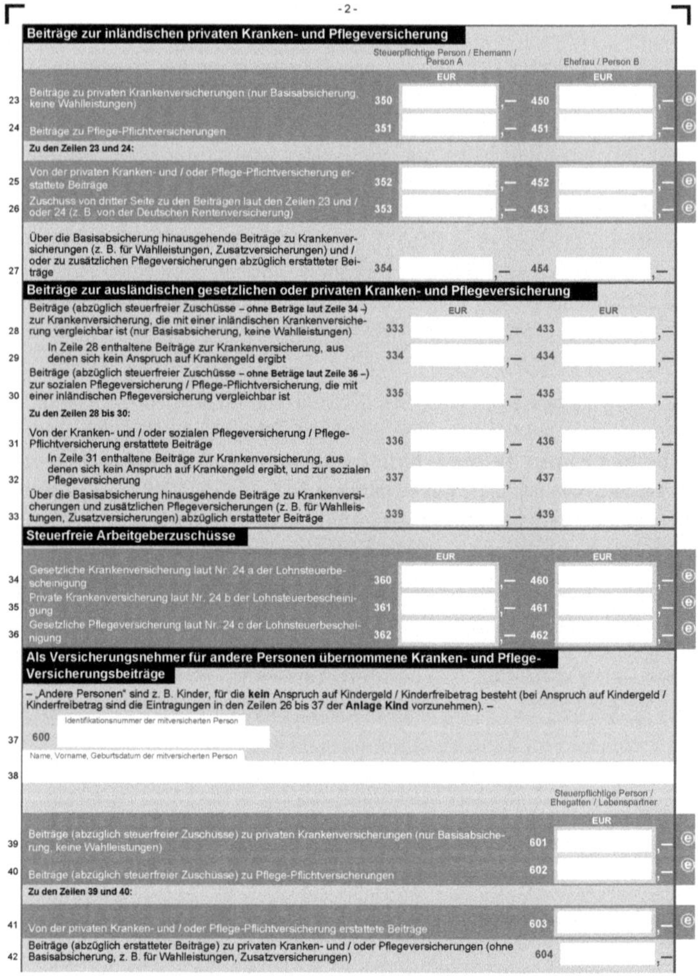

- 2 -

Beiträge zur inländischen privaten Kranken- und Pflegeversicherung

Zeile			Steuerpflichtige Person / Ehemann / Person A (EUR)		Ehefrau / Person B (EUR)
23	Beiträge zu privaten Krankenversicherungen (nur Basisabsicherung, keine Wahlleistungen)	350	,—	450	,—
24	Beiträge zu Pflege-Pflichtversicherungen	351	,—	451	,—
	Zu den Zeilen 23 und 24:				
25	Von der privaten Kranken- und / oder Pflege-Pflichtversicherung erstattete Beiträge	352	,—	452	,—
26	Zuschuss von dritter Seite zu den Beiträgen laut den Zeilen 23 und / oder 24 (z. B. von der Deutschen Rentenversicherung)	353	,—	453	,—
27	Über die Basisabsicherung hinausgehende Beiträge zu Krankenversicherungen (z. B. für Wahlleistungen, Zusatzversicherungen) und / oder zu zusätzlichen Pflegeversicherungen abzüglich erstatteter Beiträge	354	,—	454	,—

Beiträge zur ausländischen gesetzlichen oder privaten Kranken- und Pflegeversicherung

Zeile			EUR		EUR
28	Beiträge (abzüglich steuerfreier Zuschüsse – **ohne Beträge laut Zeile 34** –) zur Krankenversicherung, die mit einer inländischen Krankenversicherung vergleichbar ist (nur Basisabsicherung, keine Wahlleistungen)	333	,—	433	,—
29	In Zeile 28 enthaltene Beiträge zur Krankenversicherung, aus denen sich kein Anspruch auf Krankengeld ergibt	334	,—	434	,—
30	Beiträge (abzüglich steuerfreier Zuschüsse – **ohne Beträge laut Zeile 36** –) zur sozialen Pflegeversicherung / Pflege-Pflichtversicherung, die mit einer inländischen Pflegeversicherung vergleichbar ist	335	,—	435	,—
	Zu den Zeilen 28 bis 30:				
31	Von der Kranken- und / oder sozialen Pflegeversicherung / Pflege-Pflichtversicherung erstattete Beiträge	336	,—	436	,—
32	In Zeile 31 enthaltene Beiträge zur Krankenversicherung, aus denen sich kein Anspruch auf Krankengeld ergibt, und zur sozialen Pflegeversicherung	337	,—	437	,—
33	Über die Basisabsicherung hinausgehende Beiträge zu Krankenversicherungen und zusätzlichen Pflegeversicherungen (z. B. für Wahlleistungen, Zusatzversicherungen) abzüglich erstatteter Beiträge	339	,—	439	,—

Steuerfreie Arbeitgeberzuschüsse

Zeile			EUR		EUR
34	Gesetzliche Krankenversicherung laut Nr. 24 a der Lohnsteuerbescheinigung	360	,—	460	,—
35	Private Krankenversicherung laut Nr. 24 b der Lohnsteuerbescheinigung	361	,—	461	,—
36	Gesetzliche Pflegeversicherung laut Nr. 24 c der Lohnsteuerbescheinigung	362	,—	462	,—

Als Versicherungsnehmer für andere Personen übernommene Kranken- und Pflege-Versicherungsbeiträge

– „Andere Personen" sind z. B. Kinder, für die **kein** Anspruch auf Kindergeld / Kinderfreibetrag besteht (bei Anspruch auf Kindergeld / Kinderfreibetrag sind die Eintragungen in den Zeilen 26 bis 37 der **Anlage Kind** vorzunehmen). –

37 600 Identifikationsnummer der mitversicherten Person

38 Name, Vorname, Geburtsdatum der mitversicherten Person

Zeile			Steuerpflichtige Person / Ehegatten / Lebenspartner (EUR)
39	Beiträge (abzüglich steuerfreier Zuschüsse) zu privaten Krankenversicherungen (nur Basisabsicherung, keine Wahlleistungen)	601	,—
40	Beiträge (abzüglich steuerfreier Zuschüsse) zu Pflege-Pflichtversicherungen	602	,—
	Zu den Zeilen 39 und 40:		
41	Von der privaten Kranken- und / oder Pflege-Pflichtversicherung erstattete Beiträge	603	,—
42	Beiträge (abzüglich erstatteter Beiträge) zu privaten Kranken- und / oder Pflegeversicherungen (ohne Basisabsicherung, z. B. für Wahlleistungen, Zusatzversicherungen)	604	,—

Abb. 5.14: Anlage Vorsorgeaufwand - Seite 2

Wie hoch die jeweiligen Beitragsteile ausfallen, kann man in der Bescheinigung der privaten Krankenversicherungsgesellschaft entnehmen (Z. 23 Beiträge der Basiskrankenversicherung, Z. 24 Beiträge der Pflegeversicherung, Z. 25 erstattet Beiträge, Z. 26 Zuschüsse der gezahlten Beiträge durch beispielsweise der Deutschen Rentenversicherung, Z. 27 und 28 gezahlte Zusatzleistungen der privaten Basis- und Pflegeversicherung). Diese Beiträge werden auf der Abrechnung der Krankenversicherung separat aufgelistet.

Ausländische Kranken- und Pflegeversicherung (Z. 28-33)

Krankenkassenbeiträge und Pflegebeiträge, wie auch Rentenabzüge, die von Löhnen aus dem Ausland abgezogen wurden (bei Auslandsaufenthalt durch das Studium oder Praktikum) vermerkt ihr in den Zeilen 28 bis 33. Auch die zusätzlich zur Inlandskrankenversicherung bezahlte Auslandskrankenversicherung tragt ihr hier ein. Die ausländische Versicherung kann sowohl gesetzlich als auch privat sein und muss im Wesentlichen mit einer inländischen Versicherung vergleichbar sein. Eine Reisekrankenversicherung oder eine im Inland abgeschlossene Auslandskrankenversicherung kann hier somit nicht abgesetzt werden.

Steuerfreie Krankenkassenzuschüsse (Z. 34-36)

Sofern der Arbeitgeber euch Zuschüsse gewährt hat, ist dies auf dem Ausdruck der elektronischen Lohnsteuerbescheinigung (Z. 34/Nr. 24 a für gesetzliche KV, Z. 35/Nr. 24 b für private KV oder Z. 36/Nr. 24 c für gesetzliche PV) vermerkt und ihr müsst dies in die vorliegenden Zeilen 34 bis 36 übertragen.

Für andere übernommene KV und PV (Z. 37-42)

Sofern der für andere Kranken- oder Pflegeversicherungskosten (z. B. Kinder ohne Kindergeldanspruch) leistet, so tragt ihr diese hier ein.

Weitere sonstige Vorsorgeaufwendungen (Z. 43-48)

Alle weiteren Vorsorgeaufwendungen, die geltend gemacht werden dürfen, kommen in die Zeilen 43 bis 48. So werden bezahlte Arbeitslosenversicherungen in Zeile 44 (aus Nr. 27), Berufsunfähigkeitsversicherungen in Zeile 45 und Unfall- bzw. Haftpflichtversicherungen (wie z. B. KFZ-Haftpflichtversicherung, Tierhaftpflichtversicherung, Risikolebensversicherung oder private Haftpflichtversicherung) in Zeile 46, Rentenversicherungen in Zeile 47/48 übertragen. Die weiteren sonstigen Vorsorgeaufwendungen (Beitrage zu Arbeitslosen-, Erwerbs- und Berufsunfähigkeitsversicherungen, zu Unfall- und Haftpflichtversicherungen sowie zu Renten- und Lebensversicherungen) könnt ihr im Rahmen der Höchstbeträge i.H.v. 1.900 € (sofern man einen steuerfreien Zuschuss durch den Arbeitgeber – s. Ausdruck elektronische Lohnsteuerbescheinigung – erhält, ansonsten erhalten Studierende, die ihre Krankenkassenbeiträge durch eine gesetzliche studentische oder private Krankenversicherung selbst aufbringen müssen, eine Höchstgrenze i.H.v. 2.800 €) geltend machen, soweit der Höchstbetrag nicht bereits durch Beiträge zu Basis-Kranken- und gesetzlichen Pflegeversicherungen ausgeschöpft wurde. Andere Versicherungen können infolgedessen nur berücksichtigt werden, sofern die Höchstgrenzen nicht bereits durch die Basisversicherungen erreicht wurden (s. Kapitel 4.2, S. 121). Beiträge zu Kasko-, Hausrat- und Rechtsschutz sind steuerlich nicht absetzbar.

Ergänzende Angaben zu den Vorsorgeaufwendungen (Z. 49-55)

Seid ihr als Praktikant und Student nicht rentenversicherungspflichtig, so tragt ihr in Zeile 52 eure Berufsart „Student" ein und hinterlegt eine „1" für Ja.

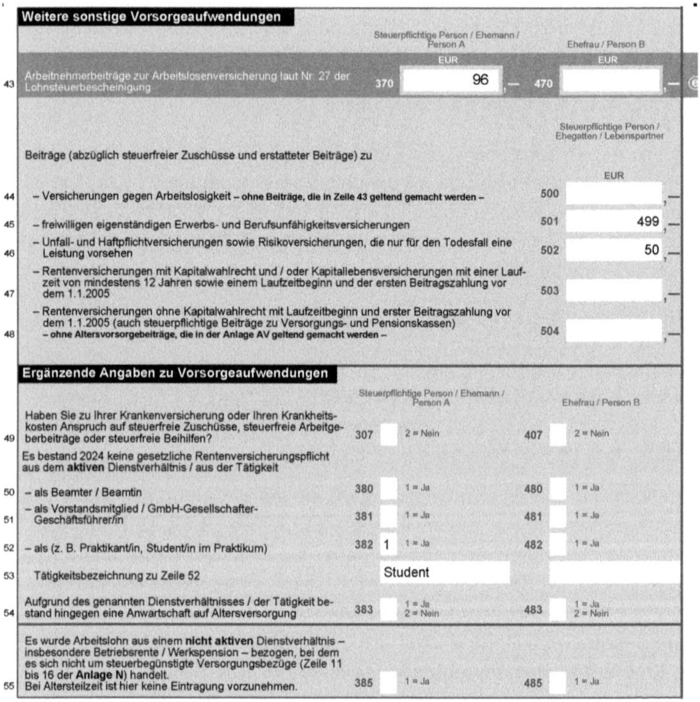

Weitere sonstige Vorsorgeaufwendungen

		Steuerpflichtige Person / Ehemann / Person A (EUR)		Ehefrau / Person B (EUR)
43	Arbeitnehmerbeiträge zur Arbeitslosenversicherung laut Nr. 27 der Lohnsteuerbescheinigung	370	96,–	470 ,–

Beiträge (abzüglich steuerfreier Zuschüsse und erstatteter Beiträge) zu

			Steuerpflichtige Person / Ehegatten / Lebenspartner (EUR)
44	– Versicherungen gegen Arbeitslosigkeit – **ohne Beiträge, die in Zeile 43 geltend gemacht werden** –	500	,–
45	– freiwilligen eigenständigen Erwerbs- und Berufsunfähigkeitsversicherungen	501	499,–
46	– Unfall- und Haftpflichtversicherungen sowie Risikoversicherungen, die nur für den Todesfall eine Leistung vorsehen	502	50,–
47	– Rentenversicherungen mit Kapitalwahlrecht und / oder Kapitallebensversicherungen mit einer Laufzeit von mindestens 12 Jahren sowie einem Laufzeitbeginn und der ersten Beitragszahlung vor dem 1.1.2005	503	,–
48	– Rentenversicherungen ohne Kapitalwahlrecht mit Laufzeitbeginn und erster Beitragszahlung vor dem 1.1.2005 (auch steuerpflichtige Beiträge zu Versorgungs- und Pensionskassen) **– ohne Altersvorsorgebeiträge, die in der Anlage AV geltend gemacht werden –**	504	,–

Ergänzende Angaben zu Vorsorgeaufwendungen

		Steuerpflichtige Person / Ehemann / Person A			Ehefrau / Person B		
49	Haben Sie zu Ihrer Krankenversicherung oder Ihren Krankheitskosten Anspruch auf steuerfreie Zuschüsse, steuerfreie Arbeitgeberbeiträge oder steuerfreie Beihilfen?	307		2 = Nein	407		2 = Nein
	Es bestand 2024 keine gesetzliche Rentenversicherungspflicht aus dem **aktiven** Dienstverhältnis / aus der Tätigkeit						
50	– als Beamter / Beamtin	380		1 = Ja	480		1 = Ja
51	– als Vorstandsmitglied / GmbH-Gesellschafter-Geschäftsführer/in	381		1 = Ja	481		1 = Ja
52	– als (z. B. Praktikant/in, Student/in im Praktikum)	382	1	1 = Ja	482		1 = Ja
53	Tätigkeitsbezeichnung zu Zeile 52		Student				
54	Aufgrund des genannten Dienstverhältnisses / der Tätigkeit bestand hingegen eine Anwartschaft auf Altersversorgung	383		1 = Ja 2 = Nein	483		1 = Ja 2 = Nein
55	Es wurde Arbeitslohn aus einem **nicht aktiven** Dienstverhältnis – insbesondere Betriebsrente / Werkspension – bezogen, bei dem es sich nicht um steuerbegünstigte Versorgungsbezüge (Zeile 11 bis 16 der **Anlage N**) handelt. Bei Altersteilzeit ist hier keine Eintragung vorzunehmen.	385		1 = Ja	485		1 = Ja

Abb. 5.15: Anlage Vorsorgeaufwand - Seite 3

5.7 Anlage N – Nichtselbständige Arbeit

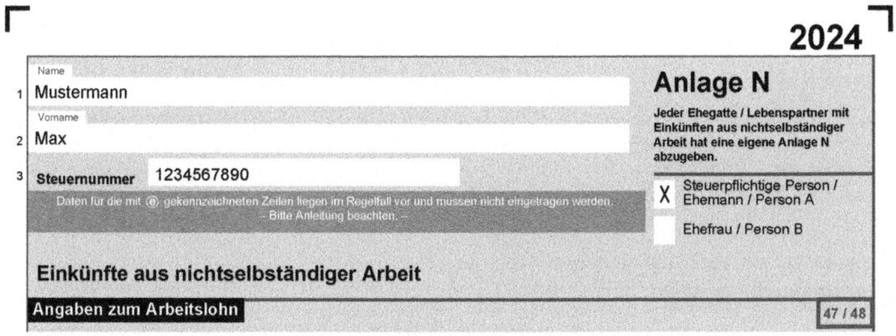

2024

Name
1 Mustermann
Vorname
2 Max
3 Steuernummer 1234567890

Daten für die mit @ gekennzeichneten Zeilen liegen im Regelfall vor und müssen nicht eingetragen werden.
– Bitte Anleitung beachten. –

Anlage N

Jeder Ehegatte / Lebenspartner mit Einkünften aus nichtselbständiger Arbeit hat eine eigene Anlage N abzugeben.

X Steuerpflichtige Person / Ehemann / Person A

Ehefrau / Person B

Einkünfte aus nichtselbständiger Arbeit

Angaben zum Arbeitslohn

47 / 48

Abb. 5.16: Anlage N

Neben dem Mantelbogen und den abgesonderten Anlagen benötigt ihr zudem die **Anlage N**. N steht hierbei für **Nichtselbständige Arbeit**. Also Arbeit, die in einem Dienstverhältnis (nichtselbständig) durchgeführt wird. Dies deutet darauf hin, dass es eine Person oder Organisation (Unternehmen) gibt, die euch eure Arbeit zuteilt und mit der ihr euch in einem Angestellten-Verhältnis befindet. Hierunter fallen Werkstudierendentätigkeiten, Praktika, Voll- oder Teilzeitberufe.

Die Anlage N müsst ihr auch ausfüllen, wenn ihr keine nichtselbständigen Einnahmen in dem entsprechenden Steuerjahr zu verzeichnen habt, da ihr eure Werbungskosten in dieser Anlage dem Finanzamt angebt.

Seid ihr verheiratet, so muss jeder der Ehepartner die Anlage N separat für sich ausfüllen. Bei mehreren Arbeitsverhältnissen können die Gehälter in mehrere Anlagen überführt oder in einer Anlage addiert werden.

Ab dem **Steuerjahr 2020** wurden die Seiten der Anlage N geringfügig umgestellt und insbesondere die Reisekosten detaillierter aufgegliedert; seit **2023** komplett umgestellte Anlage N – insbesondere separate **Anlage N Doppelte Haushaltsführung!**

Anlage N Seite 1 – Lohn

2024

1	Name: Mustermann	**Anlage N** Jeder Ehegatte / Lebenspartner mit Einkünften aus nichtselbständiger Arbeit hat eine eigene Anlage N abzugeben.
2	Vorname: Max	
3	**Steuernummer** 1234567890	X Steuerpflichtige Person / Ehemann / Person A
	Daten für die mit ⓔ gekennzeichneten Zeilen liegen im Regelfall vor und müssen nicht eingetragen werden. – Bitte Anleitung beachten. –	Ehefrau / Person B

Einkünfte aus nichtselbständiger Arbeit

Angaben zum Arbeitslohn 47 / 48

			Summe Lohnsteuerbescheinigung(en) Steuerklasse 1 - 5		Summe Lohnsteuerbescheinigung(en) Steuerklasse 6 oder einer Urlaubskasse	
4	Steuerklasse	168	1			ⓔ
			EUR Ct		EUR Ct	
5	Bruttoarbeitslohn	110	7.328 ,–	111	,–	ⓔ
6	Lohnsteuer	140	1.682,00	141		ⓔ
7	Solidaritätszuschlag	150	92,28	151		ⓔ
8	Kirchensteuer des Arbeitnehmers	142	134,38	143		ⓔ
9	Nur bei Konfessionsverschiedenheit: Kirchensteuer für den Ehegatten / Lebenspartner	144		145		ⓔ
10	In Zeile 5 wurde ein von der Lohnsteuerbescheinigung abweichender Bruttoarbeitslohn wegen einer Korrektur der Firmenwagenbesteuerung erklärt	197	1 = Ja			

			1. Versorgungsbezug		2. Versorgungsbezug	
			EUR		EUR	
11	**Steuerbegünstigte Versorgungsbezüge** (im Bruttoarbeitslohn laut Zeile 5 enthalten)	200	,–	210	,–	ⓔ
12	Bemessungsgrundlage für den Versorgungsfreibetrag laut Nr. 29 der Lohnsteuerbescheinigung	201	,–	211	,–	ⓔ
13	Maßgebendes Kalenderjahr des Versorgungsbeginns laut Nr. 30 der Lohnsteuerbescheinigung	206		216		ⓔ
14	Bei unterjähriger Zahlung: Erster und letzter Monat, für den Versorgungsbezüge gezahlt wurden, laut Nr. 31 der Lohnsteuerbescheinigung	202	Monat 203 Monat	212	Monat 213 Monat	ⓔ
15	Sterbegeld, Kapitalauszahlungen / Abfindungen und Nachzahlungen von Versorgungsbezügen laut Nr. 32 der Lohnsteuerbescheinigung (in den Zeilen 5 und 11 enthalten)	204	EUR ,–	214	EUR ,–	ⓔ
16	Ermäßigt zu besteuernde Versorgungsbezüge für mehrere Jahre laut Nr. 9 der Lohnsteuerbescheinigung	205	EUR ,–	215	EUR ,–	ⓔ
17	**Ermäßigt besteuerte Entschädigungen / Arbeitslohn für mehrere Jahre** laut Nr. 10 der Lohnsteuerbescheinigung			166	,–	ⓔ
18	**Entschädigungen / Arbeitslohn für mehrere Jahre** – ggf. laut Nr. 19 der Lohnsteuerbescheinigung – vom Arbeitgeber nicht ermäßigt besteuert			165	,–	ⓔ

Steuerabzugsbeträge zu ermäßigt zu besteuernden Bezügen / Entschädigungen / Arbeitslohn für mehrere Jahre laut den Zeilen 16 und 17

			EUR Ct			EUR Ct	
19	Lohnsteuer	146		Solidaritätszuschlag	152		ⓔ
20	Kirchensteuer Arbeitnehmer	148		Kirchensteuer Ehegatte / Lebenspartner	149		ⓔ

21	Steuerpflichtiger Arbeitslohn, von dem kein Steuerabzug vorgenommen worden ist (soweit nicht in der Lohnsteuerbescheinigung enthalten)	115	EUR ,–	
	Steuerfreie Aufwandsentschädigungen / Einnahmen			
22	aus der Tätigkeit als	118	EUR ,–	
23	**Kurzarbeitergeld einschließlich Zuschuss des Arbeitgebers, Zuschuss zum Mutterschaftsgeld, Verdienstausfallentschädigung (Infektionsschutzgesetz), Aufstockungsbeträge nach dem Altersteilzeitgesetz, Altersteilzeitzuschläge nach Besoldungsgesetzen (laut Nr. 15 der Lohnsteuerbescheinigung)**	119	EUR ,–	ⓔ

Abb. 5.17: Anlage N - Seite 1

Die erste Seite der Anlage dient dazu **Einnahmen** (Lohn / Gehalt) anzugeben. In die ersten Zeilen tragt ihr, wie bei allen Anlagen, euren Namen, die Steuernummer und Steuerklasse ein (Zeile 1 bis 4), damit die Anlage dem Mantelbogen und dem Ausdruck der elektronischen Lohnsteuerbescheinigung zugeordnet werden kann. Zusätzlich setzt ihr das Kreuz bei *„stpfl. Person"*.

Arbeitslohn (Z. 5-10)

Euren **Bruttoarbeitslohn** (Z. 5), die **Lohn-** (Z. 6) und **Kirchensteuer** (Z. 8) und den **Solidaritätszuschlag** (Z. 7) übertragt ihr vom **Ausdruck der elektronischen Lohnsteuerbescheinigung** (Nr. 3 bis 5). Diesen Bescheid erhaltet ihr am Ende des Jahres oder bekommt diesen nach vorzeitigem Austritt von eurem Arbeitgeber ausgestellt.[249] In diesem sind die Zeilen so benannt wie auf dem Steuerformular und gehören ebenso übertragen. Bei Lohnsteuerklasse 1 bis 5 nutzt ihr die linke Spalte, bei Arbeitslohn der Lohnsteuerklasse 6 die rechte Spalte. In Zeile 4 tragt ihr die entsprechende Lohnsteuerklasse ein. Übt ihr mehrere Jobs aus, könnt ihr die Werte der Lohnsteuerbescheinigungen addieren oder jeweils separate Anlagen ausfüllen. Alle Daten, die für die Zeilen 1 bis 20 von Bedeutung sind, stehen auf der elektronischen Lohnsteuerbescheinigung.

Pensionsbezug (Z. 11-15)

Steuerbegünstigte **Vorsorgebezüge** (Nr. 11 ff.) seitens des Arbeitgebers (wie Pensionsleistungen) werden in die Zeilen 11 bis 15 eingetragen. So werden folgend steuerbegünstigte Vorsorgebezüge (Z. 11) und Freibeträge für Vorsorgefreibeträge (Z. 12/Nr. 29) eingetragen und in Zeile 15 der Wert aus Nr. 32 der Lohnsteuerjahresbescheinigung für Sterbegeld, Kapitalauszahlung, Abfindungen oder Nachzahlungen übernommen. Meist sind diese Angaben für euch als Student **nicht** von Bedeutung.

Einmalzahlung und Abfindungen (Z. 16-20)

In die Zeilen 16 bis 21 notiert ihr **Einmalzahlungen**. Dies ist z. B. bei einem Abfindungsvertrag der Fall und kann auf Personen zutreffen, die beruflich freigestellt werden und vom Arbeitgeber infolgedessen eine Ausgleichszahlung erhalten (Nr. 9 und 10 der Lohnsteuerbescheinigung). Ist dieser Wert für mehrere Jahre ausgezahlt worden, so wird dieser in Zeile 16 eingetragen. Wird die gezahlte Abfindung nicht ermäßigt besteuert, so wird die gezahlte Abfindung (Nr. 19 der Lohnsteuerbescheinigung) in Zeile 18 vermerkt. Die auf diese Zahlungen abgeführten Steuern werden in Zeile 19 (Lohnsteuer, Solidaritätszuschlag) und Zeile 20 (Kirchensteuer) eingesetzt.

---

[249] Falls dies bei eurem Arbeitgeber nicht automatisch geschieht, müsst ihr diesen vom Arbeitgeber anfordern.

> Wenn euer Arbeitgeber euch im Werkstudierendenjob oder Praktikum pauschal besteuert hat[250], müsst ihr das Gehalt aus der elektronische Lohnsteuerbescheinigung nicht mehr angeben. Euer Arbeitgeber hat dann bereits eure Steuer beim Staat beglichen.

Arbeitslohn ohne Steuerabzug (Z. 21)

In Zeile 21 tragt ihr steuerpflichtige Löhne ein, von denen bisher kein Steuerabzug vorgenommen wurde. Dies kann auftreten, wenn ihr direkt oder aus dem Ausland bezahlt werdet.

Steuerfreie Einnahmen / Ehrenamt / Lohnersatzl. (Z. 22-23)

Die Zeilen 22 bis 23 sind für **steuerfreie Einkünfte mit Progressionsvorbehalt**[251] vorgesehen. Einnahmen aus einer **nebenberuflichen Übungsleiterstelle** oder **Ehrenämtern** trägt man in Zeile 22 ein. Hierbei kann man bis zu 720 bzw. 2.400 € steuerfrei verdienen[252].

Lohnersatzleistungen, wie z. B. Arbeitslosen-, Kurzarbeiter-, Krankengeld oder Verdienstausfallentschädigung, kommen in Zeile 23. Zahlt der Arbeitgeber diese Leistungen, so sind diese auf der Lohnsteuerbescheinigung (Nr. 15) zu finden. Andere Lohnersatzleistungen (der Krankenkasse und/oder Arbeitsagentur) gehören in den Hauptvordruck.

250 Fragt hierfür am besten bei eurem Arbeitgeber nach (meist liegt der pauschale Steuersatz zwischen 2 und 20 %).

251 Steuerlich gesehen müssen diese Einkünfte berücksichtigt werden, um Steuerpflichtige ohne diese Einkünfte gleichzustellen.

252 Vgl. Kapitel 4.

Anlage N Seite 2 bis 4 – Werbungskosten

- 2 -

Steuerfreier Arbeitslohn / steuerfreie Einkünfte laut Anlage(n) N-AUS

Zeile		Kz	EUR
24	Steuerfreier Arbeitslohn nach Doppelbesteuerungsabkommen / sonstigen zwischenstaatlichen Übereinkommen (**Summe** aus den Zeilen 47, 56 und / oder 63 **aller Anlagen N-AUS**)	139	,—
25	Steuerfreier Arbeitslohn nach Auslandstätigkeitserlass (**Summe** aus den Zeilen 52 **aller Anlagen N-AUS**)	136	,—
26	Steuerfreie Einkünfte (Besondere Lohnbestandteile) nach Doppelbesteuerungsabkommen / sonstigen zwischenstaatlichen Übereinkommen / Auslandstätigkeitserlass (**Summe** aus den Zeilen 62 **aller Anlagen N-AUS**)	178	,—
27	Anzahl der beigefügten **Anlagen N-AUS**		

Ansässigkeit in Belgien (gemäß Artikel 4 des Doppelbesteuerungsabkommens mit Belgien)

Zeile	Adresse in Belgien		Kz	EUR
28		Arbeitslohn	127	,—

Angaben zu Grenzgängern

29 Grenzgänger nach 117 [ ] (2 = Frankreich, 3 = Schweiz, Arbeitslohn in CHF gezahlt, 0 = Schweiz, Arbeitslohn in EUR gezahlt, 4 = Österreich) — 116 Arbeitslohn in CHF / EUR ,— — 135 Schweizerische Abzugsteuer in CHF / EUR

Werbungskosten 87 / 88

– ohne Beträge laut den Zeilen 81 bis 84 –

Hinweis:
Mehraufwendungen für eine doppelte Haushaltsführung erklären Sie bitte in der Anlage N-Doppelte Haushaltsführung.

Entfernungspauschale

Wege zwischen Wohnung und erster Tätigkeitsstätte / Sammelpunkt / weiträumigem Tätigkeitsgebiet (1. Angabe)

Zeile	1 = erste Tätigkeitsstätte, 2 = Sammelpunkt / weiträumiges Tätigkeitsgebiet	PLZ, Ort und Straße	vom	bis
30	1	Universität zu Köln	01.01.	31.12.

Zeile		Kz	
31	Arbeitstage je Woche [ ] — Urlaubs-, Krankheits-, Heimarbeits- und Dienstreisetage [ ] — Behinderungsgrad mindestens 70 oder mindestens 50 und Merkzeichen „G"	115	1 = Ja
32	aufgesucht an Tagen	110	190
33	einfache Entfernung in Kilometern (auf volle Kilometer abgerundet)	111	8 km
34	davon mit eigenem oder zur Nutzung überlassenem PKW zurückgelegt	112	km
35	davon mit Sammelbeförderung des Arbeitgebers zurückgelegt	113	km
36	davon mit öffentlichen Verkehrsmitteln, Motorrad, Fahrrad oder Ähnlichem, als Fußgänger und / oder als Mitfahrer einer Fahrgemeinschaft zurückgelegt		8 km
37	Aufwendungen für Fahrten mit öffentlichen Verkehrsmitteln (ohne Fähr- und Flugkosten)	114	EUR ,—

Wege zwischen Wohnung und erster Tätigkeitsstätte / Sammelpunkt / weiträumigem Tätigkeitsgebiet (2. Angabe)

Zeile	1 = erste Tätigkeitsstätte, 2 = Sammelpunkt / weiträumiges Tätigkeitsgebiet	PLZ, Ort und Straße	vom	bis
38				

Zeile		Kz	
39	Arbeitstage je Woche [ ] — Urlaubs-, Krankheits-, Heimarbeits- und Dienstreisetage [ ] — Behinderungsgrad mindestens 70 oder mindestens 50 und Merkzeichen „G"	135	1 = Ja
40	aufgesucht an Tagen	130	
41	einfache Entfernung in Kilometern (auf volle Kilometer abgerundet)	131	km
42	davon mit eigenem oder zur Nutzung überlassenem PKW zurückgelegt	132	km
43	davon mit Sammelbeförderung des Arbeitgebers zurückgelegt	133	km
44	davon mit öffentlichen Verkehrsmitteln, Motorrad, Fahrrad oder Ähnlichem, als Fußgänger und / oder als Mitfahrer einer Fahrgemeinschaft zurückgelegt		km
45	Aufwendungen für Fahrten mit öffentlichen Verkehrsmitteln (ohne Fähr- und Flugkosten)	134	EUR ,—

Abb. 5.18: Anlage N - Seite 2

- 3 -

Wege zwischen Wohnung und erster Tätigkeitsstätte / Sammelpunkt / weiträumigem Tätigkeitsgebiet (3. Angabe)

46 | 1 = erste Tätigkeitsstätte 2 = Sammelpunkt / weiträumiges Tätigkeitsgebiet | PLZ, Ort und Straße | vom | bis

47 Arbeitstage je Woche | Urlaubs-, Krankheits-, Heimarbeits- und Dienstreisetage | Behinderungsgrad mindestens 70 oder mindestens 50 und Merkzeichen „G" 155 | 1 = Ja

48 aufgesucht an Tagen 150

49 einfache Entfernung in Kilometern (auf volle Kilometer abgerundet) 151 km

50 davon mit eigenem oder zur Nutzung überlassenem PKW zurückgelegt 152 km

51 davon mit Sammelbeförderung des Arbeitgebers zurückgelegt 153 km

52 davon mit öffentlichen Verkehrsmitteln, Motorrad, Fahrrad oder Ähnlichem, als Fußgänger und / oder als Mitfahrer einer Fahrgemeinschaft zurückgelegt km

53 Aufwendungen für Fahrten mit öffentlichen Verkehrsmitteln (ohne Fähr- und Flugkosten) 154 EUR ,—

Arbeitgeberleistungen / Fahrtkostenzuschüsse

54 Arbeitgeberleistungen laut Nr. 17 der Lohnsteuerbescheinigung (steuerfrei ersetzt) 290 EUR ,— | Arbeitgeberleistungen laut Nr. 18 der Lohnsteuerbescheinigung (pauschal besteuert) 295 EUR ,—

55 Von der Agentur für Arbeit oder dem Jobcenter gezahlte Fahrtkostenzuschüsse 291 ,—

Beiträge zu Berufsverbänden

Bezeichnung der Verbände | EUR

56 AStA-Beitrag 310 59,—

Aufwendungen für Arbeitsmittel
– soweit nicht steuerfrei ersetzt –

Art der Arbeitsmittel | EUR

57 Arbeitsmittel für Studium (s. beiliegende Excel) 2.183,—

58 + ,—

59 Summe 320 = 2.183,—

Häusliches Arbeitszimmer, das den Mittelpunkt der gesamten betrieblichen und beruflichen Tätigkeit bildet
– tatsächliche Aufwendungen oder
– Jahrespauschale i. H. v. 1.260 € (bei nicht ganzjährig vorliegenden Voraussetzungen zeitanteilig)

60 325 EUR ,—

Tagespauschale (bei beruflicher Tätigkeit im Homeoffice)
– Diese wird von Ihrem Finanzamt anhand Ihrer Angaben zur Anzahl der Tage berechnet. –

61 Für die berufliche Tätigkeit steht **ein anderer Arbeitsplatz** zur Verfügung: Anzahl der Kalendertage, an denen die berufliche Tätigkeit **ganz** oder **überwiegend** in der häuslichen Wohnung ausgeübt und **keine** erste Tätigkeitsstätte aufgesucht wurde
– Diese Kalendertage dürfen nicht in Zeile 62 enthalten sein. – 335

62 Für die berufliche Tätigkeit steht **dauerhaft kein anderer Arbeitsplatz** zur Verfügung: Anzahl der Kalendertage, an denen die berufliche Tätigkeit (auch) in der häuslichen Wohnung ausgeübt wurde
– Diese Kalendertage dürfen nicht in Zeile 61 enthalten sein. – 336

Fortbildungskosten
– soweit nicht steuerfrei ersetzt –

63 Semesterbeitrag 330 EUR 225,—

Weitere Werbungskosten
– soweit nicht steuerfrei ersetzt –

64 Fähr- und Flugkosten bei Wegen zwischen Wohnung und erster Tätigkeitsstätte / Sammelpunkt / weiträumigem Tätigkeitsgebiet | EUR ,—

Sonstiges (z. B. Bewerbungskosten, Kontoführungsgebühren)

65 Bewerbungskosten + 171,—

66 Pauschale (Kontoführung & Telefon/Internet) + 136,—

67 Summe der weiteren Werbungskosten 380 = 307,—

Abb. 5.19: Anlage N - Seite 3

Auf **Seite 2 der Anlage N** beginnt das Thema der **Werbungskosten**. In neueren Jahren sind hier zunächst noch die Einkünfte aus dem Ausland einzutragen, aber dies vernachlässigen wir hier. Da die Zeilen im Umfang zu gering für den Sachverhalt **„Studium absetzen“** ausfallen, verweist man bei den Ausgaben für das Studium auf die beiliegenden Excel-Dateien („Auflistung s. Excel-Anlage“). Die Summen aus der bearbeiteten Excel-Datei übertragt ihr – um das Finanzamt zu unterstützen – in die zugehörige Zeile. Bei den Werbungskosten gilt es dringend zwischen den verschiedenen Arten (Entfernungspauschale, Reisekosten, Arbeitsmitteln und doppelter Haushaltsführung) zu unterscheiden.

Lohn aus dem Ausland (Z. 24-29; in neueren Bögen Anlage N-AUS)

Habt ihr im **Ausland** gearbeitet[253] (Praktikum / Studierendenjob während des Auslandssemesters oder als Grenzgänger: Nr. 16 Ausdruck der elektronischen Lohnsteuerbescheinigung), so nutzt ihr hierfür die Zeilen 24 bis 29 (Lohn aus dem Ausland). Zusätzlich müsst ihr die **Anlage N-AUS** ausfüllen.[254] (Auch bei Doppelbesteuerungsabkommen.)

Entfernungspauschale (Z. 30-53)

Da die Möglichkeiten zur Pendlerpauschale für einige Berufstätige nicht gereicht haben und die frühere Darstellung etwas komplexer war (s. Abb. 5.20), hat man sich ab dem Veranlagungszeitraum 2023 entschieden, die Anlage N neu zu gestalten und mehrere Felder für den Weg zur ersten Tätigkeitstätte darzustellen.

In den Zeilen 30 bis 53 müssen die alltäglichen Arbeitswege (Anfahrt an die erste Tätigkeitsstätte) inklusive typischer Arbeitswoche und Kranken- wie auch Urlaubstage eingetragen werden. Da ihr als Studierende jedoch keine Urlaubstage und „typische Arbeitswoche“ besitzt, rate ich euch das beigefügte Excel-Sheet zu benutzen. Die Übersichtlichkeit ist – auch aufgrund der verschiedenen Arbeitsstätten – für das Finanzamt so besser gegeben. Die Adresse eurer ersten Tätigkeitsstätte und der Summe der Anwesenheitstage sind in Zeile 30 einzutragen. Die besuchten Tage tragt ihr in Z. 32 und die kürzeste abgerundete Entfernung in Z. 33 ein. In den folgenden Feldern gebt ihr an, wie ihr die Fahrten zurückgelegt habt (per PKW, öffentlichen oder Sammelbeförderung). Für die Kalkulation der Pendlerpauschale hat dies zunächst keine Bedeutung. Möchtet ihr die Fahrt zur ersten Tätigkeitsstätte unterteilen, um nicht die 4.500€-

[253] Wichtig: Bei weniger als Beschäftigungstagen pro Jahr im Ausland sind die Einkünfte in Deutschland zu versteuern (183-Tage-Regelung).

[254] Die Versteuerung ausländischer Lohneinkünfte ist zu komplex, um diese hier zu erläutern. Deshalb empfehle ich euch den VLH oder einen Steuerberater hierfür aufzusuchen.

Grenze der Pendlerpauschale zu überschreiten, so müsst ihr die Kilometer auf die Felder nach Nutzung der Transportmittel aufteilen. Wurden – beispielsweise durch Baustellen – andere Fahrtrouten gewählt, so kann man diese in den Zeile 34 ff. angeben. Möchtet ihr die tatsächlichen jährlichen Kosten öffentlicher Verkehrsmittel angeben, so könnt ihr diese in die Zeile 37 nutzen.

Ändert sich die erste Tätigkeitsstätte, dann müsst ihr dies im 2. oder 3. Angabefeld eintragen.[255] Zeile 54 und 55 dient für Ersatzleistungen des Arbeitgebers (Nr. 17/18 der Lohnsteuerbescheinigung) oder der ARGE. Hier müssen diese Zuschüsse eingetragen werden.[256]

	Ort lt. Zeile	aufgesucht an Tagen	einfache Entfernung (auf volle Kilometer abgerundet)	davon mit eigenem oder zur Nutzung überlassenem Pkw zurückgelegt	davon mit Sammelbeförderung des Arbeitgebers zurückgelegt	davon mit öffentl. Verkehrsmitteln, Motorrad, Fahrrad o. Ä., als Fußgänger, als Mitfahrer einer Fahrgemeinschaft zurückgelegt	Aufwendungen für Fahrten mit öffentlichen Verkehrsmitteln (ohne Fähr- und Flugkosten) EUR	Behinderungsgrad mind. 70 oder mind. 50 und Merkzeichen „G"
35	31	110 120	111 102 km	112 12 km	113 km	90 km	114 ,–	115 1 = Ja

Abb. 5.20: Anlage N - Entfernungspauschale aufteilen (alte Darstellung)

Beiträge zu Berufsverbänden (Z. 56)

In Zeile 56 werden die **Kosten für Berufsverbände oder Gewerkschaften** (z. B. IG Metall, IG BCE, Verdi) eingetragen.[257] Bei Studierenden zählen auch Beiträge für AStA oder andere Hochschulorganisationen mit zu diesen Beiträgen.

Aufwendungen für Arbeitsmittel (Z. 57-59)

Ab Zeile 57 werden die Kosten wie Arbeitsmittel und Fortbildungskosten vermerkt.[258] **Kosten für Arbeitsmittel** werden in Zeile 57 und 58 eingetragen. Hierfür empfehle ich wiederum einen Verweis zur Excel-Liste, da die Arbeitsmittel einzeln angegeben werden sollten und der Platz auf den Steuerformularen hierfür nicht ausreichend sein dürfte.

[255] Als Vollzeitstudent kann Zeile 38 (alternative erste Tätigkeitsstätte) nur genutzt werden, wenn ihr die Hochschule oder Wohnadresse in entsprechendem Steuerjahr gewechselt habt.

[256] Als Vollzeitstudent müsst ihr hier weder Zuschüsse noch das Semesterticket eintragen. Diese Zuschüsse gewähren nur Arbeitgeber und stehen auf dem Ausdruck der elektronischen Lohnsteuerbescheinigung Nr. 17 und 18.

[257] § 9 Abs. 1 S. 3 Nr. 3 EStG.

[258] § 9 Abs. 1 S. 3 Nr. 3 EStG.

Häusliches Arbeitszimmer (Z. 60)

Exkursion Arbeitszimmer (Achtung ab 2023 Änderung!):

Kosten für ein häusliches Arbeitszimmer könnt ihr nur dann absetzen, wenn ihr einen durch eine Tür abtrennbaren Raum (kein Durchgangszimmer), der fast ausschließlich (mind. 90 %) zu beruflichen Zwecken genutzt wird, als Arbeitszimmer habt. Es genügt nicht, dass ein Schreibtisch bei euch im (WG-) Zimmer steht. Diesen Raum müsst ihr nachweisen können. Lebt ihr also in einer WG oder einem Studierendenwohnheim bzw. einer Zweizimmerwohnung, wird euch das nicht gelingen (auch ein Raumteiler erfüllt die Bedingungen nicht[259]). Nichtsdestotrotz könnt ihr als Student Kosten für Schreibtisch, Schreibtischstuhl und Schreibtischzubehör als Arbeitsmittel absetzen.[260] Für Aufwendungen, die durch das Arbeiten von zu Hause entstehen, gilt ein Abzugsverbot.[261]

Der Gesetzgeber lässt jedoch **zwei Ausnahmen** zu:

1. Ist das Arbeitszimmer **Mittelpunkt** (Bspw. bei Selbständigen, **Fernstudierenden** oder ab drei Home-Office-Tagen pro Woche.) der gesamten beruflichen oder betrieblichen Tätigkeit, sind eure Kosten **unbeschränkt** abzugsfähig. (Gilt immer!) Ab 2023 kann in diesem Fall statt der tatsächlichen Kosten auch eine **Pauschale** von 1.260 € geltend gemacht werden.[262] Liegt das Zimmer nicht das gesamte Jahr vor (z. B. Umzug), so ist die Pauschale **anteilig** der Monate anzusetzen.

2. (a) Steht für die berufliche oder betriebliche Tätigkeit kein anderer Arbeitsplatz zur Verfügung, können Kosten von bis zu **1.250 € pro Jahr** geltend gemacht werden (**beschränkter** Abzug). Dies trifft z. B. auf Lehrer, Freiberufler und die **meisten Studierende** (auch Duale) zu. **(Bis 2022)**

   (b) Ist das Arbeitszimmer **nicht** der Mittelpunkt der betrieblichen Arbeit, so könnt ihr **ab 2023** (2a entfällt) die **Tagespauschale** (s. Home-Office-Pauschale) steuerlich pro Tag geltend machen.

   Je nach Studiensituation, könnt ihr demzufolge ein **Arbeitszimmer** steuerlich absetzen. Solltet ihr also einen freien Raum haben, nutzt die Chance! Teilt ihr euch den Raum, so kann jeder Bewohner die **tatsächlichen Kosten anteilig** geltend machen.[263] Kostentechnisch könnt ihr bei **Mietwohnungen** die Miete, die Einrichtung des Raumes und die

Nebenkosten wie Energie, Versicherung, Renovierung und Reinigung (anteilig zu den Quadratmetern eurer Gesamtwohnung) absetzen. Bei **Wohneigentum** könnt ihr anteilig die Schuldzinsen, öffentliche Abgaben (wie Grundsteuer, Müllabfuhrgebühren, Wasser, etc.), Energiekosten, Renovierungskosten und die Gebäudeabschreibung absetzen. **Aber**: Die **Pauschalen** dürfte jeder Bewohner **voll absetzen!**

Die entstandenen Kosten für das Arbeitszimmer listet ihr geordnet auf und fügt diese Liste eurer Steuererklärung bei. Die Summe der Kosten, die das Arbeitszimmer verursacht, tragt ihr abschließend in Zeile 60 der Anlage N ein. Die Pauschale darf von jedem in voller Höhe abgesetzt werden.

Tagespauschale (Home-Office Pauschale) (Z. 61-62)

In die Zeilen 61 und 62 tragt ihr die Anzahl der Tagespauschalen (früher Home-Office Pauschale) ein. Achtet hierbei unbedingt auf die jeweilige Definition der Tagespauschale (mehr dazu auf S. 101).

Fortbildungskosten und weitere Werbungskosten (Z. 63-67)

Fortbildungskosten (wie z. B. Semester- und Kursgebühren; Z. 63) und **weitere Werbungskosten** (z. B. Telefonkosten, Kontoführung, Umzugskosten oder Bewerbungskosten) sind in die Zeilen 64 bis 67 einzutragen.

Reisekosten (Z. 68-80)

Reisekosten, also Fahrten abseits der ersten Tätigkeitsstätte, werden in den Zeilen 68 bis 80 angegeben. Auch hier solltet ihr zur Kalkulation wieder die Excel-Dateien heranziehen!

Zeile 68 stellt fest, wie die Fahrt durchgeführt wurde und ist für Studierende aufgrund des fehlenden Firmenwagens oder kostenlosen Sammelbeförderung (hierzu zählt nicht das Semesterticket) mit einer *„2"* zu füllen. Zeile 69 berechnet sich aus dem Produkt der **Reisefahrtwege** (Hin- und Rückweg x Fahrkostenpauschale). In Zeile 70 werden die Übernach-

[259] BFH, Urteil vom 17.02.2016 – Az. X R 32/11.

[260] Die Voraussetzung hierfür ist, dass euch euer Arbeitgeber (als Student einer Universität) keinen Arbeitsplatz zur Verfügung stellt. Dies erfüllt im Allgemeinen jede:r Studierende.

[261] § 4 Abs. 5 Nr. 6b EStG in Verbindung mit § 9 Abs. 5 EStG & die Home-Office-Pauschale seit 2020.

[262] Der Vorteil hierbei, dass keine Kostenaufstellung (Miete, Strom, etc.) vorgelegt werden muss! Zudem darf die Pauschale p.P. geltend gemacht werden.

[263] BFH, Urteil vom 15.12.2016 – Az. VI R 53/12.

tungskosten (z. B. Hotel, Airbnb oder Hostel) als Summe eingetragen und in Zeile 71 gebt ihr **Reisenebenkosten** an. Eine extra Auflistung der Kostenaufstellung ist beizulegen. In früheren Steuerformularen werden diese Kostenblöcke in ein Feld eingetragen.

Ersetzt euch der Arbeitgeber (z. B. bei einem Vorstellungsgespräch oder innerhalb des Jobs) die Reisekosten, so setzt ihr keine Reisefahrtkosten an, da euer Arbeitgeber die Ausgaben auch steuerlich absetzen wird oder vermerkt die Zahlungen in Zeile 74 (aus Nr. 20 der elektronischen Lohnsteuerbescheinigung).

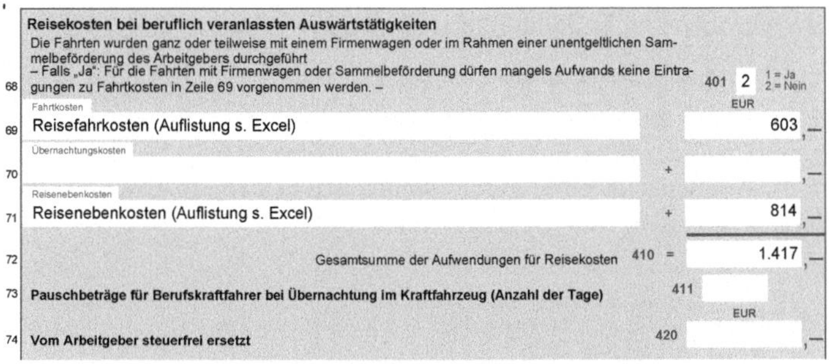

Reisekosten bei beruflich veranlassten Auswärtstätigkeiten

68 Die Fahrten wurden ganz oder teilweise mit einem Firmenwagen oder im Rahmen einer unentgeltlichen Sammelbeförderung des Arbeitgebers durchgeführt – Falls „Ja": Für die Fahrten mit Firmenwagen oder Sammelbeförderung dürfen mangels Aufwands keine Eintragungen zu Fahrtkosten in Zeile 69 vorgenommen werden. – 401 2 (1 = Ja, 2 = Nein)

			EUR
69	Fahrtkosten: Reisefahrkosten (Auflistung s. Excel)		603,–
70	Übernachtungskosten:	+	,–
71	Reisenebenkosten: Reisenebenkosten (Auflistung s. Excel)	+	814,–
72	Gesamtsumme der Aufwendungen für Reisekosten	410 =	1.417,–
73	**Pauschbeträge für Berufskraftfahrer bei Übernachtung im Kraftfahrzeug (Anzahl der Tage)**	411	
74	**Vom Arbeitgeber steuerfrei ersetzt**	420	,–

Abb. 5.21: Anlage N - Reisekostenbeispiel[264]

Die Zeilen 75 bis 80 benötigt man zum Eintrag der **Verpflegungsmehraufwandspauschalen**. Hierbei wird die **Gesamtanzahl der Abwesenheitstage** eingetragen. Ich empfehle, die deutlich übersichtlichere Excel-Datei beizulegen, die Summe der Abwesenheitstage zu addieren und in die Zeilen 75 bis 77 eintragen.[265] Zeile 75 ist für **Tage mit mindestens 8 Stunden Abwesenheitsdauer** ohne Übernachtung, Zeile 76 für **An- und Abreisetage** mehrtägiger Reisen mit Übernachtung und Zeile 77 für **Tage mit voller Abwesenheit** (24 Stunden) von der ersten Tätigkeitsstätte

[264]Die 603 € (602,40 €) ergeben sich aus den 268,80 € Fahrtkosten zur Lerngruppe (Tab. 4.4), den 180,00 € Fahrtkosten zum Praktikum (Tab. 4.5) und den 153,60 € Fahrtkosten zum Seminar (Tab. 4.6).

[265]Die Zahlen im Beispiel (Abb. 5.18) sind die übertragenen Zahlen aus den Excel-Beispielen. Die „Reisefahrtkosten inkl. Reisenebenkosten" (Z. 50) setzen sich aus der Summe der Anfahrten multipliziert mit der Fahrtkostenpauschale der gesamten Fahrtstrecke + ggf. Reisenebenkosten zusammen: Fahrten zur Lerngruppe (268,80 €) + zum Nebenjob (180,00 €) + Fahrt zum Seminar (153,60 €) + 814,60 € Reisenebenkosten (Hotel, Parkgebühren, etc.) = 1.417 €. ACHTUNG: Vor dem Steuerjahr 2020 werden die Fahrtkosten (hier: 603 €), Übernachtungskosten (z. B. 600 € für Hotel) und Reisenebenkosten (hier: 214 € für Sonstiges) auf der Anlage N zusammen eingetragen.

und der Wohnadresse. Zeile 78 ist von euch von geringerer Bedeutung, außer die Hochschule (oder Arbeitgeber) erstatten euch während der Auswärtstätigkeit die Verpflegung.

Für **Auslandsaufenthalte** und deren Reisekosten ist Zeile 79 folgend zu nutzen. Die explizite Aufstellung nehmt ihr bitte separat vor und verweist auf dem Steuerformular darauf. Bei einer Auslandstätigkeit sind Reisefahrt-, Reisenebenkosten und Verpflegungsmehraufwand als eine Summe in der Anlage N Zeile 79 anzugeben. Wurden euch Kosten vom Arbeitgeber ersetzt, sind diese in Zeile 80 (vom Ausdruck der elektronischen Lohnsteuerbescheinigung Nr. 20) zu entnehmen.

Werbungskosten in Sonderfällen (Z. 81-86)

Zur Vollständigkeit noch die Sonderfälle auf der vierten Seite der Anlage N (ab 2020 auf Seite 3, Z. 73 bis 78). Hier habt ihr nichts mehr auszufüllen, da diese Zeilen für Studierende nicht von Belangen sind (z. B. Krankengeld ohne Zusammenhang zum Arbeitsverhältnis oder Einzelveranlagung von Ehepartnern im Ausland).

- 4 -

Reisekosten bei beruflich veranlassten Auswärtstätigkeiten

68	Die Fahrten wurden ganz oder teilweise mit einem Firmenwagen oder im Rahmen einer unentgeltlichen Sammelbeförderung des Arbeitgebers durchgeführt – Falls „Ja": Für die Fahrten mit Firmenwagen oder Sammelbeförderung dürfen mangels Aufwands keine Eintragungen zu Fahrtkosten in Zeile 69 vorgenommen werden. –	401	2 (1 = Ja, 2 = Nein)
			EUR
69	Fahrtkosten: Reisefahrkosten (Auflistung s. Excel)		603,–
70	Übernachtungskosten	+	,–
71	Reisenebenkosten: Reisenebenkosten (Auflistung s. Excel)	+	814,–
72	Gesamtsumme der Aufwendungen für Reisekosten	410 =	1.417,–
73	**Pauschbeträge für Berufskraftfahrer bei Übernachtung im Kraftfahrzeug (Anzahl der Tage)**	411	
			EUR
74	**Vom Arbeitgeber steuerfrei ersetzt**	420	,–

Pauschbeträge für Mehraufwendungen für Verpflegung

Bei einer Auswärtstätigkeit im Inland:

75	Anzahl der Tage mit einer Abwesenheit von mehr als 8 Stunden (bei Auswärtstätigkeit ohne Übernachtung)	470	72
76	Anzahl der An- und Abreisetage (bei einer mehrtägigen Auswärtstätigkeit mit Übernachtung)	471	2
77	Anzahl der Tage mit einer Abwesenheit von 24 Stunden	472	6
			EUR
78	Kürzungsbeträge wegen Mahlzeitengestellung (eigene Zuzahlungen sind ggf. gegenzurechnen)	473	,–
79	Bei einer Auswärtstätigkeit im Ausland (Berechnung bitte in einer gesonderten Aufstellung):	474	3.516,–
80	**Vom Arbeitgeber steuerfrei ersetzt**	490	,–

Werbungskosten in Sonderfällen

– Die in den Zeilen 81 bis 84 erklärten Werbungskosten dürfen nicht in den Zeilen 30 bis 80 und in der **Anlage N-Doppelte Haushaltsführung** enthalten sein. –

	Werbungskosten zu steuerbegünstigten Versorgungsbezügen laut Zeile 11		EUR
81	Art der Aufwendungen	682	,–
	Werbungskosten zu steuerbegünstigten Versorgungsbezügen für mehrere Jahre laut Zeile 16		
82	Art der Aufwendungen	659	,–
	Werbungskosten zu Entschädigungen / Arbeitslohn für mehrere Jahre laut den Zeilen 17 und / oder 18		
83	Art der Aufwendungen	660	,–
84	Werbungskosten zu steuerfreiem Arbeitslohn laut den Zeilen 24 und 25 (**Summe** aus den Zeilen 59 und 64 **aller Anlagen N-AUS)**	657	,–
	Werbungskosten zu steuerpflichtigem Arbeitslohn, von dem kein Steuerabzug vorgenommen worden ist laut Zeile 21 – in den Zeilen 30 bis 80 und in der **Anlage N-Doppelte Haushaltsführung** enthalten –		EUR
85	Art der Aufwendungen	656	,–
			EUR
86	Werbungskosten zu Arbeitslohn für eine Tätigkeit im Inland, wenn die Ansässigkeit in Belgien gegeben ist – in den Zeilen 30 bis 80 und in der **Anlage N-Doppelte Haushaltsführung** enthalten –	675	,–

Abb. 5.22: Anlage N - Seite 4

Anlage N – Doppelte Haushaltsführung

2024

Anlage N-Doppelte Haushaltsführung

Jeder Ehegatte / Lebenspartner mit Mehraufwendungen für doppelte Haushaltsführung hat eine eigene Anlage N-Doppelte Haushaltsführung abzugeben.

☐ Steuerpflichtige Person / Ehemann / Person A
☐ Ehefrau / Person B

1 Name: Mustermann
2 Vorname: Max
3 **Steuernummer** 1234567890

Mehraufwendungen für doppelte Haushaltsführung bei Einkünften aus nichtselbständiger Arbeit

Allgemeine Angaben 87 / 88

4 Der doppelte Haushalt wurde aus beruflichem Anlass begründet am — 501: 01.01.2022
5 Grund: Studium in Köln
6 Der doppelte Haushalt hat seitdem ununterbrochen bestanden bis — 502: 2024
7 Beschäftigungsort (PLZ, Ort, sowie zusätzlich den Staat - falls im Ausland und abweichend vom Staat, in dem der doppelte Haushalt liegt -): 50928 Köln
8 Der doppelte Haushalt liegt im Ausland — 507 (1 = Ja) — Ausländischer Staat, in dem der doppelte Haushalt liegt:
9 Es liegt ein **eigener Hausstand** am Lebensmittelpunkt vor — 503: 1 (1 = Ja, 2 = Nein)
– Falls Zeile 9 mit „Nein" beantwortet wird, sind in den Zeilen 10 bis 32 keine Eintragungen vorzunehmen. –
10 PLZ, Ort des eigenen Hausstandes: 68723 Musterstadt — 504 seit: 01.01.2001
11 Der Begründung des doppelten Haushalts ist eine Auswärtstätigkeit am selben Beschäftigungsort unmittelbar vorausgegangen — 505 (1 = Ja)
12 Anstelle der Mehraufwendungen für doppelte Haushaltsführung werden bei den Wegen zwischen Wohnung und erster Tätigkeitsstätte in den Zeilen 30 bis 53 der **Anlage N** Fahrtkosten für **mehr** als eine Heimfahrt wöchentlich geltend gemacht — 506 (1 = Ja)
– Falls Zeile 12 mit „Ja" beantwortet wird, sind in den Zeilen 13 bis 32 keine Eintragungen vorzunehmen. –

Fahrtkosten

13 Die Fahrten wurden mit einem **Firmenwagen** oder im Rahmen einer unentgeltlichen **Sammelbeförderung** des Arbeitgebers durchgeführt — 510: 2 (1 = Ja, insgesamt; 2 = Nein; 3 = Ja, teilweise)
– Falls Zeile 13 mit „Ja, insgesamt" beantwortet wird, sind in den Zeilen 14, 15, 17 und 19 keine Eintragungen vorzunehmen. Bei „Ja, teilweise" sind in diesen Zeilen nur Eintragungen für die mit dem eigenen oder zur Nutzung überlassenen privaten Fahrzeug durchgeführten Fahrten vorzunehmen. –

Erste Fahrt zum Ort der ersten Tätigkeitsstätte und letzte Fahrt zum eigenen Hausstand

14 mit privatem Kfz gefahrene km — 511: 265 — Kilometersatz bei Einzelnachweis (Berechnung laut gesonderter Aufstellung) — 512 EUR Ct
15 mit privatem Motorrad / Motorroller gefahrene km — 522 — Kilometersatz bei Einzelnachweis (Berechnung laut gesonderter Aufstellung) — 523
16 mit öffentlichen Verkehrsmitteln oder entgeltlicher Sammelbeförderung — 513 EUR ,—

Wöchentliche Familienheimfahrten

17 einfache Entfernung in km (ohne Flugstrecken) — 514: 265 — Anzahl der Familienheimfahrten — 515: 40
18 Kosten für öffentliche Verkehrsmittel (ohne Fähr- und Flugkosten) — 516 EUR ,—

Nur bei Behinderungsgrad von mindestens 70 oder mindestens 50 und Merkzeichen „G"

19 Einfache Entfernung in km (ohne Flugstrecken) — 524 — davon mit privatem Kfz zurückgelegt in km — 517 — Anzahl der Familienheimfahrten — 518
20 Kilometersatz bei Einzelnachweis (Berechnung laut gesonderter Aufstellung) — 519 EUR Ct
21 Kosten für öffentliche Verkehrsmittel (ohne Fähr- und Flugkosten) — 520 EUR ,—
22 Fähr- und Flugkosten (zu den wöchentlichen Heimfahrten laut den Zeilen 17 bis 21) oder Kosten für entgeltliche Sammelbeförderung für Heimfahrten — 521 ,—

Abb. 5.23: Anlage N - Doppelte Haushaltsführung - Seite 1

Auf **Anlage N Doppelte Haushaltsführung** (ab 2020: S. 4) oder **Seite 3 der Anlage N** (bis 2023) geht es um die **Mehraufwendungen für die doppelte Haushaltsführung**. Beantragt ihr diese nicht, lasst ihr die Felder bzw. die Anlage aus.

Allg. Angaben zur doppelten Haushaltsführung (Z. 4-12 o. Z. 61-69)

In den Zeilen 4 bis 12 werden allgemeine Angaben zur Führung einer doppelten Haushaltsführung abgefragt. Der **Grund** für eine mögliche doppelte Haushaltsführung kann in eurem Fall entweder ein **Studium** oder ein **Praktikum** in weiterer Entfernung zum Lebensmittelpunkt (bspw. Elternhaus) sein (Z. 5). In Zeile 4 gebt ihr den Beginn der doppelten Haushaltsführung und in Zeile 6 das Enddatum an, sofern es im Steuerjahr endet. Läuft die doppelte Haushaltsführung über das Jahr hinaus, so tragt ihr den 31.12. ein. Die Anschrift des Beschäftigungsortes folgt in Zeile 7. Zeile 8 muss während eines Auslandsaufenthaltes mit einer „1" versehen werden. Ebenso müsst ihr angeben, dass ihr durch das Zimmer bei den Eltern einen eigenständigen Haushalt aufweist (Z. 9 „1"). Auch, wenn ihr Bad oder Küche mit euren Eltern teilt, so könnt ihr in deren Haus einen eigenständigen Haushalt führen. Als Anforderung hierfür gilt, dass ihr den elterlichen Haushalt finanziell mit unterhalten (> 10 %) und die Haushaltsführung mitbestimmen müsst.[266] In Zeile 10 ist die Anschrift des Ersthaushaltes, also womöglich eurer Eltern, einzutragen und das Datum seit Begründung des Ersthaushaltes. In Zeile 11 müsst ihr angeben, ob ihr bereits vor Bestehen des doppelten Haushaltes an diesem Ort beschäftigt/eingeschrieben wart („1" = Ja).

Falls man **mehr als einmal pro Woche** zwischen den Wohnorten pendelt, besitzt man ein **Wahlrecht**: Man kann entweder die kompletten Kosten der doppelten Haushaltsführung geltend machen (Unterkunft, Verpflegungspauschale und maximal eine wöchentliche Heimfahrt) oder man setzt stattdessen sämtliche Fahrten zwischen Ersthaushalt (bspw. bei den Eltern – Achtung: Nachweispflicht der Fahrten!) und Arbeitsplatz im Rahmen der Entfernungspauschale ab (Z. 12). Bei Letzterem gilt die Höchstgrenze der Entfernungspauschale. Sofern dieses Wahlrecht zugunsten der Heimfahrten ausfällt, sind die folgenden Zeilen nicht mehr auszufüllen.

Fahrkosten (Z. 13-22 o. Z. 70-78)

In Zeile 13 (*„2"* für keinen Firmenwagen) bis 16 werden Fahrten zwischen Ersthaushalt (bei den Eltern) und erster Tätigkeitsstätte eingetragen. Je nach Verkehrsmittel wird die Entfernung oder die tatsächlichen Kosten in die entsprechende Zeile eingetragen. In Zeile 14 bis 16 wird

[266] Vgl. BFH- und FG-Urteil in Kapitel 4.2.

die erste Fahrt bei Start der doppelten Haushaltsführung vom Hauptwohnsitz zur Tätigkeitsstätte bzw. die letzte Fahrt nach Auflösen der doppelten Haushaltsführung von der Tätigkeitsstätte zum Ersthaushalt eingetragen.

In der Zeile 17 werden die dauerhaften „Familienheimfahrten" mit einfacher Strecke und Anzahl der Fahrten an den Ersthaushalt (bis zu 52-mal/Jahr) angegeben. Alternativ hierzu kann man auch die tatsächlichen Kosten (z. B. Bahntickets) in Zeile 18 angeben.[267] Für behinderte Menschen stehen hierfür die Spalten 19 bis 22 zur Verfügung.

Kosten der Unterkunft (Z. 23-24 o. Z. 79-80)

Die Summe der **Mietkosten** inklusive Kosten für Garage/Stellplatz und anfallende Nebenkosten (bei kürzeren Aufenthalten auch Hotelrechnungen, bei längeren meist Mietkosten) werden in Zeile 23 eingetragen. In Zeile 24 wird nach der Unterkunftsgröße der doppelten Haushaltsführung im **Ausland** gefragt. Dies hängt damit zusammen, dass bei **doppelter Haushaltsführung im Ausland** maximal eine 60-qm-Wohnung angerechnet wird.

Pauschalbeträge für Mehraufw. für Verpfl. (Z. 25-31 o. Z. 81-84)

Zeile 25 bis 31 sind für den Verpflegungsmehraufwand, der im Zusammenhang mit dem Zweithaushalt entstanden (**Drei-Monats-Frist**) ist.[268] Seid ihr während den ersten drei Monaten häufiger abwesend von der Anschrift des Zweithaushaltes gewesen, so müsst ihr die Tage nach An- und Abreise, sowie Anwesenheitstage vor Ort aufschlüsseln und in die entsprechenden Zeilen (Z. 25 und 26) eintragen.

War euer doppelter Haushalt im Ausland (z. B. Praktikum oder Austauschsemester), so müsst ihr den Verpflegungsmehraufwand des entsprechenden Landes im Anhang nachschlagen, per Excel ausrechnen und entsprechend als Summe mit den weiteren Kosten der doppelten Haushaltsführung des Auslandaufenthaltes eintragen (Z. 31). In der Anlage der doppelten Haushaltsführung sind diese Zeile aufgeteilt (Z. 28-30) und werden in Zeile 31 summiert. In älteren Steuerbögen wird lediglich die Gesamtsumme vermerkt.

---

[267] Je nachdem, welche Ausgaben höher waren.

[268] Möglichkeit von bis zu 92 Tagen (3 Monaten). Im folgenden Fall (Abb. 5.24) lege eine Anwesenheit von 66 Tagen am Ort des Zweithaushaltes, sowie jeweils fünf An- und Abreisetage vor.

Kosten der Unterkunft am Ort der ersten Tätigkeitsstätte

Zeile		Kz.	EUR
23	Aufwendungen (z. B. Miete einschließlich Stellplatz- / Garagenkosten, Nebenkosten)	530	2.468,–
24	Größe der Zweitwohnung des doppelten Haushalts im Ausland in m²	531	

Pauschbeträge für Mehraufwendungen für Verpflegung

Die Verpflegungsmehraufwendungen laut den Zeilen 25 bis 31 können nur für einen Zeitraum von 3 Monaten nach Bezug der Unterkunft am Ort der ersten Tätigkeitsstätte geltend gemacht werden; geht der doppelten Haushaltsführung eine Auswärtstätigkeit voraus, ist dieser Zeitraum auf den Dreimonatszeitraum anzurechnen.

Bei einer doppelten Haushaltsführung im Inland

Zeile		Kz.	Wert
25	Anzahl der An- und Abreisetage	541	5
26	Anzahl der Tage mit einer Abwesenheit von 24 Stunden	542	66
27	Kürzungsbetrag wegen Mahlzeitengestellung (eigene Zuzahlungen sind ggf. gegenzurechnen)	544	EUR ,–

Bei einer doppelten Haushaltsführung im Ausland

Zeile					EUR		
28	Anzahl der An- und Abreisetage		X	Pauschbetrag für An- und Abreisetage	,–	=	,–
29	Anzahl der Tage mit einer Abwesenheit von 24 Stunden		X	Pauschbetrag bei Abwesenheit von 24 Stunden	,–	= +	,–
30	Kürzungsbetrag wegen Mahlzeitengestellung (eigene Zuzahlungen sind ggf. gegenzurechnen)					–	,–
31	Summe der Verpflegungsmehraufwendungen bei einer doppelten Haushaltsführung im Ausland				543	=	,–

Sonstige Aufwendungen

(z. B. Kosten für den Umzug, die Einrichtung und den Hausrat, jedoch ohne Kosten der Unterkunft laut Zeile 23)

Zeile		Kz.	EUR
32	Möbel und Hausrat für Wohnheimzimmer in Köln (Aufstellung s. Excel)	550	978,–

Weitere doppelte Haushaltsführungen

Zeile		Kz.	EUR
33	Summe der Mehraufwendungen für **weitere** doppelte Haushaltsführungen (Berechnung laut gesonderter Aufstellung)	551	,–

Steuerfreie Arbeitgeberleistungen / Zuschüsse

Zeile		Kz.	EUR
34	Vom Arbeitgeber / von der Agentur für Arbeit insgesamt steuerfrei ersetzt	590	,–

Abb. 5.24: Anlage N - Doppelte Haushaltsführung - Seite 2

Sonstige Aufwendungen & weitere dopp. HHF (Z. 32-34 o. Z. 85-87)

Die sonstigen Aufwendungen (wie Einrichtung des Zweithaushaltes, Hausrat und Umzugskosten), **ohne die Mietkosten**, werden in Zeile 32 angegeben. Zieht ihr bei der doppelten Haushaltsführung um, so könnt ihr nur die **tatsächlichen Umzugskosten** absetzen. Die Umzugskostenpauschale gilt nur für einen Umzug des Ersthaushaltes (im Falle der doppelten Haushaltsführung wäre dies bei den Eltern). Diese Pauschale würde man dann bei den sonstigen Werbungskosten auf Seite 3 der Anlage N eingetragen. Existieren mehrere doppelte Haushaltsführungen (z. B. zeitgleich gemietete WG-Zimmer), so gebt ihr dies in Zeile 33 zusätzlich an. In Zeile 34 werden Zuschüsse des Arbeitgebers, falls dieser Wohnungszuschüsse im Praktikum gewähren sollte, eingetragen (s. Ausdruck elektronische Lohnsteuerbescheinigung Nr. 21).

Der **Ersthaushalt** ist der Ort, an welchem ihr euren **Lebensmittelpunkt** vorfindet. Dies ist zunächst **unabhängig** davon, wo ihr studiert oder gemeldet seid. Diesen legt ihr **persönlich** fest! Jedoch hat dieser bezüglich **doppelter Haushaltsführung** und Umzugskostenpauschale erheblichen Einfluss auf eure Steuererklärung: Im Falle der doppelten Haushaltsführung ist der Ersthaushalt der Haushalt eurer Eltern, um z. B. Heimfahrten absetzen zu können. Der zweite Haushalt entspricht dem Wohnort in der Nähe der ersten Tätigkeitsstätte. Ohne doppelte Haushaltsführung ist der Lebensmittelpunkt meist am Studienort.

Habt ihr keine doppelte Haushaltsführung mit Lebensmittelpunkt im Elternhaus abgesetzt, mietet aber am Studienort **und** am Ort eures Praktikums (**nicht** der Studienort) jeweils ein WG-Zimmer, so könnt ihr selbstverständlich auch so die doppelte Haushaltsführung (oder alternativ Reisekosten bei Auswärtstätigkeiten) absetzen.

5.8 Anlage S – Selbständige Arbeit

Diese Anlage betrifft alle Studierende, die **selbständiger** oder **freiberuflicher** Arbeit (Freelancer) nachgehen. Dies tritt häufiger auf als man denkt – Freelancer oder auch Promotion-Jobs laufen häufig unter Solo-Selbständigkeit ab. Für diese Art Jobs benötigt ihr dann nicht nur eine Anmeldung beim Gewerbeamt, sondern bei der Steuererklärung auch die **Anlage S**. Anlage S dient dazu, eine Gewinn- und Verlustrechnung aufzustellen, aus welcher der Gewinn dieser Tätigkeit ermittelt wird.[269]

Eine **selbständige** Tätigkeit (freiberufliche Tätigkeit) liegt vor, wenn die Arbeit nicht weisungsgebunden ausgeübt wird und keine Einbindung in die Organisationsstruktur eines Unternehmens vorliegt. Ihr seid Freelancer, habt ein Gewerbe angemeldet und werdet darüber gebucht, so liegt eine typische Beschäftigungsart der selbständigen Arbeit vor.

> Zusätzlich müsst ihr ab 2017 die **Anlage EÜR** (Einnahmen-Überschuss-Rechnung) beifügen. Diese ist nach § 60 Abs. 4 EStDV zwingend elektronisch an das Finanzamt zu übermitteln.

Die Unterlagen dieser Gewinnermittlung müssen zusätzlich ausführlich erläutert beigefügt werden. Die Erträge sind die Zahlungen, die euch vom Kunden/Auftraggeber gezahlt werden. Die Betriebsausgaben stellen die Werbungskosten (Kilometerpauschale, Arbeitsmittel und Verpflegungsmehraufwand) dar und berechnen sich in der EÜR[270] gleich der Einkünfte nichtselbständiger Arbeit.

Die **Anlage S** und die **Anlage EÜR** müssen seit dem Steuerjahr 2019 elektronisch beim Finanzamt eingehen.

Es existieren zwei Ausnahmen hierzu:

1. Ihr habt einen Gewinn von unter 410 € erwirtschaftet.[271]
2. Ihr seid nicht in der Lage (z. B. kein PC o.Ä.), die Anlage S elektronisch zu übermitteln.

[269] Zudem seid ihr verpflichtet eine Steuererklärung bis zum 31.07. des Folgejahres abzugeben!

[270] Vorlagen gibt es hierzu im Internet ausreichend.

[271] Bis zu dieser Höhe muss man den Gewinn nicht in der Steuererklärung angeben.

Sind diese Ausnahmen nicht für euch möglich, so rate ich euch zur Steuersoftware **Steuertipps**. Diese ist recht simpel gehalten und erklärt viel im Umgang mit Aufstellung der Gewinn- und Verlustrechnung aus selbständiger Arbeit.

Die Einkünfte aus selbständiger Arbeit werden mit anderen Einkünften bzw. Verlusten anderer Einkunftsarten (z. B. nichtselbständige Arbeit, hier: Verluste aus dem Studium) verrechnet. So lassen sich auch für selbständig arbeitende Studierende Steuern sparen!

6 Abgabe des Verlustvortrags

Nachdem die vollständigen Unterlagen

- (ausgefüllter) **Mantelbogen***,
- (ausgefüllte) **Anlage N***,
- (ausgefüllte) Anlage Vorsorgeaufwendungen,
- (ausgefüllte) weitere Anlagen (falls Kapital- oder Mieteinkünfte),
- die **Excel-Dateien*** (sowohl Arbeitsmittel und Fahrwege),
- das Anschreiben mit Stellungnahme[272],
- für Steuerjahre nach 2018: bei Bedarf Anlage Sonderausgaben, Anlage Außergewöhnliche Belastungen und Anlage Haushaltsnahe Aufwendungen,
- und (ausgefüllte) **Anlage Sonstiges** (seit 2019)
  [* müssen auf jeden Fall eingereicht werden!;
  fettgedruckte für Verlustvortrag ausreichend]

ausgefüllt sind, geht es an die Abgabe dieser beim Finanzamt.[273] Zunächst müsst ihr **keine** Rechnungen oder Belege abgeben.[274] Die Frist der Abgabe ist meist der **31.07. des Folgejahres**[275], sofern ihr verpflichtet seid eine Steuererklärung abzugeben.[276] Diese lässt sich auch mit einer Bitte an das Finanzamt verlängern, welche jedoch rechtzeitig eingehen muss.

---

[272] Dringend empfohlen: Was habt ihr in dem Jahr gemacht, warum sind gewisse Kosten entstanden, etc.

[273] Euer zuständiges Finanzamt ist jenes, wo ihr aktuell zum Zeitpunkt der Erklärungsabgabe gemeldet seid. Besitzt ihr mehrere Meldeadressen, dann jenes Finanzamt, wo ihr euch häufiger aufhaltet (Erstwohnsitz).

[274] Aufgrund des Gesetzes zur Modernisierung des Besteuerungsverfahrens (18. Juli 2016): Hiernach besteht nur noch eine Belegevorhaltepflicht und keine Belegevorlagepflicht. Ihr müsst die Belege also nur noch bei Nachfrage vorlegen.

[275] § 149 Abs. 2 S. 1 AO.

[276] Sofern ihr verpflichtet seid, eine Steuererklärung abzugeben: z. B. bei Mieteinnahmen oder Kurzarbeitergeld. Als normaler Student besteht meist keine Abgabepflicht. Erst nach Feststellung eines Verlustes müsst ihr in den Folgejahren eure Steuererklärungen verpflichtend einreichen!

Seid ihr **nicht** verpflichtet eine Steuererklärung abzugeben, so könnt ihr **die Verlustfeststellung bis zu sieben Jahre** und **die normale Steuererklärung bis zu vier Jahre rückwirkend bis zum 31.12**. abgeben.[277] Die entsprechenden Steuerjahre könnt ihr zusammen oder getrennt einreichen.[278] Die Unterlagen und Excel-Dateien sind auszudrucken, zusammenzuheften (**nicht mit Tacker heften**) und unterschrieben bei eurem Finanzamt einzureichen. Falls das Finanzamt bei der Abgabe geöffnet hat, empfehle ich euch, die Abgabe der Unterlagen direkt bestätigen zu lassen. Dies fördert die Sicherheit, nach spätestens sechs Monaten eine Antwort zu erhalten.

Sollte das Finanzamt darauf bestehen, dass die Abgabe online eingereicht wird, könnt ihr dieser Forderung widersprechen. Es ist in Deutschland immer noch erlaubt seine Steuererklärung abseits der elektronischen Abgabe einzureichen. Die verschiedenen Möglichkeiten die Steuererklärung beim Finanzamt abzugeben sind:

→ Papierform

→ Mit Steuer-Programm erstellt
(„Steuertipps" / „WISO" / „taxfix", etc.)

→ ELSTER (wird 2021 eingestellt & zu Mein ELSTER)

Die Formulare müssen jedoch korrekt ausgefüllt und unterschrieben sein, ansonsten gilt die Steuer als nicht abgegeben.

Nach Abgabe der Steuerunterlagen heißt es für euch warten auf die Antwort des Finanzamtes. Je nach Aufkommen und Finanzamt kann die Antwort von **vier Wochen bis sechs Monaten dauern**. Es empfiehlt sich in **regelmäßigen Abständen** beim Finanzamt den aktuellen Stand zu erfragen.

Nach sechs Monaten dürft ihr einen Untätigkeitseinspruch beim Finanzamt vorbringen. **Ich kann hiervon aber nur abraten**. Sucht bitte erst das Gespräch mit dem Finanzamt, denn als Gegenreaktion auf den Untätigkeitseinspruch könnte das Finanzamt euch alle Studienkosten nachweisen lassen.

[277] BFH, Urteil vom 13.01.2015 – Az. IX R 22/14.
[278] Hierzu gebe ich in Kapitel 9 noch ausreichend Tipps.

Verzugsgebühren und Verzinsung bei verspäteten Abgaben der Steuererklärungen

Seid ihr **verpflichtet** eine Steuererklärung abzugeben und vergesst diese fristgerecht einzureichen, so kann euch das Finanzamt einen **Verspätungszuschlag** von **0,25 % der festgesetzten Steuer**, aber **mindestens 25 € pro verspäteten Monat** berechnen. Hiergegen kann man jedoch Einspruch einlegen!

Erhaltet ihr aus Steuerjahren, bei welchen die **Karenzzeit** (15 Monate nach Ablauf des entsprechenden Kalenderjahres, entspricht 01.04. des Folgejahres) abgelaufen ist, eine **Steuerrückerstattung**, so **verzinst** euch das Finanzamt dieses Guthaben.[279]: Früher wurde das Guthaben mit 0,5 % Zinsen pro Monat vergütet und ist aktuell für die Steuerjahre 2014 bis 2018 noch gültig. Für die Guthaben aus Steuerjahren ab 2019 legt die Regierung einen neuen Zinssatz von 0,15 % pro Monat (1,8 % pro Jahr) fest. Bei einer Steuerrückerstattung von 1.500 €, 35 verzinsten Monaten (Steuerjahr muss dementsprechend 50 (35 + 15) Monate zurückliegen) und 0,5 % Zinsen pro Monat erhaltet ihr beispielsweise 262,50 € Zinsen zusätzlich zu eurer Steuerrückerstattung ausgezahlt. Es kann sich also lohnen, das Geld beim Finanzamt „anzulegen".[280]Aber beachtet: Müsst ihr aus diesen Steuerjahren Einkommensteuern **nachzahlen**, so müsst ihr dem Finanzamt ebenso diese Steuerschuld verzinsen. Aufgrund der Verlängerung der Abgabefristen während der Corona-Pandemie beginnen die Zinsläufe für Veranlagungszeiträume 2019 bis 2024 sechs Monate später! Bei Guthaben aus **Verlustrückträgen** (§ 10d Abs. 1 EStG) beginnt die Verzinsung mit dem Veranlagungszeitraum der Verlustfeststellung.

[279]§ 233a AO und 238 AO.

[280]Diese Zinsen müssen als Kapitaleinkünfte (Anlage KAP) versteuert werden (§ 20 EStG). Allerdings habt ihr bis 801 € als Single (bzw. 1.602 € als Ehepaar) einen Sparerpauschbetrag, bis zu welchem ihr Kapitaleinkünfte angeben, jedoch nicht versteuern müsst (Ab 2023: 1.000 bzw. 2.000 € Freibetrag).

7 Antworten des Finanzamtes

Ihr habt eure Steuerformulare ausgefüllt beim Finanzamt abgegeben und wartet auf das Ergebnis. Zunächst sollte euch bewusst sein, dass dieses bis zu **sechs Monaten dauern** kann.[281] Gewöhnlich dauert die Bearbeitungszeit acht Wochen. Es empfiehlt sich, nach drei Monaten beim Finanzamt nachzufragen und auch hartnäckig zu sein, wie es mit der Antwort des Steuerbescheides aussieht. Denn, um sich am Ende der 6-Monats-Frist Zeit (hat keine gesetzliche Grundlage) zu verschaffen, fordern viele Sachbearbeiter des Finanzamtes die volle Bandbreite an Belegen bei euch an. Dies ist nicht nur viel Arbeit für euch, sondern auch unnötig. Deshalb fragt ruhig in regelmäßigen Abständen mit Hinweis auf eure Steuer-ID beim Finanzamt nach, um nicht in die Falle der Nachweispflicht zu geraten.

Die schriftliche Antwort (sog. Steuerbescheid, sofern keine Nachweise seitens des Finanzamtes gefordert werden) des Finanzamtes umfasst mehrere Seiten. Auf den ersten Seiten findet ihr eine Rechnung über die angerechneten Kosten und möglicherweise erstatteter Steuern. Die folgenden Seiten sind vollbepackt mit verschiedenen Paragraphen und juristischem Kleingedruckten, was viele Steuerneulinge verwirren dürfte. Ich werde euch kurz erläutern, auf was es beim zugesandten Steuerbescheid (genauer: **Bescheid für (Jahr) über Einkommensteuer, Kirchensteuer und Solidaritätszuschlag**) zu achten gilt. Hierbei sind vor allem **zwei Punkte** vorab zu beachten:

1. Die **Einspruchsfrist** ist zu wahren. Diese ist abhängig vom **Datum des Steuerbescheides** (dieses findet ihr oben rechts auf der ersten Seite des Steuerbescheides). Seid ihr gerade im Stress, wollt Einspruch einlegen oder Belege nachreichen, habt allerdings aktuell keine Zeit, wendet euch sofort an euren Finanzamt-Sachbearbeiter und bittet dort um Fristaufschub oder legt einen vorerst **unbegründeten** Einspruch ein. Verpasst ihr die Frist, so gilt der Bescheid als bestandskräftig und kann in der Regel (Ausnahmen: § 165 AO oder Wiedereinsetzen vorheriger Stand) nicht mehr angefochten werden.
2. Auf die **Anrechnungshöhe der verschiedenen Kostenarten** ist zu achten. Hierbei gilt es auf die Differenzierung von Werbungskosten und Sonderausgaben, wie auch Reisekosten und Entfernungspauschale auf dem Steuerbescheid zu achten.

[281] Nach sechs Monaten könnt ihr das Finanzamt mahnen.

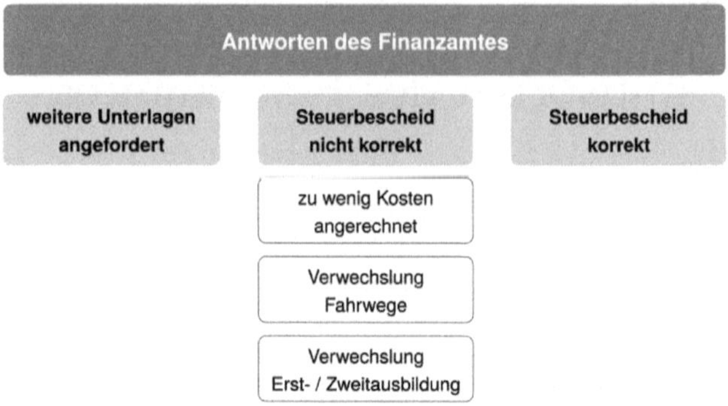

Abb. 7.1: Potenzielle Antworten des Finanzamtes

7.1 Mögliche Antwortschreiben des Finanzamtes

Doch wann ist eine Antwort des Finanzamtes für mich zufriedenstellend und wann sollte ich hiergegen Einspruch einlegen und wie kann mir das Finanzamt überhaupt antworten? Zunächst schauen wir uns die vom Finanzamt verschickten Antworten an:

1. **Das Finanzamt fragt Unterlagen an.**

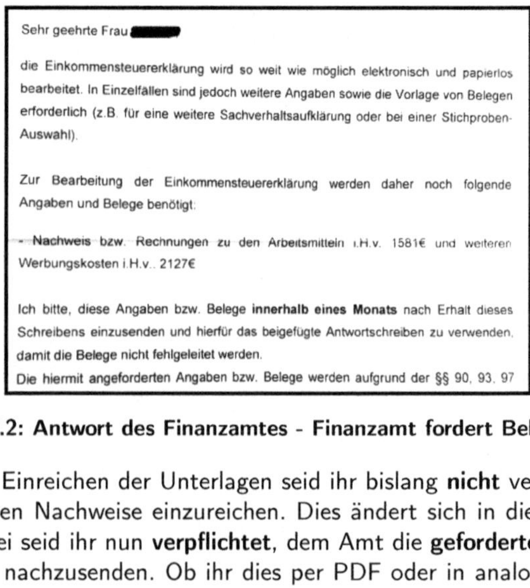
Sehr geehrte Frau [redacted]

die Einkommensteuererklärung wird so weit wie möglich elektronisch und papierlos bearbeitet. In Einzelfällen sind jedoch weitere Angaben sowie die Vorlage von Belegen erforderlich (z.B. für eine weitere Sachverhaltsaufklärung oder bei einer Stichproben-Auswahl).

Zur Bearbeitung der Einkommensteuererklärung werden daher noch folgende Angaben und Belege benötigt:

- Nachweis bzw. Rechnungen zu den Arbeitsmitteln i.H.v. 1581€ und weiteren Werbungskosten i.H.v.. 2127€

Ich bitte, diese Angaben bzw. Belege **innerhalb eines Monats** nach Erhalt dieses Schreibens einzusenden und hierfür das beigefügte Antwortschreiben zu verwenden, damit die Belege nicht fehlgeleitet werden.
Die hiermit angeforderten Angaben bzw. Belege werden aufgrund der §§ 90, 93, 97

Abb. 7.2: Antwort des Finanzamtes - Finanzamt fordert Belege an

Beim Einreichen der Unterlagen seid ihr bislang **nicht** verpflichtet gewesen Nachweise einzureichen. Dies ändert sich in diesem Fall. Hierbei seid ihr nun **verpflichtet**, dem Amt die **geforderten Unterlagen** nachzusenden. Ob ihr dies per PDF oder in analoger Form macht, bleibt euch überlassen. Es ist jedoch ratsam, in analoger Form nur eine **Kopie der Rechnungen** – und nie das Original – zu versenden, falls es zu einem Verlust der Rechnungen durch das Finanzamt oder auf dem Postweg kommen sollte.

Habt ihr die Unterlagen nicht mehr, so teilt dies dem Finanzamt schriftlich mit oder schreibt Eigenbelege und hofft auf eine Anerkennung seitens des Finanzamtes. Das Nicht-Nachweisen von Belegen hat – bis auf das Streichen der Kosten – keine weiteren Folgen.

2. **Das Finanzamt hat einen Steuerbescheid versendet.**

   Hierbei gilt es zu prüfen, ob der zugesandte **Steuerbescheid** eurem Empfinden nach als korrekt gewertet werden kann. Ist er dies **nicht**, so kann oder sollte **Einspruch** gegen diesen eingelegt werden.

7.2 Aufbau des Steuerbescheides

Folgend werden der **Aufbau** und die **Entschlüsselung** des zugesandten Steuerbescheides dargestellt. Der **Steuerbescheid** gliedert sich dabei in **vier Abschnitte**, die folgend thematisiert werden. Oben links auf der ersten Seite findet ihr eure Steuer-ID und Steuernummer. Auf der rechten Seite seht ihr das Datum des Steuerbescheides. Hiernach richtet sich eure **Einspruchsfrist**.

Festsetzung (1. Seite)

Unter dem Unterpunkt **„Festsetzung“** wird das **Ergebnis** des Steuerbescheides tabellarisch festgehalten. Bei einer **Verlustfeststellung** ohne Einnahmen können hier auch nur 0,00 in der Tabelle stehen, da keine gezahlte Einkommensteuer, Solidaritätszuschläge und Kirchensteuer im Steuerjahr festgestellt wurden. Ansonsten stehen in dieser Tabelle die zu entrichtenden und bereits gezahlten Steuerzahlungen des entsprechenden Jahres und deren Differenz und folglich, ob Steuern **zurückgezahlt** oder **nachgezahlt** werden müssen. Unter dem Text **„Art der Steuerfestsetzung“** erkennt ihr, ob der Steuerbescheid rechtsgültig oder zunächst vorläufig nach § 165 AO ist.

> In „Steuerbescheid – Seite 1“ wurden in entsprechendem Steuerjahr 1.682,00 € Einkommensteuer, 92,28 € Solidaritätszuschlag und 134,38 € Kirchensteuer zu viel gezahlt und werden vollständig von der Finanzbehörde zurückerstattet.

IdNr. 92 600 550 400
Steuernummer 12345 / 67890
(Bitte bei Rückfragen angeben)

Max Musterhausen
Musterstraße 6
68723 Musterstadt

Bescheid für 2015
über
E i n k o m m e n s t e u e r
Kirchensteuer
und
Solidaritätszuschlag

F e s t s e t z u n g

Art der Steuerfestsetzung

Der Bescheid ist nach § 172 Abs. 1 Satz 1 Nr. 2 AO geändert.
Er ist nach § 165 Abs. 1 Satz 2 AO teilweise vorläufig.

	Einkommensteuer €	Solidaritätszuschlag €	Kirchenst. evang. €
Festgesetzt werden	0,00	0,00	0,00
ab Steuerabzug vom Lohn	1.682,00	92,28	134,38
verbleibende Steuer	-1.682,00	-92,28	-134,38
A b r e c h n u n g (Stichtag 21.03.2018)			
von der Finanzkasse ausgezahlt	1.682,00	92,28	134,38
es verbleiben	0,00	0,00	0,00

Abb. 7.3: Steuerbescheid - Seite 1

Sobald ihr euren ersten Verlustvortrag erstellt habt, werden euch für die folgenden Steuerjahre zusätzliche Steuerbescheide (der Verlustfeststellungsbescheid; genauer: **Bescheid über die gesonderte Feststellung des verbleibenden Verlustfeststellungsvortrags zur Einkommensteuer zum 31.12.[Steuerjahr]**) mitgesandt. Auf diesen findet ihr die neue Summe oder den Restbetrag eures Verlustvortrags. Wird euch ein solcher Bescheid nicht mitgeschickt, dann beantragt erneut eine Verrechnung der Verlustvorträge durch die entsprechende „**Anlage Sonstige**" beim Finanzamt. Ansonsten kann euch der Verlustvortrag nicht mit dem Einkommen nach dem Studium verrechnet werden.

Bescheid für 2016 über E i n k o m m e n s t e u e r Kirchensteuer und Solidaritätszuschlag	**Bescheid** über die gesonderte Feststellung des verbleibenden Verlustvortrags zur Einkommensteuer zum 31.12.2016

Abb. 7.4: Arten des Steuerbescheides

Unter dem Punkt „**Feststellung**" im Verlustfeststellungsbescheid steht der neue festgestellte Verlustvortrag. Unter dem Reiter „**Feststellungsgrundlagen**" wird erklärt, woraus sich der gesammelte Verlustvortrag des Steuerjahres zusammensetzt (Summe des Verlustvortrags aus dem Vorjahr oder der Vorjahre und der Verlustfeststellung des aktuell bearbeiteten Steuerjahres).

F e s t s t e l l u n g

Art der Feststellung

Der Bescheid ist nach § 10 d Abs. 4 Sätze 4 und 5 EStG geändert.

	€
Der verbleibende Verlustvortrag wird nach § 10 d Abs. 4 EStG festgestellt auf	20.602

F e s t s t e l l u n g s g r u n d l a g e n

	€
Verbleibender Verlustvortrag Verbleibende negative Einkünfte hinzu verbleibender Verlustvortrag zum 31.12.2015	 18.563 2.039
verbleibender Verlustvortrag	20.602

Abb. 7.5: Verlustfeststellungsbescheid - Verrechnung der Verlustvorträge

Besteuerungsgrundlagen (Seite 2)

Unter dem Reiter „**Besteuerungsgrundlagen**“ wird aufgeführt, welche Einkünfte, Werbungskosten, Freibeträge und Sonderausgaben euch im behandelten Steuerjahr angerechnet wurden und aus welchen Posten sich diese zusammensetzen. Der letzte Punkt ist das zu versteuernde Einkommen, woraus sich dann die Steuerlast, der Solidaritätszuschlag und die Kirchensteuer berechnet.

Einkünfte aus nichtselbständiger Arbeit		
Bruttoarbeitslohn	7.328	
ab Werbungskosten		
Aufwendungen für **Arbeitsmittel**	2.183	
Fortbildungskosten	225	
Reisekosten bei Auswärtstätigkeiten	6.593	
übrige **Werbungskosten**	366	
Einkünfte	**-2.039**	
Summe der Einkünfte		**-2.039**
Gesamtbetrag der Einkünfte (*Verlustvortrag*)		**-2.039**
ab **Sonderausgaben**	-2.392	-2.392
Einkommen / zu versteuerndes Einkommen		**-4.431**

Tab. 7.1: Schematische Aufstellung der Besteuerungsgrundlage

Schauen wir uns das Ganze an einem Beispiel eines typischen Studierenden genauer an. Der Bescheid beginnt mit den Einkünften aus nichtselbständiger Arbeit (Bruttoarbeitslohn), von welchen Werbungskosten und Sonderausgaben abgezogen werden.

B e s t e u e r u n g s g r u n d l a g e n

Berechnung des zu versteuernden Einkommens

			€
Einkünfte aus nichtselbständiger Arbeit			
Bruttoarbeitslohn	7.328		
ab Werbungskosten			
Aufwendungen für Arbeitsmittel	2.183		
Fortbildungskosten	225		
Reisekosten bei Auswärtstätigkeiten	6.593		
übrige Werbungskosten	366		
Einkünfte	**-2.039**		**-2.039**
Summe der Einkünfte			**-2.039**
Gesamtbetrag der Einkünfte			**-2.039**
ab beschränkt abziehbare Sonderausgaben			
Beiträge zur Krankenversicherung inklusive etwaiger Zusatzbeiträge	2.332		
Summe der abziehbaren Vorsorgeaufwendungen	2.332		2.332
unbeschränkt abziehbare Sonderausgaben			
gezahlte Kirchensteuer	134		
ab erstattete Kirchensteuer	74	60	
Summe der unbeschränkt abziehbaren Sonderausgaben		60	60
Einkommen / zu versteuerndes Einkommen			**-4.431**

Berechnung der Steuer

		€
zu versteuern nach dem Grundtarif	-4.431	0
festzusetzende Einkommensteuer		**0**

Berechnung des Solidaritätszuschlags

	€
Einkommensteuer	**0,00**
davon 5,5 % Solidaritätszuschlag	0,00

Berechnung der Kirchensteuer

		€
festzusetzende Einkommensteuer		0,00
evangelische Kirchensteuer: 8 % von	0,00	0,00

Abb. 7.6: Steuerbescheid - Seite 2

Das behandelte Beispiel wäre ein Beispiel für einen Studierenden, der Einkünfte im Steuerjahr erzielte: Der angerechnete Bruttoarbeitslohn beträgt 7.324 €.[282] In den folgenden Zeilen werden die Werbungskosten nach der entsprechenden Klassifizierung (hier: „*Aufwendungen für Arbeitsmittel*“, „*Fortbildungs-*“, „*Reise-*“ *und* „*übrige Werbungskosten*“) abgezogen und zur „*Summe der Einkünfte*“ subtrahiert.

[282] Hätte der Studierende keine Einkünfte aus nichtselbständiger Arbeit erzielt oder wäre pauschal besteuert worden, hätte in dieser Zeile eine Null gestanden.

> Eine exaktere Auflistung, welche Werbungskosten angerechnet wurden, gibt das Finanzamt meist nur auf Nachfrage heraus.

Die *„Summe der Einkünfte“* ist ein Zwischenstand, der euch womöglich nicht interessiert. Dieser dient dazu, falls mehrere Einkunftsarten existieren (z. B. Kapital- oder Mieteinnahmen), diese zu summieren. Die verschiedenen Einkunftsarten werden hier aber nicht weiter behandelt.

In den folgenden Zeilen des Steuerbescheides werden vom *„Gesamtbetrag der Einkünfte“* die Sonderausgaben[283] (bei euch vermutlich die Krankenversicherungsbeiträge oder KFZ-Haftpflicht) abgezogen. Aus der Rechnung: *„Bruttolohn abzgl. Werbungskosten abzgl. Sonderausgaben“* ergibt sich das *„zu versteuernde Einkommen“*. Aus diesem Wert wird dann mit dem persönlichen Steuerprozentsatz (zwischen 14 und 42 %) die *„festzusetzende Einkommensteuer“* errechnet. Der Steuersatz bezeichnet den Prozentsatz, mit dem die Steuerbemessungsgrundlage (z.v.E.) versteuert werden muss. Ist das z.v.E. negativ, so ist die festzusetzende Steuer 0. *„Solidaritätszuschlag“* (5,5 % der Einkommensteuer) und *„Kirchensteuer“* (8 % der Einkommensteuer) berechnen sich aus der Höhe der festgesetzten Einkommensteuer.

Die **Verlustfeststellung** (auch: *„Gesamtbetrag der Einkünfte“*) bleibt **– 2.039 €**, da Sonderausgaben nicht in Folgejahre übertragen werden können und somit auch nicht in den Verlustvortrag zählen.

B e s t e u e r u n g s g r u n d l a g e n

Berechnung des zu versteuernden Einkommens

		€
Einkünfte aus nichtselbständiger Arbeit		
Bruttoarbeitslohn	3.600	
ab Werbungskosten		
übrige Werbungskosten	10.267	
Einkünfte	-6.667	-6.667
Summe der Einkünfte		-6.667

Abb. 7.7: Steuerbescheid - Nur ein Anrechnungsposten

> Das Finanzamt ist **nicht verpflichtet**, die Werbungskosten so detailliert aufzuschlüsseln. Oftmals gibt es nur Auskunft über die gesamten angerechneten Werbungskosten.

283 Nicht verwechseln, falls Sonderausgaben mit Werbungskosten im gesamten Steuerbescheid verwechselt werden. Es gibt Kosten, wie Krankenkassenbeiträge, die per Definition Sonderausgaben sind.

Erläuterungen zur Festsetzung (Seite 3)

Manchmal gibt das Finanzamt unter dem Punkt „**Erläuterung zur Festsetzung**" Auskunft, warum es zu keiner oder nur zu einer minimierten Anrechnung der eingereichten Kosten kam. Gegebenenfalls gibt das Finanzamt hier Fehlen von Belegen an oder eine Begründung, weswegen einzelne Arbeitsmittel nicht oder nur zu einem Teil anerkannt wurden: z. B. Arbeitsmittel fällt unter die private Lebensführung, es gilt ein Abzugsverbot für diverse Arbeitsmittel oder das Fehlen von Rechnungen als Nachweise. Sind die Ablehnungsgründe nicht vorhanden oder nicht plausibel, sollte man Einspruch einlegen.

Bescheid für 2015 über E i n k o m m e n s t e u e r Kirchensteuer und Solidaritätszuschlag vom 02.05.2017

E r l ä u t e r u n g e n z u r F e s t s e t z u n g

Sollten Sie vermögenswirksame Leistungen angelegt haben, können Sie ggf. die Festsetzung der Arbeitnehmer-Sparzulage noch bis zum 31.12.2019 beantragen.
Bitte bewahren Sie diesen Bescheid auf. Er dient auch als Einkommensnachweis zur Vorlage bei anderen Behörden (z.B. für Erziehungsgeld/Elterngeld, Leistungen nach dem BAföG).
Eine Zinsfestsetzung erfolgt nicht, weil die Zinsen nicht mindestens 10 € betragen (§ 239 Abs. 2 AO).

Die Festsetzung der Einkommensteuer ist gem. § 165 Abs. 1 Satz 2 Nr. 3 AO vorläufig hinsichtlich
- der Höhe des Grundfreibetrages (§ 32a Abs. 1 Satz 2 Nr. 1 EStG)
- der beschränkten Abziehbarkeit von sonstigen Vorsorgeaufwendungen im Sinne des § 10 Abs. 1 Nr. 3a EStG
- des Abzugs einer zumutbaren Belastung (§ 33 Absatz 3 EStG) bei der Berücksichtigung von Aufwendungen für Krankheit oder Pflege als außergewöhnliche Belastung
- der Berücksichtigung von Beiträgen zu Versicherungen gegen Arbeitslosigkeit im Rahmen eines negativen Progressionsvorbehalts (§ 32b EStG)
- der Abziehbarkeit der Aufwendungen für eine Berufsausbildung oder ein Studium als Werbungskosten oder Betriebsausgaben (§ 4 Absatz 9, § 9 Absatz 6 EStG)

Die Festsetzung des Solidaritätszuschlags ist gem. § 165 Abs. 1 Satz 2 Nr. 3 AO vorläufig hinsichtlich
- der Verfassungsmäßigkeit des Solidaritätszuschlaggesetzes 1995

Die Vorläufigkeitserklärung erfasst sowohl die Frage, ob die angeführten gesetzlichen Vorschriften mit höherrangigem Recht vereinbar sind, als auch den Fall, dass das Bundesverfassungsgericht oder der Bundesfinanzhof die streitige verfassungsrechtliche Frage durch verfassungskonforme Auslegung der angeführten gesetzlichen Vorschriften entscheidet (BFH-Urteil vom 30. September 2010 - III R 39/08 -, BStBl 2011 II S. 11). Die Vorläufigkeitserklärung erfolgt lediglich aus verfahrenstechnischen Gründen. Sie ist nicht dahin zu verstehen, dass die im Vorläufigkeitsvermerk angeführten gesetzlichen Vorschriften als verfassungswidrig oder als gegen Unionsrecht verstoßend angesehen werden. Soweit die Vorläufigkeitserklärung die Frage der Verfassungsmäßigkeit einer Norm betrifft, ist sie außerdem nicht dahingehend zu verstehen, dass die Finanzverwaltung es für möglich hält, das Bundesverfassungsgericht oder der Bundesfinanzhof könne die im Vorläufigkeitsvermerk angeführte Rechtsnorm gegen ihren Wortlaut auslegen.
Sollte aufgrund einer diesbezüglichen Entscheidung des Gerichtshofs der Europäischen Union, des Bundesverfassungsgerichts oder des Bundesfinanzhofs diese Steuerfestsetzung aufzuheben oder zu ändern sein, wird die Aufhebung oder Änderung von Amts wegen vorgenommen; ein Einspruch ist daher insoweit nicht erforderlich.

Bei Fragen zur Berechnung der evangelischen Kirchensteuer gibt auch die Kirche Auskunft unter der Nummer 0800-7137137. Der Anruf ist gebührenfrei.

Abb. 7.8: Steuerbescheid - Seite 3

Nicht selten steht in diesem Abschnitt oftmals auch nur ein allgemein gehaltener Text hinsichtlich Zinsen, Grund der Vorläufigkeit des Bescheides

(z. B. § 165 AO)[284] oder Rechtsgrundlagen.

Textauszüge Steuerbescheid – Seite 3:
Die Festsetzung der Einkommensteuer ist gem. **§ 165 Abs. 1 Satz 2 Nr. 3 AO** vorläufig hinsichtlich der Abziehbarkeit der Aufwendungen für eine Berufsausbildung oder ein Studium als Werbungskosten oder Betriebsausgaben (§ 4 Absatz 9, § 9 Absatz 6 EStG).

Aufwendungen für Berufskleidung und deren Reinigung konnten nicht berücksichtigt werden, da es sich hierbei nicht um typische Berufskleidung handelt. Aufwendungen für Arbeitsmittel (Büromaterial, Druckerpatronen- und Papier, etc.) konnten nur als Werbungskosten berücksichtigt werden, soweit Belege hierzu vorlagen, welche angefordert wurden.

Rechtsbehelfsbelehrung (Seite 4)

In diesem Abschnitt werdet ihr darüber belehrt, dass ihr gegen den Steuerbescheid **innerhalb eines Monats** Einspruch einlegen könnt.

R e c h t s b e h e l f s b e l e h r u n g

Die Festsetzung der Einkommensteuer und des Solidaritätszuschlags kann mit dem Einspruch angefochten werden.

Gegen die Kirchensteuerfestsetzung und die Festsetzung der Kirchensteuer-Vorauszahlungen ist der Einspruch gegeben.

Die Einsprüche sind bei dem vorbezeichneten Finanzamt oder bei der angegebenen Außenstelle schriftlich einzureichen, diesem / dieser elektronisch zu übermitteln oder dort zur Niederschrift zu erklären.

Die Kirchensteuerfestsetzung kann nicht mit der Begründung angefochten werden, dass die zugrunde gelegte Einkommensteuer unzutreffend sei. Dieser Einwand kann nur gegen die Festsetzung der Einkommensteuer geltend gemacht werden.

Zur Einlegung des Einspruchs ist derjenige befugt, gegen den sich die Kirchensteuerfestsetzung (Festsetzung der Kirchensteuer-Vorauszahlungen) richtet.

Ein Einspruch ist jedoch ausgeschlossen, soweit dieser Bescheid einen Verwaltungsakt ändert oder ersetzt, gegen den ein zulässiger Einspruch oder (nach einem zulässigen Einspruch) eine zulässige Klage, Revision oder Nichtzulassungsbeschwerde anhängig ist. In diesem Fall wird der neue Verwaltungsakt Gegenstand des Rechtsbehelfsverfahrens. Dies gilt auch, soweit sich ein angefochtener Vorauszahlungsbescheid durch die Jahressteuerfestsetzung erledigt.

Die Frist für die Einlegung eines Einspruchs beträgt einen Monat. Sie beginnt mit Ablauf des Tages, an dem Ihnen dieser Bescheid bekannt gegeben worden ist. Bei Zusendung durch einfachen Brief gilt die Bekanntgabe mit dem dritten Tag nach Aufgabe zur Post als bewirkt, es sei denn, dass der Bescheid zu einem späteren Zeitpunkt zugegangen ist.

Wenn Sie beabsichtigen, einen Einspruch elektronisch einzulegen, wird empfohlen, den Einspruch über das ElsterOnline-Portal (www.elsteronline.de) zu übermitteln.

A l l g e m e i n e s: Bitte bewahren Sie diesen Bescheid auf. Er dient auch als Einkommensnachweis zur Vorlage bei anderen Behörden.

Abb. 7.9: Steuerbescheid - Seite 4

[284] Die Vorläufigkeit des Steuerbescheids besagt lediglich, dass zu einem bestimmten Sachverhalt, von dem auch eure Steuererklärung betroffen ist, ein Verfahren vor dem Bundesfinanzhof (BFH), Bundesverfassungsgericht (BVerfG) oder Europäischen Gerichtshof (EuGH) läuft. Sollte das Urteil zu euren Gunsten ausfallen, ändert das Finanzamt automatisch den Bescheid und erstattet Steuern; fällt es zugunsten des Fiskus aus, wird der bestehende Steuerbescheid bestandskräftig.

7.3 Kontrolle des Steuerbescheides

Da es keine einheitliche Vorgabe gibt, wie das Finanzamt die Werbungskostenanrechnung auf dem Bescheid einzuteilen hat, ist der Kontrollvorgang der Kostenanrechnung komplexer. Die Summe der Werbungskosten (und die Summe der Sonderausgaben) sollten mit den eingereichten Kosten übereinstimmen oder zumindest größtenteils angerechnet worden sein. Eine genau definierte Art, wie die eingereichten Kosten zu denen im Steuerbescheid aufgelisteten Kosten benannt werden, existiert ebenfalls nicht.

Es gilt also zu vergleichen, welche **Werbungskosten eingereicht** wurden und wie hoch das Finanzamt diese **Kosten angerechnet** hat. Meist werden auf dem Steuerbescheid

- der **Bruttolohn**,
- die **Aufwendungen für Arbeitsmittel**,
- die **Fahrten zur ersten Tätigkeitsstätte**,
- die **Reisekosten bei Auswärtstätigkeiten** (Reisefahrt- und Reisenebenkosten)[285],
- die **Mehraufwendungen doppelter Haushalt** (Miete, Drei-Monats-Frist und Möbel) und
- **übrige Werbungskosten** angegeben.

Die Art der Werbungskostenaufteilung kann je nach Finanzamt **variieren**. Daher können z. B. die Entfernungspauschale oder Reisekosten auch unter *„weitere Werbungskosten"* oder *„Aufw. für Reisekosten"* verbucht werden oder der Verpflegungsmehraufwand unter *„Aufw. für Reisekosten"*, *„Mehraufw. für Verpflegung"* oder *„übrige Werbungskosten"* erfasst sein. Es kann jedoch auch auftreten, dass das Finanzamt die Summe der gesamten Werbungskosten unter *„übrige Werbungskosten"* vermerkt.

Vorsicht ist geboten, sollten die eingereichten von den angerechneten Werbungskosten **stark** abweichen. Hierbei gilt es dann mit genauer Betrachtung zu recherchieren, welche Kosten der eingereichten Posten nicht angerechnet oder womöglich vergessen wurden.

---

[285] Hier werden die Fahrtwege (gefahrene Kilometer x 2 x Fahrtwegepauschale + Reisenebenkosten + Verpflegungsmehraufwand x angegebene Tage) als Summe angegeben.

In diesem Ratgeber haben wir beim Ausfüllen der Steuerformulare und Excel-Anlagen **das Beispiel Max Mustermann** kennengelernt. Doch wie sehe Max Steuerbescheid denn nun möglicherweise aus? Kontrollieren wir nun zusammen, ob dieser korrekt ist (Abb. 7.6):

Die **Rückzahlungen** der gezahlten Abgaben (Einkommensteuer, Solidaritätszuschlag und Kirchensteuer) sehen wir in der Tabelle der ersten Seite des Steuerbescheides. Diese entsprechen den eingetragenen gezahlten Steuern auf der Anlage N. Trotz der vollständigen Rückzahlung dieser Abgaben wissen wir bis hier hin nicht, ob etwas der abgesetzten Werbungskosten angerechnet wurde, da Max unter der **Steuerfreigrenze** verdient hatte und so selbst ohne Werbungskosten alle gezahlten Steuern durch Abgabe einer Steuererklärung zurückerhalten hätte.

Auf der zweiten Seite des Steuerbescheides werden wir über die **angerechneten Werbungskosten** aufgeklärt. Beim „***Einkommen***" hatte Max **7.328 €** in Anlage N vermerkt und diese tauchen auf dem Steuerbescheid unter Bruttoarbeitslohn auf. Die „***Aufwendungen für Arbeitsmittel***" hatte Max in die Anlage N eingetragen. Auch diese sind mit **2.183 €** vermerkt. Die „***Fortbildungskosten***" entsprechen den Semestergebühren von der zweiten Seite der Anlage N. Für „***übrige Werbungskosten***" wurden **366 €** vermerkt. Diese stimmen mit den eingereichten Bewerbungskosten und Pauschalen (307 €) und dem Beitrag zu Berufsverbänden (59 €) überein.

Die „***Reisekosten bei Auswärtstätigkeiten***" sind nun mit **6.593 €** auf dem Steuerbescheid beziffert. Max hatte auf der Anlage N jedoch viel höhere Kosten angegeben. Bevor man nun beim Finanzamt Sturm läuft, schaut man sich Abschnitt III des Steuerbescheides genauer an: Findet man hier keine Antwort auf gestrichene Kosten, hinterfragt man, welche Kosten wohl angerechnet wurden. Da der Überpunkt als „**Reisekosten bei Auswärtstätigkeiten**" im Steuerbescheid benannt ist, gehen wir von den Reisefahrt- und Nebenkosten (1.417 €), den Pauschalen für Verpflegungsmehraufwand Inland (1.204 €) und Auslandsreisekosten (3.516 €) und Fahrten zur ersten Tätigkeitsstätte (456 €) aus. Diese Summe ergibt die gesuchten **6.593 €**.

Wir wissen nun, dass das Finanzamt wahrscheinlich die Mietaufwendungen (2.468 €), die Drei-Monats-Frist (1.918 €), die Einrichtungsaufwendungen (978 €) und die Heimfahrten (3.964 €) **nicht** angerechnet hat und können hiergegen Einspruch einlegen. Da Heimfahrten, Drei-Monats-Frist und Mietkosten, die allesamt zur „**doppelten Haushaltsführung**" gehören, nicht erstattet wurden, sollte man davon ausgehen, dass die doppelte Haushaltsführung seitens des Finanzamtes nicht akzeptiert wurde.

→ **Einspruch** einlegen zwecks „**doppelter Haushaltsführung**"!

Die **Sonderausgaben** aus den anderen Anlagen können wir bei Max Verlustvortrag vernachlässigen, da diese auf den Verlust **keinen Einfluss** haben. Dennoch kurz zur Erklärung: Zunächst werden beim Steuerbescheid **die beschränkt abziehbaren Sonderausgaben** (wie Altersvorsorgeaufwendungen, Kranken- und Pflegeversicherung) angerechnet (Die Kalkulation der Altersvorsorgeaufwendungen ist im Kapitel 5.4 dargestellt). Die *„Altersvorsorgeaufwendungen"* werden in diesem Beispiel zu 86 % angerechnet. Die *„Basiskranken- und Pflegebeiträge"* können unbegrenzt abgesetzt werden und werden nur um Krankengeld gekürzt. Da die Basisbeiträge bereits den Maximalbetrag (1.900 €) übersteigen, können keine Wahlleistungen mehr angerechnet werden. Folgend werden die übrigen oder **unbeschränkt abziehbaren Sonderausgaben** (wie Kirchensteuer, Freibeträge oder Spenden) im vollen Umfang (daher: „unbeschränkt") abgezogen.

ab beschränkt abziehbare Sonderausgaben			
Summe der Altersvorsorgeaufwendungen	14.508		
davon 86 %	12.477		
ab Arbeitgeberanteil zur Rentenversicherung	7.254		
verbleiben	5.223	5.223	
Beiträge zur Krankenversicherung inklusive etwaiger Zusatzbeiträge	8.231		
ab Kürzungsbetrag nach § 10 Abs. 1 Nr. 3 Buchstabe a Satz 4 EStG	167		
verbleiben	8.064		
Beiträge zur Pflegeversicherung	1.355		
Summe der Beiträge nach § 10 Abs. 1 Nr. 3 EStG	9.419		
ab Beitragsrückerstattung	168		
ab steuerfreie Arbeitgebererstattungen	4.553		
verbleiben	4.698	4.698	
Summe der abziehbaren Vorsorgeaufwendungen		9.921	9.921
unbeschränkt abziehbare Sonderausgaben			
im Kalenderjahr 2018 geleistete Zuwendungen § 10b EStG	254		
im Veranlagungszeitraum abziehbar	254	254	
gezahlte Kirchensteuer	2.477		
ab erstattete Kirchensteuer	413	2.064	
Summe der unbeschränkt abziehbaren Sonderausgaben		2.318	2.318
Pflege-Pauschbetrag/-beträge nach § 33b Abs. 6 EStG			924

Abb. 7.10: Kontrolle der Sonderausgaben

7.4 Nicht-korrekte Steuerbescheide

Wir haben durch die Kontrolle von Max' Steuerbescheid gesehen, dass nicht zwangsläufig alle Kosten durch das Finanzamt angerechnet worden sein müssen. Es gibt dennoch mehrere Möglichkeiten, die als **falsche Antworten** des Finanzamtes angesehen werden dürfen und welche Fehler Finanzämter bei studentischen Steuererklärungen häufiger machen. Dabei muss es sich nicht einmal um den Umstand handeln, dass nicht alle Werbungskosten angerechnet wurden. **Statistisch ist jeder fünfte verschickte Steuerbescheid nicht korrekt.**[286] Bei Verlustvorträgen aus dem Studium schätze ich die Quote deutlich höher ein (circa jeder zweite Steuerbescheid ist hier fehlerhaft!). Die häufigsten Fehler und wie ihr dagegen vorgeht, werden im Folgenden besprochen.

Habt keine Angst vor dem Finanzamt! Auch hier arbeiten nur Menschen und viele der Sachbearbeiter des Finanzamtes kennen die Begebenheiten beim Absetzen von Studienkosten nicht, da diese Art der Steuererklärung immer noch viel zu selten von Studierenden genutzt wird oder sich die Rechtslage häufig ändert. Zudem sind **zwei von drei Einsprüchen** gegen einen Steuerbescheid erfolgreich![287]

Gegen **jeden** Steuerbescheid dürft ihr Einspruch einlegen, sofern dieser in euren Augen nicht korrekt ist. Wollt ihr für euch Zeit gewinnen, so könnt ihr den Einspruch zunächst **grundlos** beim Finanzamt einreichen, um die **Widerspruchsfrist** zu wahren. Allerdings muss der Widerspruchsgrund nachgereicht werden. Eine Beschränkung, wie oft ihr Einspruch einlegen dürft, existiert nicht. Jedoch muss der Einspruch innerhalb **eines Monats** beim Finanzamt eingehen.

Im Folgenden werden einige **falsch** bearbeitete Steuerbescheide und die korrekte Reaktion auf diese dargestellt. Diese Fehler sind nicht vollumfänglich und können auch kombiniert auftreten. Wie ihr euren persönlichen Einspruch zusammensetzt, bleibt hierbei euch überlassen.

Keine angerechneten Kosten

An folgender Antwort des Finanzamtes sehen wir, dass das Finanzamt **gar keine Werbungskosten aus der Verlustfeststellung** anerkannt hat: Das Finanzamt antwortete mit einem leeren Steuerbescheid! Dies kann vorkommen, wenn der Sachbearbeiter den **Tatbestand des Verlustvortrags** nicht kennt oder unter Zeitdruck (Verlustvortrag liegt schon länger als sechs Monate vor) eine Antwort versenden muss.

Eine weitere fehlerhafte Rückmeldung dieser Art kann auftreten, falls hierbei statt der eingereichten Werbungskosten nur der Arbeitnehmerpauschbetrag (i.H.v. -1.000 € [bis 2021] / 1.200 € [2022] / 1.230 € [ab 2023]) als Werbungskosten vermerkt wird. Auch in diesem Fall ist davon auszugehen, dass das Finanzamt den Verlustvortrag falsch bearbeitet hat. Hiergegen ist Einspruch zu erheben, denn ansonsten ist für

[286]Vgl. NTV.
[287]Vgl. Steuertipps.

das Steuerjahr kein Verlust festgestellt worden, was ohne eingereichten Einspruch durch euch akzeptiert wird.

Der Bescheid ist nach § 165 Abs. 1 Satz 2 AO teilweise vorläufig.

	Einkommen-steuer €	Solidaritäts-zuschlag €	Kirchenst. kath. €
Festgesetzt werden	0,00	0,00	0,00
Abrechnung (Stichtag 12.09.2019)			
bereits getilgt	0,00	0,00	0,00
es verbleiben	0,00	0,00	0,00

Besteuerungsgrundlagen

Berechnung des zu versteuernden Einkommens

		€
Einkünfte aus nichtselbständiger Arbeit Bruttoarbeitslohn	0	
Einkünfte	0	0
Summe der Einkünfte		0
Gesamtbetrag der Einkünfte		0
ab Sonderausgaben-Pauschbetrag		36
Einkommen / zu versteuerndes Einkommen		-36

Berechnung der Steuer

		€
zu versteuern nach dem Grundtarif	-36	0
festzusetzende Einkommensteuer		0

Abb. 7.11: Nicht-korrekter Steuerbescheid - Keine Kosten angerechnet

> → **Einspruch** einlegen zwecks
>
> **„Fristwahrung"** oder **„zu wenig Kosten"**!

Antwortet ihr nicht, war eure bisher investierte Arbeit umsonst, da der Bescheid bestandskräftig wird und euch keine Werbungskosten angerechnet wurden.

Verwechslung Sonderausgaben und Werbungskosten

Auch beim folgenden Beispiel liegt ein Fehler in der Bearbeitung des Finanzamtes vor[288] und man sollte Einspruch gegen den vorliegenden

[288] Oder es handelt sich um eine Erstausbildung. Dann wäre es korrekt, da nur Sonderausgaben absetzbar sind. Ich kenne den Fall und weiß, dass es sich um eine fehlerhafte Behandlung einer Zweitausbildung handelt.

Steuerbescheid einlegen. Im betreffenden Bescheid wurden **Werbungskosten** und **Sonderausgaben** (bzw. Erst- und Zweitausbildung) verwechselt. Ein Anhaltspunkt für die **Verwechslung** ist hierbei, dass keine Werbungskosten im Steuerbescheid auftauchen und die Sonderausgaben als Berufsausbildungskosten (maximal können hier 6.000 € angerechnet werden) ausgeschöpft wurden. Das Finanzamt ist in diesem Fall davon ausgegangen, dass es sich bei der Ausbildung um eine Erstausbildung handelt.

> Ein Indiz für die falsche steuerliche Behandlung ist, dass der **maximal anrechenbare Wert für Sonderausgaben (Berufsausbildungskosten) (6.000 €) ausgeschöpft** wird.

Auch in diesem Fall ist es ratsam, Einspruch einzulegen, da zwar die Kosten angerechnet wurden, diese jedoch als Sonderausgaben deklariert wurden und somit **nicht** ins Folgejahr übertragen werden.

B e s t e u e r u n g s g r u n d l a g e n

Berechnung des zu versteuernden Einkommens

			€
Einkünfte aus selbständiger Arbeit aus freiberuflicher Tätigkeit	-2.341		
Einkünfte	-2.341		-2.341
Summe der Einkünfte			-2.341
Gesamtbetrag der Einkünfte			-2.341
Berücksichtigung als Verlustrücktrag/-vortrag			2.341
ab unbeschränkt abziehbare Sonderausgaben			
Berufsausbildungskosten		6.000	
Summe der unbeschränkt abziehbaren Sonderausgaben		6.000	6.000
Einkommen / zu versteuerndes Einkommen			-6.000

Abb. 7.12: Nicht-korrekter Steuerbescheid - Verwechslung von Werbungskosten und Sonderausgaben

Es muss jedoch nicht zwangsläufig so sein, dass die Berufsausbildungskosten fälschlicherweise mit 6.000 € vollständig ausgeschöpft werden. Achtet unbedingt darauf, dass, sofern ihr eure Zweitausbildung steuerlich absetzt, die Kosten im Abschnitt der Werbungskosten (also **über** dem Gesamtbetrag der Einkünfte) und nicht bei den Sonderausgaben aufgeführt werden.

> → **Einspruch** einlegen zwecks
>
> „**Verwechslung Werbungskosten & Sonderausgaben**"!

Verwechslung Reisekosten und Entfernungspauschale

Der nächste Fehler betrifft ebenso die **Unterscheidung** zweier Werbungskostenposten. Hierbei nun die Ungleichheit **der Pendlerpauschale** und **der Reisekosten**. Der Student gab neben dem Weg zur eigenen Uni eine stattfindende Lerngruppe an einer anderen Uni, die näher am Wohnort lag, an. Berechnet wurden für beide Anfahrten lediglich die Entfernungspauschale – also der einfache Fahrweg und ohne Verpflegungsmehraufwandspauschalen.

Das ist aus mehreren Gründen falsch. Zum einen überschreitet er so den Höchstbetrag der Pendlerpauschale[289] und erhält nur für den einfachen Weg die Fahrtenpauschale vergütet. Zum anderen fallen alle Pauschalbeträge des Verpflegungsmehraufwandes weg.

B e s t e u e r u n g s g r u n d l a g e n

Berechnung des zu versteuernden Einkommens

			€
Einkünfte aus nichtselbständiger Arbeit			
Bruttoarbeitslohn		0	
ab Werbungskosten			
Wege Wohnung - erste Tätigkeitsstätte			
Entfernungspauschale für 316 Tage			
Wege mit sonstigen Verkehrsmitteln			
184 Tage* 91 km* 0,30	5.023,20		
132 Tage* 18 km* 0,30	712,80		
zusammen	5.736,00		
höchstens jedoch	4.500		
Entfernungspauschale	4.500		
insgesamt	4.500	4.500	
Aufwendungen für Arbeitsmittel		2.219	
Mehraufw. f. Verpflegung		120	
Einkünfte		-6.839	-6.839
Summe der Einkünfte			-6.839
Gesamtbetrag der Einkünfte			-6.839
Berücksichtigung als Verlustrücktrag/-vortrag			6.839
ab Sonderausgaben-Pauschbetrag			36
Einkommen / zu versteuerndes Einkommen			-36

Abb. 7.13: Nicht-korrekter Steuerbescheid - Falsch berechnete Reisekosten

Rechnerisch ergibt sich also folgender Unterschiedsbetrag:

184 Tage à 91 km	=	5.023 €	(Pendlerpauschale zur Heim-Uni)
132 Tage à 18 km	=	712 €	(Pendlerpauschale zur Lern-Uni)
0 Tage à 12 €	=	0 €	(Verpflegungsmehraufwand)
Summe:		5.212 €	(auf 4.500 € gedeckelt)

[289]Achtung: Hier wurde noch ohne die neue erhöhte Entfernungspauschale gerechnet (2019)!

Korrekt wäre:

- Pendlerpauschale zur Heim-Uni:

  184 Tage à 91 km = 5.023 € (max. 4.500 €)

- Reisefahrtkosten zur Lern-Un:

  132 Tage à 18 km (à 2 x 0,3) = 1.424

- Verpflegungsmehraufwand:

  112 Tage à 12 € = 1.344 €

In Summe also 7.268 €! Durch eine korrekte Berechnung des Tatbestandes hatte der Student einen 2.768 € höheren Verlust.

> → **Einspruch** einlegen zwecks
>
> **„Verwechslung Entfernungspauschale und Reisekosten"**!

Zu wenig Werbungskosten angerechnet

Eure Steuererklärung reicht ihr mit einer deutlich höheren Gesamtsumme an Werbungskosten ein als ihr später auf eurem Steuerbescheid ablest. Ist die Differenz zwischen diesen Werten in eurem persönlichen Empfinden zu hoch, legt Einspruch gegen den Steuerbescheid ein oder verlangt eine Auflistung der angerechneten Kosten oder eine Erklärung über die nicht angerechneten Kosten. Hierbei ist, sofern das Finanzamt die Anrechnung bereits aufschlüsselt, zu prüfen, um welche Kostenart oder Kostenpunkt die Summe abweicht. So kann möglicherweise für genau diese Kostenart (z. B. Reisekosten, doppelte Haushaltsführung) der Einspruch[290] vorgenommen werden.

Es gilt also ein paar Minuten zu investieren und zu überlegen, wo eure angegebenen Kosten vermerkt und ob alle eingereichten Posten berücksichtigt wurden. Im ausgestellten Steuerbescheid lest ihr ab, dass dem **Bruttolohn von 0 €**, insgesamt **16.412 € Verlustvortrag als Werbungskosten und weitere 2.049 € Sonderausgaben (Krankenversicherung)** gegenüberstehen.[291] Hauptaugenmerk eures Verlustvortrags

[290] Bzw. Antrag auf schlichte Änderung: Vorteil hierbei, dass andere Anrechnungen in einer Kontrolle unberührt bleiben. Dazu später mehr.

[291] Einige Finanzämter geben auch nur den Verlustvortrag als Summe an. Hierbei müsst ihr abwägen, ob ihr dies akzeptiert oder eine genaue Aufstellung des Finanzamtes wünscht.

haben die Werbungskosten, da Sonderausgaben keinen Einfluss auf den Verlustvortrag haben.

B e s t e u e r u n g s g r u n d l a g e n

Berechnung des zu versteuernden Einkommens

			€
Einkünfte aus nichtselbständiger Arbeit			
Bruttoarbeitslohn	0		
ab Werbungskosten			
Aufwendungen für Arbeitsmittel	6.278		
Reisekosten bei Auswärtstätigkeiten	7.896		
übrige Werbungskosten	2.238		
Einkünfte	-16.412		-16.412
Summe der Einkünfte			-16.412
Gesamtbetrag der Einkünfte			-16.412
ab beschränkt abziehbare Sonderausgaben			
Beiträge zur Krankenversicherung inklusive etwaiger Zusatzbeiträge	2.049		
Summe der abziehbaren Vorsorgeaufwendungen	2.049		2.049
Sonderausgaben-Pauschbetrag			36
Einkommen / zu versteuerndes Einkommen			-18.497

Abb. 7.14: Nicht-korrekter Steuerbescheid - Vergessen eines Kostenposten

So hatte das Finanzamt sich im folgenden Beispiel auf die Posten *„Aufw. für Arbeitsmittel“* (Arbeitsmittel und Fortbildungskosten), *„Reisekosten bei Auswärtstätigkeiten“* (Summe Reisefahrt- und Nebenkosten inkl. Verpflegungsmehraufwand) und *„übrige Werbungskosten“* (Summe Kosten der doppelten Haushaltsführung) festgelegt. Die übrigen Werbungskosten stellen immer einen Sammelpool von Werbungskosten dar. Wie das Finanzamt diesen Pool füllt – Entfernungspauschale, doppelte Haushaltsführung oder Reisekosten – ist nicht festgelegt. Diese Posten kann man nun mit den eingereichten Positionen vergleichen und sich auftretende Differenzen erklären. Im vorliegenden Fall hatte das Finanzamt das Anrechnen der *„Entfernungspauschale“* als Gesamtposten vergessen. So reichte ein **Antrag auf schlichte Änderung** [292] aufgrund der fehlenden Entfernungspauschale aus, um den Steuerbescheid korrigieren zu lassen.

[292] Dazu im folgenden Kapitel mehr.

7.5 Korrekter Steuerbescheid

Dieser Bescheid korrigiert das nicht-korrekte Beispiel mit „zu wenig angerechneten Kosten" der vorherigen Seite: Die fehlende Entfernungspauschale (2.151 €) wurde nun durch das Finanzamt unter *„übrige Werbungskosten"* nachgetragen.

Ob der Bescheid nun korrekt und ob die angerechneten Werbungskosten für euch akzeptabel sind, müsst ihr im Einzelfall für euch selbst entscheiden. Zur Kontrolle addiert ihr eure **eingereichten** Werbungskosten und vergleicht diese mit den **angerechneten** Werbungskosten auf dem Steuerbescheid. Seid ihr auch mit der Höhe der angerechneten Werbungskosten einverstanden, so müsst ihr nichts weiter unternehmen. Der Bescheid wird nach **einem Monat** bestandskräftig.

B e s t e u e r u n g s g r u n d l a g e n

Berechnung des zu versteuernden Einkommens

			€
Einkünfte aus nichtselbständiger Arbeit			
Bruttoarbeitslohn	0		
ab Werbungskosten			
Aufwendungen für Arbeitsmittel	6.278		
Reisekosten bei Auswärtstätigkeiten	7.896		
übrige Werbungskosten	4.389		
Einkünfte	**-18.563**		**-18.563**
Summe der Einkünfte			**-18.563**
Gesamtbetrag der Einkünfte			**-18.563**
ab beschränkt abziehbare Sonderausgaben			
Beiträge zur Krankenversicherung inklusive etwaiger Zusatzbeiträge	2.049		
Summe der abziehbaren Vorsorgeaufwendungen	2.049		2.049
Sonderausgaben-Pauschbetrag			36
Einkommen / zu versteuerndes Einkommen			**-20.648**

Abb. 7.15: Korrekter Steuerbescheid - Anrechnung eines Verlustvortrags

→ **Kein Einspruch** mehr nötig.

8 Einsprüche gegen den Steuerbescheid

Das folgende Kapitel dreht sich um die einzulegenden Einsprüche gegen nicht korrekt ausgestellte Steuerbescheide. Ihr erhaltet den **nicht korrekt ausgestellten Steuerbescheid** und denkt beim ersten Blick auf den Bescheid, dieser sei korrekt und erfreut euch der ein oder anderen großen Zahl, die ihr auf dem Bescheid entdeckt und schlussfolgert dieser sei korrekt. Dies ist bei **jedem fünften Bescheid** nicht der Fall! Deshalb solltet ihr den zugesandten Bescheid exakt prüfen, ob alle eingereichten Kosten entsprechend eurer Angaben angerechnet wurden. Die Hauptverfehlungen seitens des Finanzamtes wurden bereits dargelegt:

- **Werbungskosten** wurden **als Sonderausgaben abgesetzt**.[293] Dies bedeutet, ihr nehmt den Verlustbetrag nicht mit ins Folgejahr. Möglicherweise kann dies die Ursache haben, dass die **Zweitausbildung als Erstausbildung** behandelt und damit gar nicht oder nur als Sonderausgaben berücksichtigt wurde.
- **Unbegründet** wurde **ein Teil der Werbungskosten nicht angerechnet**. Eure Werbungskosten wurden nicht anerkannt oder unbewusst vom Finanzamt vergessen. Hierbei ist darauf zu achten, ob Arbeitsmittel, Fahrt- und Reisekosten, ebenso wie ggf. die doppelte Haushaltsführung, angerechnet wurden. Ab und an wird **eine Kostenart** vergessen. Hierzu würde ich euch dringend raten, exakt die Auflistung der Kostenarten im Vergleich zu den eingereichten Kosten zu prüfen oder bei mehr als **15 % Differenz** zwischen eingereichtem und angerechnetem Verlust das Finanzamt um Stellungnahme zu bitten. Eine oft beobachtete Ursache könnte sein, dass Anlagen wie z. B. die Aufstellung der Reisekosten „übersehen"[294] wurden. Hierdurch fehlen hohe Kostenbeträge.

---

[293] Wenn Sonderausgaben bei exakt 6.000 € liegen, deutet dies auf den Verwechslungsfall hin.

[294] Keine „Aufw. für Reisekosten" auf dem Steuerbescheid ausgewiesen. Hierbei empfiehlt sich ein Antrag auf schlichte Änderung.

- Der **Verlust** wird **nicht anerkannt**, da Steuererklärungen laut Finanzamt nur vier Jahre nachträglich akzeptiert werden.[295] (Verlustfeststellung **bis zu sieben Jahre** rückwirkend!).
- Die **doppelte Haushaltsführung** wird **nicht anerkannt**, da im elterlichen Haushalt kein eigener Haushalt vorliegen soll. Hier rate ich zum Einspruch zwecks doppelter Haushaltsführung, um dem Finanzamt das Gegenteil darzulegen.
- Darüber hinaus existieren noch **weitere falsche Annahmen** seitens des Finanzamtes. So kann beispielsweise das Auslandssemester nicht als Reisekosten oder der Laptop nicht als Arbeitsmittel akzeptiert worden sein, das Finanzamt hat ein steuerzahlerfreundliches Urteil missachtet oder das Finanzamt hat sich **einfach verrechnet**. Für diese Fälle ist auf die aktuellen Rechtsprechungen in diesem Ratgeber verwiesen. Diese könnt ihr nutzen und Einspruch mit Verweis auf das Urteil (z. B. vom BFH) und das Aktenzeichen (Az.) einlegen.

All diese Sachverhalte haben gemein, dass der Steuerpflichtige **benachteiligt** wird. Häufig liegt dies auch darin begründet, dass der Sachbearbeiter des Finanzamtes sich nicht ausreichend mit der Thematik „Studienkosten steuerlich absetzen“ auskennt und dies infolgedessen zu einer fehlerhaften Beurteilung des Steuerfalles kommt. Für diesen Umstand ist es wichtig, dass ihr **innerhalb der Frist von einem Monat** mit den entsprechenden Einsprüchen gegen einen falschen Steuerbescheid vorgeht. Einsprüche müssen nach § 357 Abs. 1 AO **schriftlich** eingehen, wobei es unerheblich ist, ob dies per Mail, Formular auf der Finanzamt-Homepage oder Post geschieht.

Datum des Steuerbescheids (per normalen Postweg)	07.09.19
+ **3 Tage** Bekanntgabe Fiktion (nach §122 AO)	+ 3 Tage
= offizielle Bekanntgabe des Steuerbescheids	10.09.19
Ist dieser Tag ein Wochenende, so gilt der nächste Arbeitstag (hier der 11.09.)	11.09.19
+ **1 Monat** (§ 357 AO): **letztmöglicher Posteingang** beim Finanzamt.	11.10.19 (24 Uhr)

Tab. 8.1: Berechnung der Einspruchsfrist

[295] Es handelt sich in diesem Fall um eine Verlustfeststellung bzw. einen Verlustvortrag (Vgl. Unterschied zu Steuererklärung). Lösung: Einspruch zwecks Fristwahrung.

Das Finanzamt prüft den Einspruch und gibt diesem Antrag Recht (**Abhilfebescheid**) oder begründet seine damalige Entscheidung. Nach dieser Begründung könnt ihr den Einspruch zurücknehmen oder weiter darauf beharren. Einigt man sich nicht, so wird der Antrag an die **Rechtsbehelfsstelle** weitergereicht, die diesen prüft. Teilt diese eure Meinung, erhaltet ihr einen neuen Bescheid. Andernfalls erlässt die Rechtsbehelfsstelle eine **Einspruchsentscheidung**. Hiergegen kann nur mit einer Klage am Finanzgericht vorgegangen werden. Die Rechtsbehelfsstelle verursacht keine Kosten für euch.

> Verpasst ihr diese Einspruchsfrist, ist der Anspruch auf Einspruch verloren und auch nur schwer wiederbringlich.[296]

Fahrt ihr in den Urlaub oder seid aus anderen Gründen nicht in der Lage, eure Post während dieser Zeit einzusehen, so meldet dies dem Finanzamt frühzeitig an, damit dieses die Tatsache berücksichtigen kann oder beauftragt Freunde und Familie eure Post zu überprüfen und euch bei Posteingang zu informieren. **Das Finanzamt ist in dieser Angelegenheit ausgesprochen streng. Infolgedessen ist es wichtig, diese Fristen ernst zu nehmen!**

Ist es nun doch passiert, dass ihr diese Frist verpasst habt, so versucht es dem Finanzamt mit dem **„Antrag auf Wiedereinsetzung in den vorigen Stand“**[297] zu erklären, weshalb es zu diesem Versäumnis kam. Dieser Antrag bewirkt, dass ihr wiederum Einspruch gegen den Steuerbescheid einlegen könnt. Allerdings muss dieser Antrag gut begründet sein (bspw. durch lange Krankheit, längere Dienstreise oder Ähnlichem). Andernfalls ist es kaum möglich, Aussicht auf Erfolg zu haben und eine erneute Einspruchsmöglichkeit zu erhalten. Daher der Rat, euch rechtzeitig darum zu kümmern, die Einspruchsfrist einzuhalten! Der Einspruch kann zunächst grundlos erfolgen.

> Solltet ihr Einspruch einlegen, wird der gesamte Steuerbescheid neu betrachtet. Es kann also auch vorkommen, dass die Nachprüfung eures Bescheides schlechter als der erste Bescheid ausfällt (sogenannte „**Verböserung**“). Jedoch tritt dies selten auf.

[296] Achtung: Beim Finanzamt wird penibel darauf geachtet. So erhalten eingehende Briefe einen Eingangsstempel, ob diese vor oder nach 24 Uhr eingegangen sind. Einziger Ausweg: Antrag auf Wiedereinsetzung in den vorherigen Stand.

[297] § 110 AO.

Alternativ: Antrag auf schlichte Änderung

Alternativ zum Einspruch könnt ihr auch einen **Antrag auf schlichte Änderung**[298] stellen. Dieser „**kleine Einspruch**" richtet sich nur auf einen Sachverhalt und lässt sich einsetzen, wenn ein Zahlendreher auftaucht, nur eine Kostenart vergessen wurde oder Rechnungen nachgereicht werden mussten. Bei diesem Antrag wird **nur der eine kritisierte Tatbestand kontrolliert** und der Antrag kann, im Gegensatz zum Einspruch, **nur zu euren Gunsten** entschieden werden. Allerdings können nach Ablauf der Einspruchsfrist des ersten Bescheides auch nur zu diesem Sachverhalt weitere Veränderungen vorgenommen werden.

[298] § 172 Abs. 1 Nr. 2a AO.

9 Tipps und Tricks

Diese Kategorie ist wohl eine der wichtigsten in diesem Ratgeber, weil ich es immer wieder erlebt habe, dass es zu viele Studierende gibt, die zu unstrukturiert an die Steuer-Angelegenheit herantreten. Dazu gesellt sich die Angst vor dem Finanzamt oder dass Studierende sich zu viele Gedanken über einzelne fehlende Rechnungen machen. Kurz um, solange ihr nicht betrügt (einen Beleg zu verlieren ist kein Betrug) oder ihr steuerrelevante Einnahmen verschleiert, kann euch nichts passieren! Das Finanzamt streicht im Ausnahmefall Arbeitsmittel, die ihr nicht belegen könnt. Nachfolgend habe ich alle **Tipps und Tricks** zusammengefasst, die sich über all die Jahre bewährt haben und die zu deutlichen Ergebnisverbesserungen der Verlustvorträge beigetragen haben.

9.1 Allgemeine Tipps

1. **Sammelt eure Kaufbelege und scannt diese ein**. Seid ihr noch vor eurer Zweitausbildung, so hebt unbedingt eure Belege auf und digitalisiert diese im besten Fall.[299] Hierfür gibt es zahlreiche Apps (z. B. Steuer:Scan[300]). Einscannen der Belege hat zwei Vorteile: Zum einen verhindert ihr Ausbleichen dieser und zum anderen besitzt ihr eine optimale Grundordnung. Seid ihr schon am Ende oder im laufenden Studium, so versucht nachträglich bei Flug-Airlines, euren Hochschulen, Hotels, etc. Belege nachzufordern. Diese müssen Rechnungen über mehrere Jahre aufbewahren und euch bei Nachfrage ausstellen.

2. **Forsch sein**. Da ihr zunächst nicht dazu verpflichtet seid eure Ausgaben auch nachzuweisen, rate ich dazu diese auch ohne Rechnung abzusetzen. Solltet ihr im Nachhinein dazu aufgefordert werden diese nachzureichen, könnt ihr dem Finanzamt mitteilen, euch um die Rechnung zu kümmern oder diese als „nicht auffindbar“ anzugeben. In vielen Fällen verlangt das Finanzamt allerdings keine Rechnung.

3. **Belege nachfordern, falls nicht mehr vorhanden.** Dass viele diesen Aufwand scheuen, ist verständlich, jedoch völlig unbegründet. An Versandhäuser, Hotels oder auch Fluggesellschaften reicht eine kleine Mail und ihr erhaltet innerhalb weniger Stunden die alte Rechnung neu ausgestellt. Im Anhang habe ich Formulierungen hierfür angefügt,

[299] Kaufbelege verblassen häufig.

[300] Von Buhl.

die euch dazu dienen, diesen Ablauf zu beschleunigen (Notfalls besteht bei fehlender Rechnung noch die Option einen Eigenbeleg auszustellen).

4. **Extra Studienkonto anlegen**. Seid ihr noch vor der Zweitausbildung und informiert euch bereits jetzt über die steuerliche Situation, kann ich euch raten, euch direkt zwei Girokonten (sog. **Zweikontenmodell**) zuzulegen und so bereits früh zwischen Studienkonto und Freizeitkonto aufzuteilen. So spart ihr eine Menge Arbeit und behaltet die Studienkosten fest im Blick.
5. **Frühzeitig alles dokumentieren**. Macht euch schon während des Studiums Notizen zu euren Ausgaben und Fahrten. Kauft Semesterplaner und notiert euch Ausgaben, stattfindende Lerngruppen mit Teilnehmern und Lernergebnissen. So erleichtert ihr euch von Beginn an das Absetzen eurer Werbungskosten.
6. **Finanzabfluss checken**: Aus diesem Grund ist es auch wichtig, z. B. alte Kontoauszüge, das Ebay- oder Amazon-Konto, PayPal oder die Kreditkartenabrechnung zu kontrollieren. Viele Ausgaben vergisst man über die Jahre. Durch das Kontrollieren dieser Unterlagen kann man oft vergessene Ausgaben wiederfinden und sich so zusätzlich noch weitere zurück ins Gedächtnis rufen.
7. **Glaubt keinen Gerüchten**. Ich habe irrwitzige Geschichten zu diesem Steuerthema gehört. Mir haben einige Studenten glaubhaft machen wollen, dass man durch einen Verlustvortrag nochmals Steuern nachzahlen müsste. Deshalb kann ich euch nur raten, keinen Wert auf Gerüchte oder Internetquellen[301] rund um dieses Thema zu geben, euer „Ding" zu machen und euch auf die aktuelle Rechtsgrundlage zu berufen.
8. **Nehmt euch Zeit**. Es ist nicht sonderlich hilfreich, sich Stress bei der Steuererklärung zu machen (nicht: *„Ich ziehe das jetzt dieses Wochenende durch"*). Dies führt zu Frustration und einer schlechten Steuererklärung. Setzt euch kleine Ziele (besser: *„Jeden Tag setze ich 200 € ab"*). So könnt ihr auch, wenn euch keine Ausgabe für Arbeitsmittel einfällt oder keine Rechnung parat liegt, bei Pendlerpauschale oder Reisekosten voranschreiten und so euer Tagessoll erreichen. **Gut Ding will Weile haben!**
9. **Besser mehr als weniger absetzen.** Ihr wisst nicht 100 %, ob ihr die Ausgabe als Werbungskosten absetzen könnt? Dann versucht es einfach. Mehr als „Streichen" dieses Kostenpunktes kann das

[301] In den letzten Jahren haben sich sehr viele Gesetzesänderungen ergeben, sodass Internetquellen veraltet sein können.

Finanzamt nicht. Dieses exakte Wissen über die Anrechenbarkeit der Arbeitsmittel haben teils Steuerberater nicht und könnt ihr als Laien auch nicht haben. Hierfür ist das deutsche Steuerrecht – gerade im Bereich Studienkosten – zu komplex. Niemand erwartet, dass ihr euch in diese Tiefe der Thematik einlest. Zudem kommt es selten vor, dass das Finanzamt die komplette Verlustfeststellung zu 100 % akzeptiert. Eine gewisse „Streichquote“ der Werbungskosten liegt häufig vor.

10. **Möglichkeit der Reisekosten exakt prüfen**. Aufgrund der hohen Differenzen zwischen Entfernungspauschale und Reisekosten gilt es besonders zu prüfen, wann welche Art der Fahrkosten abzusetzen ist. Hierbei betone ich nochmals, sich im Literaturverzeichnis die Quelle Berger[302] durchzulesen und zu ermitteln, ob die eigene Hochschule (k)eine Campus-Hochschule ist und inwiefern bereits Reisekosten auf dem Campus realisierbar sind.

11. **Seid fleißig**. Ja, ein Verlustvortrag benötigt viel Fleiß, Mühe und vor allem Nerven. Bemüht ihr euch allerdings um die Abgabe einer ordentlichen Steuererklärung, dürftet ihr damit einen unvergleichbaren Stundenlohn erzielen. Infolgedessen kann ich nochmals betonen, möglichst viel Geduld und Kraft in diese (unliebsame) Aufgabe zu stecken.

12. **„Auch Kleinvieh macht Mist.“** Wie so oft im Leben summieren sich auch bei der Steuer die kleinen Beträge. Genau nach diesem Schema sollte man auch Werbungskosten im Studium zusammentragen. Ein Großteil aller Studierenden ignoriert diese Art der Kosten und überlegt sich nur, welche hohen Ausgaben es während der Studienjahre gab. Dabei ergibt es Sinn, sich auch über die tagtäglich anfallenden Kosten (Blöcke, Fahrten, Kabel oder Stifte) Gedanken zu machen.

13. **Taktisch denken.** Wann wird der Steuerfachangestellte wohl am ehesten die Werbungskosten in gewissen Höhen akzeptieren? Wohl, sobald diesen auch Einnahmen gegenüberstehen. So ist euch zu raten, eure Verlustvorträge mit der ersten Steuererklärung[303] abzugeben. Dadurch weiß das Finanzamt, dass keine weiteren Verlustvorträge nachkommen und ist – nach meinem Empfinden – eher gewillt, höhere Verlustvorträge aus Studienzeiten zu akzeptieren.

14. **Sachverhalt exakt und verständlich erläutern**. Bei der Abgabe der Steuer ist es hilfreich, dem Sachbearbeiter auch direkt eine Erläuterung an die Hand zu geben, was ihr in den entsprechenden Jahren

[302] Vgl. Kapitel 1.
[303] Bei den meisten Studierenden folglich nach dem ersten Berufsjahr.

gemacht habt. Damit erspart ihr dem Finanzamt lästiges Nachfragen, signalisiert Informationsbereitschaft und verbessert den Einblick in euren Steuerfall enorm. Viele Sachbearbeiter haben nur wenig Einblick in die heterogene Landschaft der Studiengänge und damit in Verbindung stehende Aufwendungen. Je ausführlicher ihr euren Steuersachverhalt darlegt, desto eher ist dieser von Erfolg und einer schnellen Bearbeitung geprägt.

15. **Keine Programme benutzen (z. B. ELSTER)**. ELSTER ist das Online-Steuerprogramm der Steuerverwaltung. Viele Studierende haben mich immer wieder gebeten, ihren Verlust doch über diese Plattform geltend zu machen. Jedoch ist ELSTER nicht kundenfreundlich. Warum das wohl so ist? Je besser dieses Programm gestaltet wäre, desto weniger Einnahmen (Steuern) hätte der Staat. Ergo ist es nicht besonders empfehlenswert, hierüber seinen Verlust aus Studienzeiten einzureichen.

16. **Kosten der Erstausbildung erst in der Zweitausbildung realisieren**. Um die Kosten, die in der Erstausbildung schon angefallen sind, in die Zweitausbildung zu überführen, gibt es einige Wege. Beispielsweise könnt ihr jedes Arbeitsmittel einfach über seine Nutzungsdauer (meist drei Jahre) abschreiben.[304] Das heißt, das Bücherregal (60 €), im letzten Erstausbildungsjahr gekauft, wird nur mit 20 € als Sonderausgaben in der Erstausbildung und mit 40 € als Werbungskosten in der Zweitausbildung angerechnet.

    Auch kleine Ausgaben wie Büromaterial (Papier, Druckerpatrone, etc.) dürft ihr steuerlich bündeln. So könnt ihr diese Mini-Ausgaben aus der Erstausbildung bündeln und über mehrere Jahre abschreiben und habt zusätzlich die Chance, diese als Werbungskosten in die Zweitausbildung zu überführen.[305]

17. **Exakte Prüfung des Steuerbescheides**. Vor allem die differenzierte Behandlung der Werbungskosten und der Sonderausgaben, wie auch der Reisekosten und der Entfernungspauschale, können durch falsche Anrechnung des Finanzamtes starke Auswirkungen auf die Höhe der Verlustfeststellung haben. Daher rate ich dazu den Steuerbescheid gewissenhaft zu prüfen.

18. **Einspruch einlegen falls erforderlich**. Viele scheuen die Konfrontation mit dem Finanzamt aufgrund Erfahrungen, Gerüchten oder Presseartikeln. Solltet ihr euch jedoch nicht korrekt behandelt fühlen, solltet ihr unbedingt Einspruch gegen einen möglichen falschen Steu-

---

[304] Auch wenn die Arbeitsmittel als GWG gelten. Dieses Verfahren müsst ihr dann allerdings über alle Steuerjahre durchziehen.

[305] Beispielsweise als Komplettkostenaufstellung „Büromaterial“.

erbescheid einlegen. Auch das Finanzamt ist nicht frei von Fehlern und eine korrekte Anrechnung eurer Studienausgaben ist euer gutes Recht. Daher kann ein Einspruch auch **mehrfach** nötig sein.

19. **Vorsteuerabzug**. Beantrage vorweggenommene Werbungskosten beim Finanzamt. Hierdurch werden in den ersten Berufsjahren die Einkommensteuerzahlungen reduziert und man hat mehr „Netto vom Brutto" bei den ersten Gehältern. Das Finanzamt zieht im Voraus die Werbungskosten ab, da es verlässlich weiß, dass hohe Werbungskosten der vergangenen Jahre vorliegen. Dieser Antrag kann bis zum 30.11. auf zwei Jahre gestellt werden. Er verpflichtet andererseits auch dazu Steuererklärungen für die entsprechenden Folgejahre abzugeben.

20. **Den ersten Job, falls möglich, zum Jahresanfang beginnen**. Die genaue Thematik und Problemstellung wird als letzter Fall in der Potentialanalyse dargestellt. Denn durch einen Jobeinstieg im Herbst gehen euch Verlustvorträge verloren.

9.2 Erstausbildung absetzen

Nach dem Gerichtsurteil im Januar 2020[306] machte sich Unmut bei vielen Studierenden breit. Die Erstausbildung ist demnach nicht steuerlich als Werbungskosten absetzbar. Das Urteil war für viele unverständlich und eines der kontroversen Steuerthemen des Jahres 2020. Im Internet kursieren Gerüchte, es gebe nochmal einen Gerichtsentscheid oder man könnte eine kurze dreimonatige Ausbildung absolvieren, um die Ausbildung doch noch abzusetzen.

DEM IST NICHT SO!

Diese Gerüchte muss man hiermit aus der Welt schaffen. Es gibt keinen Weg dieses Urteil umzukehren. Es gibt jedoch mehrere Wege, um seine Erstausbildung über Umwege, Tricks und etwas Glück noch zu einem geringen Teil steuerlich geltend zu machen:

1. **Kosten für Arbeitsmittel abschreiben**

   Ihr **schreibt** alle **Kosten für Arbeitsmittel**, die nicht in direktem zeitlichem Zusammenhang mit der Erstausbildung stehen und die ihr zwangshalber im Jahr des Entstehens auf das Jahr absetzen

[306] Vgl. tagesschau.de.

müsst[307], über mehrere Jahre ab. Somit könnt ihr zumindest einen Teil der Kosten in eure Zweitausbildung oder den Berufsstart als Werbungskosten überführen. Ebenso könnt ihr kleinere Ausgaben für Arbeitsmittel (z. B. Büromaterialien oder Schreibutensilien) bündeln und über mehrere Jahre abschreiben. Voraussetzung ist, dass diese Arbeitsmittel alleinstehend nutzbar sind und eine Nutzungsdauer von **mindestens einem Jahr besitzen!**

Beispiel: Ihr seid 2014 im Bachelor immatrikuliert und kauft im Januar 2014 einen Drucker für 210 €. 2015 beginnt ihr den Master. Ihr schreibt den Drucker über drei Jahre ab, obwohl ihr diesen als GWG auch direkt absetzen könntet[308]. So setzt ihr jeweils 70 € (= 210/3) für 2014, 2015 und 2016 steuerlich ab.[309] (Gleiches gilt für Möbel bei **doppelter Haushaltsführung**.)

→ **2/3 der Kosten werden in diesem Beispiel als Werbungskosten angerechnet und in die Folgejahre übertragen.**

2. **Kosten erst im Masterstudienjahr realisieren / umdeuten**

   Eine weitere Herangehensweise ist, **Kosten** erst **zu Beginn** eurer **Zweitausbildung zu realisieren.** Ihr wisst, dass euch Kosten durch Anschaffungen entstehen werden (ein Laptop muss angeschafft werden) und könnt diese in euer erstes Masterstudienjahr verlegen? Dann versucht dies.

   Ein anderer Weg wäre es, dem Finanzamt darzulegen, dass die bereits in der Erstausbildung getätigten Kosten, ein Vorgriff auf die geplante Zweitausbildung (bspw. für Zulassungstests, Schreibmaterialien, einen neuen Schreibtisch) waren. Dies widerspricht dem Ab- und Zuflussprinzip. Jedoch ist es eventuell möglich, bei einigen Werbungskosten hier korrekt zu argumentieren und folgerichtig diese Kosten durch den zwingenden Zusammenhang bereits in der Erst-

[307] z. B. Semestergebühren, Entfernungspauschale und Reisekosten können nur im Jahr des Entstehens abgesetzt werden. Arbeitsmittel oder Wohnungseinrichtungen des Zweithaushaltes lassen sich jedoch auch als GWG abschreiben. Bestenfalls könnt ihr damit argumentieren, die Arbeitsmittel auch in der Zweitausbildung oder Beruf zu nutzen.

[308] Es existiert ein Wahlrecht, ob ihr den Artikel abschreiben oder direkt absetzen wollt. Drucker mussten früher abgeschrieben werden, da diese nicht selbständig genutzt werden konnten. Heute sind diese auch ohne PC (z. B. als Scanner) nutzbar.

[309] Für 2014 müsst ihr keine Steuererklärung machen. Ihr könnt in der Steuererklärung 2015 auf den 2014 gekauften Drucker und seine Abschreibung über drei Jahre hinweisen. Ihr dürft allerdings nicht den 2014 gekauften Drucker in der Steuererklärung 2015 zur Gänze absetzen!

ausbildung zu realisieren und steuerlich als Werbungskosten geltend machen zu können.

> **Beispiel**: Ihr kauft im letzten Bachelorjahr einen neuen Schreibtisch oder belegt einen Zulassungstest für diese Ausbildung.
>
> → **Ihr belegt in eurem Anschreiben den Vorgriff auf eure Zweitausbildung und die Annahme, dass die Ausgabe bereits frühzeitig vor Aufnahme der Zweitausbildung getroffen werden musste.**

3. **Verfrüht in die Zweitausbildung einsteigen**

   Für diese Herangehensweise benötigt ihr folgende Voraussetzung und etwas Glück beim Finanzamt: Ihr belegt direkt nach Beenden eures Bachelors den Master (die Zweitausbildung) zum Folgesemester.[310] Hierdurch erlangt ihr den Vorteil, vorangehende Monate schon zur Zweitausbildungszeit steuerlich deklarieren zu können:

   Wollt ihr die Monate **Januar bis März** zum **Zweitausbildungsstart im Sommersemester** oder **Januar bis September** zum **Zweitausbildungsstart im Wintersemester** noch absetzen, dann versucht dem Finanzamt darzulegen, euch bereits in dieser Zeit auf eure Zweitausbildung vorbereitet zu haben und erstellt hierfür auch eine Aufstellung dieser Vorbereitungsaktivitäten.[311] Zwar gilt die Zweitausbildung erst als begonnen, sobald die Erstausbildung beendet wurde. Jedoch gewähren einige Finanzämter aufgrund eigener Unwissenheit verfrühte Aufwendungen der Zweitausbildung bereits als Werbungskosten bzw. vergewissern sich nicht, wann die Erstausbildung tatsächlich beendet wurde.

> **Beispiel**: Ihr trefft euch mit Kommilitonen, die die Zweitausbildung mit euch starten, zu Vorbereitungen auf diese oder besucht in eurer freien Zeit bereits Vorlesungen, die im Master stattfinden. So stehen diese Zeiten mit der Zweitausbildung in Verbindung und können mit Glück verfrüht als Werbungskosten abgesetzt werden.
>
> → **Funktioniert meist nur, wenn ihr an der gleichen oder einer ortsnahen (zur Erstausbildungsstätte) Hochschule weiter studiert.**[312]

---

[310] Ausbildung/Bachelor-Kombination funktioniert hier leider nicht.

[311] Ähnlich der Aufstellung für Lerngruppen.

9.3 Eingliedrige Studiengänge absetzen: Jura, Medizin oder Diplomstudium

Diese Frage gilt all jenen Studierende, die in einem **eingliedrigen Studiengang**[313] studieren oder studiert haben. Für euch gilt der gleiche Tipp, wie im vorherigen Teilkapitel (Abschreibung) mit dem Hintergrund, dass ihr die Kosten quasi in das erste Berufsjahr bzw. in den praktischen Teil (z. B. Referendariat; hier gilt dann die Zweitausbildungsregelung) der Ausbildung übertragt.[314]

Wir erinnern uns an das Zu- bzw. Abflussprinzip. Dies besagt, dass Ausgaben nur im Jahr abgesetzt werden dürfen, in welchem sie auch bezahlt werden. Ausnahmen sind hierbei allerdings, wie besprochen, Abschreibungen! Hier liegt also der Trick: Arbeitsmittel, die abgeschrieben werden können, da sie für mehrere Jahre gekauft wurden (z. B. Schreibtisch, Drucker, PC, Büromaterialien), abzuschreiben[315], um in den ersten Jahren, in welchen ihr die Kosten als Werbungskosten absetzen könnt (z. B. nach dem ersten Staatsexamen oder im ersten Berufsjahr), euch zumindest einen Teil der Kosten zurückzuholen.

Zudem hättet ihr die Chance bei Jobeinstieg während des laufenden Jahres, die 6.000 € Sonderausgaben durch eure Erstausbildung **wirksam** abzusetzen.[316] Dies bedeutet, dass ihr die 6.000 € Sonderausgaben (Erstausbildung) ausreizen und auf eure Einkommen im ersten Berufsjahr gegenrechnen könnt. Diesen Vorteil solltet ihr nutzen! So spart ihr in Summe nicht ansatzweise so viel wie Studierende in der Zweitausbildung, aber zumindest einen Teil.

312 An der TU Kaiserslautern (heißt jetzt RPTU) ist es bspw. erlaubt, schon während des Bachelors Masterprüfungen ablegen zu dürfen. Dementsprechend können hier plausibel Lerngruppen und Vorlesungsbesuche steuerlich deklariert werden.

313 z. B. Diplom, Jura oder Medizin und zuvor keine andere Ausb. absolviert.

314 Jurastudium: Das erste juristische Staatsexamen stellt einen berufsqualifizierenden Abschluss dar: BMF-Schreiben vom 22.09.2010 – BStBl. I 2010, 721, Rz. 23; BMF-Schreiben vom 08.02.2016 – BStBl. I 2016, 226, Rz. 18; BFH-Urteil vom 10.12.1971 – Az.VI R 112/70. Medizinstudium: BFH-Urteil vom 22.09.2022 – Az. III R 40/21: Erstausbildung bis zum Bestehen der ärztlichen Prüfung.

315 Für diese GWG-Artikel besitzt ihr ein Wahlrecht diese abzuschreiben, auch wenn es möglich wäre, diese direkt abzusetzen.

316 Da ihr in diesem Jahr Einnahmen habt, verringern auch die Sonderausgaben eure Steuerlast (Vgl. Kapitel 1). In den ersten Monaten, in welchen ihr bedingt durch das Studium noch an die Hochschule fahrt, könnt ihr durch Arbeitsmittel, Entfernungspauschale und Reisekosten eine hohe Summe als Sonderausgaben ansammeln. Diese verringern nach Jobeinstieg das zu versteuernde Einkommen, da diese im gleichen Steuerjahr anfallen.

Solltet ihr noch vor eurem Studium in Wartezeit sein, so könntet ihr überlegen, eine 12-monatige Ausbildung zu absolvieren und diese als Erstausbildung anrechnen zu lassen. Danach wäre das jeweilige eingliedrige Studium komplett als Werbungskosten absetzbar.

Beispiel, wie ihr von Sonderausgaben der Erstausbildung profitieren könnt: Ihr beginnt euren Beruf nach der Erstausbildung im laufenden Jahr und verdient in diesem Jahreszeitraum beispielsweise 30.000 €. Abziehen könnt ihr davon eure Werbungskosten (z. B. Pendlerpauschale oder Arbeitsmittel), die euch im Beruf entstehen. Zudem könnt ihr durch die letzten Monate im Studium versuchen, eure Studienkosten des gleichen Jahres als Sonderausgaben bis zum Maximum auszunutzen (max. 6.000 €). Da ihr nun im entsprechenden Jahr durch euren Jobeinstieg Einkommen erzielt, könnt ihr euer zu versteuerndes Einkommen mit den Sonderausgaben aus Studienzeiten steuerlich senken. In unserem Beispiel sinkt die Steuerbelastung um über 1.720 €.

Steuerberechnung	**mit Studienkosten**	**ohne Studienkosten**
Bruttolohn im lfd. Jahr	30.000 €	30.000 €
- Werbungskosten (aus Beruf)	-2.000 €	-2.000 €
- Sonderausgaben (aus Erstausbildung)	-6.000 €	-0 €
Zu versteuerndes Einkommen (z.v.E.)	22.000 €	28.000 €
Steuerbelastung	2.950 €	4.670 €

Tab. 9.1: Für Erstausbildungen oder eingliedrige Studiengänge

9.4 Potential- und Situationsanalyse

In diesem Kapitel geht es darum, euch einen Eindruck zu vermitteln, wie hoch das Potential des Verlustvortrags ist oder wie die Höhe des Verlustvortrags eure eigene Steuerreduktion beeinflussen kann. Vorweg sei hier nochmals erwähnt:

- Die Studierendenschaft ist heterogen. Eine genaue Abschätzung des Verlustvortrags ist daher kaum möglich. Als Durchschnitt nehmen wir in Folge 10.000 € Verlustvortragspotential pro Studienjahr an. Der **Gesamtbetrag der Einkünfte** (= Bruttolohn abzüglich Werbungskosten aus dem Berufsleben) im ersten Berufsjahr beträgt **50.000 €** (Steuerkl. 1).
- Die folgenden Beispiele sind aus Vereinfachungsgründen **ohne** Kirchensteuer und Solidaritätszuschlag **aus dem ersten Berufsjahr** berechnet

worden. Die Steuerlast berechnet sich auf der **Einkommensteuergrundlage 2023.**

- Ein **Verlustvortrag** lohnt sich immer, wenn man es auf den eigenen Stundenlohn und die hierfür investierte Mühe herunterrechnet.

Situation 1: „Best Case“

Ihr studiert zwei Jahre im Master (Zweitausbildung) und legt zusätzlich vor Studienstart ein Gap-Year ein. Hierdurch sammelt ihr pro Jahr -10.000 € Verlust an.

Steuerberechnung bei Verlustvortrag	**für kein Studienjahr**	**für drei Studienjahre**
Bruttolohn	**55.000 €**	**55.000 €**
– Werbungskosten aus Beruf	–5.000 €	–5.000 €
Gesamtbetrag der Einkünfte (G.d.E.)	**50.000 €**	**50.000 €**
– gesammelter Verlustvortrag	—	–30.000 €[317]
– Sonderausgaben aus Beruf	–9.000 €	–9.000 €
Zu versteuerndes Einkommen (z.v.E.)	**41.000 €**	**21.000 €**
Steuerbelastung	**8.163 €**	**2.213 €**

Tab. 9.2: Situation - Best Case

Durch den Verlustvortrag aus der Zeit der drei Verlustjahre sinkt eure Steuerlast im ersten Berufsjahr um stattliche **5.950 €** (Höhe der Steuerbelastung ergibt sich aus www.grundtabelle.de).

Situation 2: „Nicht pauschal versteuerter Nebenjob“

Gehen wir folgend vom Fall aus, in den entsprechenden Jahren 6.000 € pro Jahr nebenher verdient zu haben. So sind nicht genau diese 6.000 € den 10.000 € Werbungskosten gegenzurechnen, da ihr für euren Nebenjob (z. B. Werkstudierendenjob) zusätzlich Reisefahrtkosten und Verpflegungsmehraufwand absetzen könnt (hierfür setzen wir in diesem Fall 2.000 € als Werbungskosten voraus).

Daraus ergibt sich folglich: Einkommen (6.000 €) abzgl. der alten Werbungskosten (10.000 €) abzgl. der neuen Werbungskosten (2.000 €) = - 6.000 € (neuer Verlustvortrag/Jahr).

Ihr erwirtschaftet in den drei Studienjahren ein Einkommen von 18.000 €. Jedoch sinkt der Steuervorteil im ersten Berufsjahr nur um ca. 2.727 € gegenüber den einnahmefreien Studienjahren aus Situation 1.

[317] 3 Jahre zu je -10.000 €.

Steuerberechnung bei Verlustvortrag	mit Einkommen	ohne Einkommen
Bruttolohn	**55.000 €**	**55.000 €**
– Werbungskosten aus Beruf	–5.000 €	–5.000 €
Gesamtbetrag der Einkünfte (G.d.E.)	**50.000 €**	**50.000 €**
– gesammelter Verlustvortrag	–18.000 €	–30.000 €
– Sonderausgaben aus Beruf	–9.000 €	–9.000 €
Zu versteuerndes Einkommen (z.v.E.)	**23.000 €**	**11.000 €**
Steuerbelastung	**2.739 €**	**12 €**

Tab. 9.3: Situation - Best Case mit Einkommen

Situation 3: „Zwischenzeitlich abgegebene Steuer"

Ihr habt einen ähnlichen Lebenslauf wie in der ersten Situation. Zwischenzeitlich habt ihr euch jedoch aufgrund eines überaus gut bezahlten Ferienjobs dazu entschieden, in einem Jahr eine Steuererklärung abzugeben. Das entsprechende Jahr ist für euch steuerlich wahrscheinlich abgeschlossen und vielmehr noch, der dort vermerkte „Gesamtbetrag der Einkünfte" wird mit einem möglichen Verlustvortrag des Vorjahres verrechnet. Hier gilt es nun exakt zu prüfen, ob es Sinn ergibt diese/s Vorjahr/e noch in Angriff zu nehmen.

Steuerberechnung bei Verlustvortrag	mit Verlustvorjahr	ohne Verlustvorjahr
Bruttolohn	**55.000 €**	**55.000 €**
– Werbungskosten aus Beruf	–5.000 €	–5.000 €
Gesamtbetrag der Einkünfte (G.d.E.)	**50.000 €**	**50.000 €**
– gesammelter Verlustvortrag	–14.000 €	–10.000 €
– Sonderausgaben aus Beruf	–9.000 €	–9.000 €
Zu versteuerndes Einkommen (z.v.E.)	**27.000 €**	**31.000 €**
Steuerbelastung	**3.836 €**	**4.995 €**

Tab. 9.4: Situation - Zwischenabgabe

Gehen wir weiterhin von durchschnittlich -10.000 € Verlustvortrag/Jahr aus. Diesen Verlust erreicht ihr im Gap-Year (1. Jahr) und im letzten Masterstudienjahr (3. Jahr). Im 2. Jahr nehmt ihr einen Ferienjob bei einem Konzern an. Euer G.d.E. (nicht der Bruttolohn!) auf dem bereits erhaltenen Steuerbescheid beträgt 6.000 €. In Summe habt ihr also einen Verlustvortrag von **14.000** (= - 10.000 + 6.000 - 10.000). Es lohnt sich folglich, das Jahr zuvor auch steuerlich abzusetzen, da ihr einen

Mehrverlustvortrag von 4.000 € erzielt. (**Merke**: Sofern ihr den G.d.E. des Folgejahres unter 0 € drückt, lohnt sich eine Verlustfeststellung des Vorjahres.)

Durch Abgabe des zusätzlichen Verlustvortrags des Vorjahres generiert ihr im ersten Berufsjahr infolgedessen einen **Steuervorteil von 1.159 €**.

Situation 4: „Freiwilliges Abschreiben"

Viele Studierende machen den Fehler und setzen aus dem Gefühl heraus alle Arbeitsmittel direkt vollständig ab, sofern sie dies steuerlich dürfen und begehen damit einen großen Fehler: Stellen wir uns die Situation vor, dass ihr im ersten Studienjahr (SJ) ein Praktikum absolviert und hierbei 13.000 € brutto verdient und im zweiten Studienjahr kein Einkommen habt. In beiden Studienjahren habt ihr wiederum 10.000 € Werbungskosten, wobei ihr in eurem ersten Studienjahr noch einen Laptop für 800 € und ein Tablet für 700 € (Summe: 1.500 €) kauft. In eurem Übermut setzt ihr beide Arbeitsmittel direkt ab:

Steuerberechnung ohne Abschreibung	**SJ 1**	**SJ 2**	**SJ 3**
Bruttolohn	**13.000 €**	**0 €**	**0 €**
– Werbungskosten	−11.500 €	−10.000 €	−10.000 €
Gesamtbetrag der Einkünfte (G.d.E.)	1.500 €	−10.000 €	−10.000 €
– Sonderausgaben aus Beruf	−500 €	0 €	0 €
Zu versteuerndes Einkommen (z.v.E.)	1.000 €	−10.000 €	−10.000 €
Steuerbelastung	**0 €**	**0 €**	**0 €**

Tab. 9.5: Situation - Vorteil Abschreibung (1)

Steuerberechnung mit Abschreibung	**SJ 1**	**SJ 2**	**SJ 3**
Bruttolohn	**13.000 €**	**0 €**	**0 €**
– Werbungskosten	−10.500 €	−10.500 €	−10.500 €
Gesamtbetrag der Einkünfte (G.d.E.)	2.500 €	−10.500 €	−10.500 €
– Sonderausgaben aus Beruf	−500 €	0 €	0 €
Zu versteuerndes Einkommen (z.v.E.)	2.000 €	−10.500 €	−10.500 €
Steuerbelastung	**0 €**	**0 €**	**0 €**

Tab. 9.6: Situation - Vorteil Abschreibung (2)

Nun schreiben wir die teuren Arbeitsmittel freiwillig über die Nutzungsdauer ab:

$$\frac{700 + 800}{3} = 500 \text{ € pro Jahr}$$

Bei erstem Beispiel verpufft der Ansatz der Arbeitsmittel, da wir statt eines z.v.E. von 3.000 €, nun ein z.v.E. von 1.500 € in Studienjahr 1 haben und auf beide keine Einkommensteuer zahlen würden. Durch Abschreiben der Arbeitsmittel haben wir in Jahr 2 einen 500 € höheren Verlustvortrag. **Achtung**: Liegt Jahr 1 zwischen zwei Verlustjahren, so wäre es in unserem Beispiel unbedeutend, ob ihr abschreibt, da ihr die Steuerjahre immer mit dem G.d.E. (auch: Verlustfeststellung) verrechnen müsst (Beide Verlustsummen ergeben: -18.500 €).

Situation 5: „Berufseinstieg"

Ein wenig beleuchtetes Thema in der Potentialanalyse ist der Berufsstart. Viele Absolventen beginnen den ersten Job nicht im Januar, sondern, da das Studium im Herbst endet, zum 01. Oktober. Dies ist eine schlechte Situation. Dies liegt daran, dass ihr in diesen Jahresendmonaten geschätzt zwischen 12 bis 15.000 € verdient und durch den Steuerfreibetrag (ca. 10.000 €, s. Beginn des Buches) selbst ohne Verlustvortrag aus dem Studium kaum Steuern bezahlen würdet. Durch euren Verlustvortrag müsst ihr allerdings den „G.d.E." des laufenden Jahres auf null reduzieren, um den Rest des Verlustvortrags ins Folgejahr übernehmen zu können. Hierdurch „opfert" ihr folglich unnötigerweise die Höhe dieses Bruttolohnes von der Summe des angesammelten Verlustvortrags. **Ein Beginn des Jobs zu Beginn des Steuerjahres ist – aus Sicht des Verlustvortrags – also stark empfehlenswert.**

Berufseinstieg Oktober (Fall I)	**Einkommen ab Okt. X0**	**Folgejahr X1**
Bruttolohn	**13.750 €**	**55.000 €**
- Werbungskosten aus Beruf	-1.250 €	-5.000 €
Gesamtbetrag der Einkünfte (G.d.E.)	12.500 €	50.000 €
- gesammelter Verlustvortrag	-30.000 €	-17.500 €
- Sonderausgaben aus Beruf	-500 € (kein Einfluss)	-9.000 €
Zu versteuerndes Einkommen (z.v.E.)	-17.500 €	23.500 €
Steuerbelastung	**0 €**	**2.605 €**
Berufseinstieg Januar (Fall II)	**Kein Verdienst X0**	**Einkommen ab Jan. X1**
Bruttolohn	**0 €**	**55.000 €**
- Werbungskosten aus Beruf	0 €	-5.000 €
Gesamtbetrag der Einkünfte (G.d.E.)	0 €	50.000 €
- gesammelter Verlustvortrag	-30.000 €	-30.000 €
- Sonderausgaben aus Beruf	0 €	-9.000 €
Zu versteuerndes Einkommen (z.v.E.)	-30.000 €	11.000 €
Steuerbelastung	**0 €**	**12 €**

Tab. 9.7: Situation - Unterschiedlicher Start des Berufseinstieges

Dies bedeutet jedoch nicht, Jobs auszuschlagen nur, weil diese im Herbst starten. Viele Arbeitgeber und Personalabteilungen kennen die steuerliche Situation und können hier gehalts- und vertragstechnisch entgegenkommen.

Nach Jahr X1 hättet ihr in **Fall I** also 15 Monate gearbeitet und brutto 68.750 € verdient. Steuerlich hättet ihr in diesem Fall knapp 2.605 € für diesen Zeitraum an das Finanzamt abgeben müssen. Dies bedeutet einen Netto-Lohn (Achtung: Von diesem Netto-Lohn sind noch keine Sozialbeiträge wie Renten- oder Arbeitslosenversicherung abgezogen!) von **4.410 € pro Monat.**

In **Fall II** hättet ihr nach Jahr X1 12 Monate gearbeitet und brutto 55.000 € in 12 Monaten verdient und durch euren Verlustvortrag eine Steuerlast von 12 € ausgewiesen. Dadurch ergibt sich ein Netto-Lohn von **4.583 € pro Monat**. Je geringer der gesammelte Verlustvortrag, desto deutlicher wird der Unterschied der Steuerersparnis durch den zeitlich nicht-optimalen Jobeinstieg.

Situation 6: „Ehe“

Seid ihr Ehepartner, so könnt ihr euch zusammenveranlagen lassen. Dies bedeutet eure Einkünfte und Ausgaben werden verrechnet und fallen zudem in ein besseres Steuersystem (Splittingtarif). Das ist in den meisten Fällen vorteilhaft – aber nicht immer. In dieser Konstellation können die Verluste eines Partners (auch in der Erstausbildung) die Einkünfte des anderen mindern!

Steuerberechnung bei Ehepartnern	**Partner (mit Beruf)**	**Partner (Studium)**
Bruttolohn	**55.000 €**	**0 €**
– Werbungskosten aus Beruf	–5.000 €	0 €
Gesamtbetrag der Einkünfte (G.d.E.)	**50.000 €**	
– Kosten aus Studium	0 €	–5.000 €
– Sonderausgaben aus Beruf / Studium	–9.000 €	–2.000 €
Zu versteuerndes Einkommen (z.v.E.)	**34.000 €**	
Steuerbelastung (Splittingtarif)	**2.416 €**	

Tab. 9.8: Situation - Ehepartner

In einer Erstausbildung des einen Partners wären die Kosten von 7.000 € (Studienkosten & Sozialversicherungsbeiträge) steuerlich verpufft, da es sich um Sonderausgaben handelt. Selbst in einer Zweitausbildung sollte man sich durchrechnen, ob man sich nicht doch zusammenveranlagen lässt, um die abgesetzten Studienkosten direkt im selben Steuerjahr geltend zu machen. In unserem Beispiel hätte der Ehepartner ohne die Studienkosten des anderen Ehepartners durch sein höheres zu versteuerndes Einkommen und den schlechteren Steuertarif[318] 8.163 € Steuern gezahlt.

Auch **nach dem Studium** und einer Hochzeit direkt nach dem Studium kann es sinnvoll sein, wenn ein Partner seinen Verlustvortrag dem anderen (ohne Verlustvortrag) durch die Zusammenveranlagung „schenkt". Zum Beispiel dann, wenn ansonsten Verluste durch den Grundfreibetrag in der Einzelveranlagung vernichtet werden würden![319]

Nicht sinnvoll wäre es beispielsweise, wenn ein Partner seine Werbungskosten aus der Zweitausbildung für die Zusammenveranlagung opfern würde und der andere Partner bereits bei einer Einzelveranlagung mit seinem „zu versteuerndem Einkommen" nahe oder bereits unter dem Grundfreibetrag liegen würde! **Also rechnet als Ehepaar genau nach, welche Veranlagung vorteilhafter ist.**

[318] Grundtarif / Grundtabelle.

[319] Die gewählten Steuerklassen 3&5 / 4&4 sind irrelevant bei der Steuerhöhe! Es zählt nur der Tarif der Splittingtabelle.

10 Gesetzliche Veränderungen

Die steuerliche Gesetzgebung verändert sich jährlich (**Infolgedessen ist es auch problematisch sich auf ältere Internetquellen beim Absetzen von Studienkosten zu verlassen**). Nicht umsonst kündigen Steuer-Professoren in ihren Vorlesungen an, dass man sich durch eine Berufswahl im Steuerwesen auf ein lebenslanges Lernen vorbereiten muss.

Besonders deutlich wurde dieses Phänomen in den letzten Jahren beim Absetzen von Studienkosten. Kaum ein Jahr verging ohne weitreichende Einschnitte in das Absetzen von Studienkosten. Die letzte, und wohl bedeutendste, Entscheidung war Anfang 2020, als man entschied, die Kosten einer Erstausbildung nur als Sonderausgaben geltend machen zu dürfen. Aber auch andere Entscheidungen waren meist zu Ungunsten der Studierenden. Nachfolgend ein paar Kommentare zu den in den letzten Jahren aufgetreten Veränderungen.

Bis **2013** machte es einen Unterschied, ob ihr den Weg zur ersten Tätigkeitsstätte mit dem Fahrrad oder dem PKW zurückgelegt habt. Für den Weg mit dem Rad gab es nur eine **Kilometerpauschale** von 0,05 €/km, mit dem Motorrad 0,13 €/km und mit dem PKW die herkömmliche Pauschale. Seit dem 01.01.2013 ist es unerheblich, wie ihr diesen Arbeitsweg zurücklegt.[320] Es gilt immer eine Pauschale zu 0,30 €/km. Dies ist nicht zu verwechseln mit der derzeitig noch geltenden Regelung bei Reisekosten.

2014 gab es mehrere Veränderungen: Die Hochschule wurde fest als **erste Tätigkeitsstätte** für Vollzeitstudierende festgelegt und damit die Absetzbarkeit der Hochschule um die Reisefahrtkostenpauschale und den Verpflegungsmehraufwand gekürzt.[321] In diesem Zug wurde der steuerliche Begriff der *„regelmäßigen Arbeitsstätte"* zu *„ersten Arbeitsstätte"* geändert.

Die **doppelte Haushaltsführung** durfte ab **2014** nur noch bis zu 1.000 €/Monat abgesetzt werden. Dieses Urteil wurde später wieder gekippt und besitzt heute keine Relevanz mehr.[322] Trotzdem wird das veraltete Urteil noch oft im Internet als Referenz genannt. Ebenso wurde das Absetzen der doppelten Haushaltsführung erschwert. Es gelten seither

[320] Vgl. Lohnsteuer-Kompakt.

[321] Vgl. VLH (2).

[322] BFH, Urteil vom 04.04.2019 – Az. VI R 18/17: Nur noch die Kaltmiete ist auf 1.000 € begrenzt.

nur noch Wohnungen, die der Steuerzahler auch **finanziell** unterstützt, als absetzbar. Vor 2014 musste nur der Wohnsitz in beiden Wohnungen nachgewiesen werden.[323] Außerdem wurde die **Einteilung des Verpflegungsmehraufwandes** von drei auf zwei Stufen[324] herabgesetzt. Diese Einteilung hat auch bei der Kalkulation des Verpflegungsmehraufwandes bei Auslandsaufenthalten Bestand.[325]

Verpflegungsmehraufwandspauschalen	Bis 2013	Ab 2014	Ab 2020
Ab 8 Stunden	6 €	12 €	14 €
Ab 14 Stunden	12 €	-	-
Ab 24 Stunden	24 €	24 €	28 €

Tab. 10.1: Veränderung der Reisepauschalbeträge

2015 wurde der **Begriff der Erstausbildung** neu definiert.[326] Dies bedeutete, dass diese mindestens 12 Monate dauern und mit einer Prüfung abgeschlossen werden muss.[327] Vor dieser Regelung konnten steuerlich auch kurzweilige (dreimonatige Ausbildungen) als Erstausbildungen abgesetzt werden und so mehr folgende Ausbildungen als Zweitausbildungen deklariert und damit Steuern gespart werden.

2018 kam es zu einer Änderung in der Höhe der **Grenze für Geringwertige Wirtschaftsgüter** von 410 auf 800 € netto (bzw. 952 € brutto). Dies bedeutet, dass sich Arbeitsmittel seither einfacher pauschal im Anschaffungsjahr absetzen lassen.[328] Ebenso wurde die Anlage EÜR für Selbständige ein Muss und ist seither zusätzlich elektronisch zu übermitteln.

2019 gab es nur wenige steuerliche Änderungen. So hat sich die **Abgabefrist** für die Steuererklärung verlängert und ist nun bis zum 31.07. des jeweiligen Folgejahres möglich, sofern man zu einer Abgabe verpflichtet ist. Seid ihr nicht verpflichtet eine Abgabe zu tätigen, gilt für euch die Wahl spätestens nach vier Jahren eine **Steuererklärung** oder nach sieben Jahren eine **Verlustfeststellung** abzugeben.

Zu den Änderungen **2020** wurde in diesem Ratgeber schon einiges geschrieben – allen voran der erste große Paukenschlag im Januar: Die Erstausbildung lässt sich seither nicht mehr als Werbungskosten

[323] Niedersächsisches FG, Urteil vom 18.09.2019 – Az. 9 K 209/18.
[324] Reisekostenreform 2014.
[325] BMF-Schreiben vom 11.11.2013 – Az. IV C 4 – S 2353/08/10006.
[326] Wer seine Erstausbildung zuvor abgeschlossen hatte, kann also noch von der alten Definition profitieren.
[327] Vgl. Schwarz-Steuerberatung.
[328] Vgl. Haufe.

absetzen! Diese Entscheidung ist rechtskräftig und kann nicht mehr gekippt werden (Az. 2 BvL 22/14). Die Begründung liegt darin, dass die Erstausbildung zur eigenen ersten beruflichen Orientierung dient. Gegen dieses Urteil kann kein Einspruch erhoben werden.

Vorteilhaft wurde ab dem Steuerjahr **2020** entschieden, dass der **Verpflegungsmehraufwand** um je 2 bzw. 4 € angehoben wurde: 24 Stunden Abwesenheit bedeuten nun 28 statt 24 € und 8 Stunden Abwesenheit bzw. An- und Abreisetag 14 statt 12 € Verpflegungsmehraufwand.[329]

Aufgrund der Corona-Krise wurde für die Jahre **2020** und **2021** jeder **Home-Office**-Tag mit 5 € pauschal vergütet.[330] Diese Pauschale ist auch für Studierende bei Onlinevorlesungen absetzbar. Ab **2023** gelten 6 € für maximal 210 Tage Home-Office (Home-Schooling).

2020 hat der BFH entschieden, dass **Auslandsaufenthalte** von Vollzeitstudierenden als Reisetätigkeit unbegrenzt abgesetzt werden können. Nach Ansicht des BFH bleibt die inländische Hochschule bei einem Auslandssemester oder -praktikum die erste Tätigkeitsstätte. Die ausländische Hochschule oder der Arbeitsplatz im Ausland stellt eine Auswärtstätigkeit dar. Demnach dürfen Miete und Verpflegungsmehraufwand auch ohne doppelte Haushaltsführung in Deutschland abgesetzt werden. Jedoch steht noch aus, wie hoch diese Kosten maximal sein können. Das FG Münster ist mit dieser Aufgabe nun betraut.[331] Bis zur Entscheidung aus Münster würde ich dazu raten, den vollen (oder zumindest die Pauschale für 8h-Abwesenheit) für die verbleibende Zeit des Auslandsaufenthaltes abzusetzen. Sollte das Finanzamt euch hier widersprechen, könnt ihr auf das offene Verfahren verweisen und bei positivem Ausgang euren Steuerbescheid nachbessern lassen.

Die **Umzugskostenpauschale** wurde **2020** rückwirkend für Personen, die vor oder nach dem Umzug keine eigene Wohnung (z. B. WG) bewohnen, gekürzt. Verlegen Studierende ihren Ersthaushalt vom elterlichen Haushalt in eine WG oder sogar in eine eigene Wohnung, so dürfen diese nur 20 % der Umzugskostenpauschale absetzen.

Ebenso wurde 2020 die Strecken- und Zeitersparnis für **die doppelte Haushaltsführung** konkretisiert. Diese verbindliche Festlegung gilt auch rückwirkend für vorherige Steuerjahre, außer das Absetzen der doppelten Haushaltsführung wurde vor 2020 anerkannt.

Für **2021** ändert sich die **Entfernungspauschale**, sobald ihr eine Fahrtstrecke von 20 Kilometern Anfahrt übersteigt. Danach steigt die Pau-

[329]Vgl. Aachener-Zeitung.
[330]Vgl. smartsteuer. Nachtrag: Ist mittlerweile bestätigt!
[331]Aktuelle Informationen unter: BFH, Urteil vom 14.5.2020 – Az. VI R 3/18.

schale ab dem 20. Kilometer von 0,30 €/km auf 0,35 €/km an. Ist eure Hochschule 22 Kilometer von eurer Wohnadresse entfernt und ihr sucht diese 100-mal 2021 auf, so könnt ihr 100 x 20 km x 0,30 €/km und 100 x 2 km x 0,35 €/km absetzen. Diese wurde **rückwirkend** 2022 auf 0,38 €/km erhöht (Beispiel hierzu auf der Folgeseite: 676 €). Zusätzlich wurde für die Steuerjahre 2021 bis 2026 die Mobilitätsprämie eingeführt. Hiervon können auch Studierende profitieren.

Entfernungspauschale	bis zum 20. Kilometer	ab dem 21. Kilometer
Bis 2020	0,30 € / km	0,30 € / km
Ab 2021	0,30 € / km	0,38 € / km

Tab. 10.2: Veränderung der Entfernungspauschale

Zusätzlich wurden die **Übungsleiterpauschale** von 2.400 auf 3.000 € pro Jahr und die Ehrenamtspauschale auf 840 € angehoben. Zudem wurden die Behindertenpauschalbeträge erhöht. 2021 wurde zudem die **Digitalisierungsstrategie** erlassen. Dies bedeutet, dass digitale Endgeräte und Software schneller (sofort) rückwirkend zum 01.01.2021 abgeschrieben werden dürfen.

Ebenso sind ab 2021 **Weiterbildungen**, die nicht rein arbeitsplatzbezogen sind, sondern zur Verbesserung der Beschäftigungsfähigkeit dienen (z. B. Excel-Kurse), steuerlich absetzbar. Als Student könnt ihr im Rahmen eurer Ausbildung jedoch ohnehin diese Art der Kurse absetzen.

2022 ist das **Steuerentlastungsgesetz** geplant und umgesetzt worden. Rückwirkend zum 01.01.2022 werden demnach der **Arbeitnehmerpauschbetrag** von 1.000 € auf 1.200 €, der Grundfreibetrag auf 10.347 € und die **erhöhte Entfernungspauschale** (ab dem 21. Kilometer) von 0,35 €/km auf 0,38 €/km angehoben werden!

2023 wird die **Home-Office-Pauschale** auf 6 € pro Tag und maximal 210 Tage pro Jahr erhöht und der Arbeitnehmerpauschbetrag auf 1.230 € angehoben. Der **Sparerpauschbetrag** wird auf 1.000 € (vorher: 801 €) angehoben. Zusätzlich können **Altersvorsorgeaufwendungen** (z. B. Rentenbeiträge) bereits ab 2023 und nicht erst ab 2025 zu 100 % abgesetzt werden. Der **Grundfreibetrag** steigt von 10.347 auf 10.904 Euro. Die **Energiepauschale** für Studierende (200 €) muss nicht versteuert werden.

Für das Steuerjahr 2024 werden einheitliche **Deutschlandtickets** für Studierende zum Verkauf über die Hochschulen angeboten. Dadurch lassen sich diese Tickets beispielsweise für Reisefahrtkosten steuerlich leichter geltend machen. Zudem soll sich zum 01.01.2024 der **Verpflegungsmehraufwand** auf 16 bzw. 32 € erhöhen (Wachstumschancengesetz).

Das **Wachstumschancengesetz** beinhaltet auch die Möglichkeit der Erhöhung der **GWG-Grenze** von 800 € (netto) auf 1.000 €. Dieses Gesetz wurde zwar Ende März 2024 verabschiedet, allerdings die Änderungen zu GWG und VMA **gestrichen**! Nachträglich wurde der **Grundfreibetrag** nochmals um 180 € auf 11.784 € angehoben.

Die steuerlichen Veränderungen von 2024 zu **2025** begrenzen sich für Studierende auf Änderungen des **Grundfreibetrages**, der **Umzugskostenpauschale**, sowie einigen der **Verpflegungsmehraufwandspauschalen** im Ausland.

> Anfang 2023 klärte der BFH (Urteil vom 23.01.2023 – Az. VI 39/19), wie die Kostenbeteiligung im elterlichen Haushalt für die doppelte Haushaltsführung vorliegen muss – insbesondere mit Hinblick auf die Themen, **wann** (dauerhaft oder auch per Einmalzahlung) und **wie** (z. B. auch Kostenbeteiligungen bei Reparaturen und Lebensmitteleinkäufe) diese geleistet werden könnte! Dieses Urteil ging zum Vorteil des Studenten aus. Der BFH stellte klar, die Kostenbeteiligung muss demnach nicht während des gesamten Studienverlaufs und auch nicht per Überweisung erfolgen. Ob die Beteiligung ausreichend ist, „bedarf eine Würdigung der Umstände des Einzelfalls. Eine bestimmte betragliche Grenze sieht das Gesetz nicht vor, ebenso wenig ist die laufende Beteiligung erforderlich.“

Zur Bearbeitung vor den Steuerjahren 2021 (ab 2022 Erhöhung der Entfernungspauschale) müssen auch die Excel-Files angepasst werden.

Heimfahrten	**Dopp. Haushaltsführung**	**Heimfahrten**		
		Eigene Anschrift:	Ringe 39, 50667 Köln	
		Anschrift Lebensmittelpunkt:	Hauptstr. 12, 68723 Musterstadt	
		Zeitraum:	Start: 01.01.	Ende: 31.12.
		Anzahl:	40	Fahrten
		Einfache Entfernung:	265	km
		Pauschale:	0,30	€ / km
		Summe Heimfahrten:	3.180,00	€

Tab. 10.3: Excel - Heimfahrten (bis 2021 einfache Entfernungspauschale)

Erste Tätigkeitsstätte	Entfernungspauschale	**Fahrkosten erste Tätigkeitsstätte**		
		Eigene Anschrift:	Ringe 39, 50667 Köln	
		Anschrift erste Tätigkeitsstätte:	Universität Köln, 50923 Köln	
		Zeitraum:	Start: 01.01.	Ende: 31.12.
		Aufgesucht:	190	Tage
		Einfache Entfernung:	8	km
		Pauschale:	0,30	€ / km
		Summe Fahrten erste Tätigkeitsstätte:	456,00	€

Tab. 10.4: Excel - Fahrten zur ersten Tätigkeitsstätte (bis 2021 einfache Entfernungspauschale)

11 Abschließende Worte

Ich wünsche euch abschließend viel Spaß und vor allem viel Erfolg bei dem Absetzen eurer Studienkosten, beim Absolvieren eures Studiums und einen angenehmen Start in das Berufsleben.

Solltet ihr noch Verbesserungsvorschläge oder einen Rat für eine Verbesserung der Unterlagen haben, wäre ich euch dankbar diese Anregungen direkt an mich zu senden.

E-Mail:

Auch ich bin nicht frei von Fehlern und bei diesem Wissensstand verheddert man sich gerne in seinem eigenen Wissen. Aus diesem Grund ist es immer von Vorteil, auch Rückmeldung zu bekommen, denn nur durch konstruktive Kritik kann ich meine bestehenden Unterlagen weiterentwickeln. **Über eine Bewertung bei Amazon / Thalia oder Weiterempfehlen meines Buches würde ich mich ebenfalls enorm freuen.**

Sollten Probleme beim Durchführen des Verlustvor- oder rücktrags bei euch auftreten, so könnt ihr entweder den Verein für Lohnsteuerhilfe (VLH) oder mich anschreiben. An beiden Stellen dürftet ihr Hilfe erhalten. Ich möchte hier jedoch betonen, dass ich aufgrund des fehlenden Steuerberater-Examens **keine persönliche Steuerberatung** durchführen darf. Ihr könnt aber selbstverständlich mit diesem Ratgeber einen Steuerberater oder den Verein für Lohnsteuerhilfe aufsuchen und um Einschätzung eures Steuerfalles bitten. Bei inhaltlichen Fragen dürft ihr mich gerne kontaktieren. In diesem Falle helfe ich euch weiter, soweit ich dies rechtlich darf.

Wünscht ihr auf dem Laufenden zu bleiben, so kann ich euch meine Kanäle empfehlen, wo aktuelle Neuigkeiten und Gesetzesänderungen rund um das Thema „Steuererklärung im Studium" veröffentlicht werden.

Instagram: YouTube: LinkedIn:

Weitere Unterlagen, wie z. B. die im Buch vorgestellten Excel-Dateien findet ihr auch in meinem ETSY-Webshop:

ETSY:

Seid ihr noch im Studium und habt möglicherweise finanzielle Engpässe zu überwinden, so kann ich euch meinen anderen Ratgeber **„Geld sparen im Studium – Finanziell unbekümmert durch die Studienzeit“** empfehlen. In diesem Ratgeber helfe ich euch, eure Finanzen schon während der Studienzeit optimal zu gestalten und mit einfachsten Tricks deutlich zu verbessern.

A Anhang

Im Anhang werden noch einige Arten der Anschreiben und Einsprüche ans Finanzamt zum besseren Verständnis – ebenso wie eine Übersicht des Verpflegungsmehraufwandes **der vergangenen sieben Jahre für die Auslandspauschalen** – beigefügt. Die hier beigefügten Einsprüche können auch als Antrag auf schlichte Änderung verfasst werden, sofern nur ein Sachverhalt des Steuerbescheides angepasst werden soll. Hierfür „Einspruch" gegen „schlichte Änderung" tauschen.

A.1 Anschreiben ans Finanzamt

Hauptanschreiben zum Finanzamt

Finanzamt Musterstadt
12030 Musterhausen
(Postanschrift des zuständigen Finanzamts)

Musterstadt, (aktuelles Datum)

Betreff: Abgabe des Verlustvortrags (Steuerjahr)
Steuernummer: …../…../…..

Sehr geehrte Damen und Herren,

hiermit reiche ich fristgerecht meinen Verlustvortrag für das Jahr X *(für die Jahre X-Y)* bei Ihnen ein. Ein Verlustvortrag ist bis zu sieben Jahre rückwirkend möglich.

In dem entsprechenden Jahr/entsprechenden Jahren war ich Studierende:r an der Hochschule/Universität *(…)* im Fach *(…)* in der Zweitausbildung *(im Erststudium nach Ausbildung)*. Die hier entstandenen und angegebenen Kosten standen zu 100 % im Bezug zu meinem Studium und sind demnach als Werbungskosten absetzbar.

Die Kosten für Praktika/Auslandssemester/Fortbildung, die während dieser Ausbildung aufkamen, waren notwendig, um mein Profil für zukünftige Arbeitgeber zu schärfen und mich als zukünftigen Angestellten attraktiver zu stellen und sind somit auch als Werbungskosten absetzbar.

Sollten noch Fragen aufkommen, dürfen Sie mich gerne kontaktieren.

Mit freundlichen Grüßen
(Unterschrift)

Anschreiben zwecks Stipendium

Finanzamt Musterstadt
12030 Musterhausen
(Postanschrift des zuständigen Finanzamts)

Musterstadt, (aktuelles Datum)

Betreff: Bekanntgabe eines Stipendiums

Sehr geehrte Damen und Herren,

im Rahmen meines Studiums habe ich folgendes Stipendium erhalten:

Titel des Herausgebers.

Die Bezeichnung, den Herausgeber und den Verwendungszweck füge ich hier bei:

Link einfügen

Ich weiß nun nicht, wie das Stipendium steuerlich – auch in Bezug auf meine Werbungskosten – behandelt wird. Ich bitte Sie, dies mit mir abzusprechen. In meinen Augen ist das Stipendium keinen direkten Kosten zugeordnet und dürfte demnach wie das kostenlose Darlehen BAföG betrachtet werden.

Mit freundlichen Grüßen
(Unterschrift)

Anschreiben zwecks Rechnungsbeleg

Sehr geehrte Damen und Herren,

ich habe im Jahr (X) bei Ihnen einen Artikel gekauft *(oder ein Zimmer/Flug/Fahrt gebucht)* und würde Sie bitten, mir hierüber erneut einen Beleg dessen zukommen zu lassen, da ich diesen dringend für meine Steuererklärung benötige.

Ich bedanke mich vielmals im Voraus.

Mit freundlichen Grüßen
(Unterschrift)

Alle Anschreiben findet ihr als .docx, .odt und .pdf unter dem nebenstehenden QR-Code zum einfachen Ausfüllen ohne lästiges Abtippen!

Anschreiben:

A.2 Einsprüche gegen den Steuerbescheid

Einspruch ohne Begründung

Finanzamt Musterstadt
12030 Musterhausen
(Postanschrift des zuständigen Finanzamts)

Musterstadt, (aktuelles Datum)

Betreff: Einspruch gegen den Einkommensteuerbescheid (Steuerjahr) vom (Datum des Bescheids)
Steuernummer: ...../...../.....

Sehr geehrte Damen und Herren,

hiermit lege ich gegen den oben genannten Steuerbescheid frist- und formgerecht **Einspruch** ein. Die Begründung für den Einspruch reiche ich nach.

Bitte bestätigen Sie den Empfang meines Schreibens.

Mit freundlichen Grüßen
(Unterschrift)

Einspruch zwecks Zweitausbildung

Finanzamt Musterstadt
12030 Musterhausen
(Postanschrift des zuständigen Finanzamts)

Musterstadt, (aktuelles Datum)

Betreff: Einspruch gegen den Einkommensteuerbescheid (Steuerjahr) vom (Datum des Bescheids)
Steuernummer: ...../...../.....

Sehr geehrte Damen und Herren,

hiermit lege ich gegen den oben genannten Steuerbescheid frist- und formgerecht **Einspruch** ein.

Mein Masterstudium (Zweitausbildung) begann erst zum *(Winter/Sommersemester XY)*. Ich habe jedoch die vorangehenden Monate im entsprechenden Jahr bereits genutzt, um mich auf das Masterstudium an der *(Hochschule XY)* vorzubereiten. Ein Großteil meiner angegebenen Kosten aus dem vorliegenden Steuerjahr steht daher mit meiner Zweitausbildung in Zusammenhang und kann somit als Werbungskosten abgesetzt werden.

Bitte bestätigen Sie mir den Empfang meines Schreibens.

Mit freundlichen Grüßen
(Unterschrift)

Einspruch zwecks Verwechslung Werbungskosten und Sonderausgaben

Finanzamt Musterstadt
12030 Musterhausen
(Postanschrift des zuständigen Finanzamts)

Musterstadt, (aktuelles Datum)

Betreff: Einspruch gegen den Einkommensteuerbescheid (Steuerjahr) vom (Datum des Bescheids)
Steuernummer: ...../...../.....

Sehr geehrte Damen und Herren,

hiermit lege ich gegen den oben genannten Steuerbescheid frist- und formgerecht **Einspruch** ein.

Ich vermute, da mir die Höchstsumme von Erstausbildungskosten/Sonderausgaben (6.000 €) angerechnet wurde, dass mein Studium fälschlicherweise als Erstausbildung angerechnet wurde. Dies ist falsch, da ich zuvor bereits erfolgreich *(ein Studium/eine Ausbildung)* beendet habe.[332] Ich bitte Sie daher, den Steuerbescheid zu korrigieren.

***ALTERNATIV**: Mir wurden in meinem Steuerbescheid keine Werbungskosten angerechnet. Da meine Ausbildung eine Zweitausbildung darstellt, kann ich hierfür die Werbungskosten – wie in meinem damaligen Schreiben angegeben – absetzen.*

Bitte bestätigen Sie mir den Empfang meines Schreibens.

Mit freundlichen Grüßen

(Unterschrift)

Einspruch zwecks zu wenig Werbungskosten

Finanzamt Musterstadt
12030 Musterhausen
(Postanschrift des zuständigen Finanzamts)

Musterstadt, (aktuelles Datum)

Betreff: Einspruch gegen den Einkommensteuerbescheid (Steuerjahr) vom (Datum des Bescheids)

Steuernummer: ...../...../.....

Sehr geehrte Damen und Herren,

hiermit lege ich gegen den oben genannten Steuerbescheid frist- und formgerecht **Einspruch** ein.

[332] Oder: „meine Ausbildung in einem Dienstverhältnis stattfand".

Ich habe in meinem Schreiben vom *(Datum)* Werbungskosten in Höhe von etwa *(... €)* eingereicht. Angerechnet wurden von Ihnen nur *(Summe der Werbungskosten €)*. Der Steuerbescheid weicht offensichtlich von der abgebebenen Steuererklärung ab. Gründe hierfür wurden nicht genannt. Ich bitte Sie die Abweichungen im Einzelnen zu erläutern.

ALTERNATIV: *Mir wurde das Arbeitsmittel X fälschlicherweise nicht angerechnet. Nach dem Urteil vom (Datum) des BFH (Az.) ist es jedoch üblich diesen Kostenfaktor als Arbeitsmittel geltend machen zu können.*

Bitte bestätigen Sie mir den Empfang meines Schreibens.

Mit freundlichen Grüßen
(Unterschrift)

Einspruch zwecks doppelter Haushaltsführung

Finanzamt Musterstadt
12030 Musterhausen
(Postanschrift des zuständigen Finanzamts)

Musterstadt, (aktuelles Datum)

Betreff: Einspruch gegen den Einkommensteuerbescheid (Steuerjahr) vom (Datum des Bescheids)
Steuernummer: ...../...../.....

Sehr geehrte Damen und Herren,

hiermit lege ich gegen den oben genannten Steuerbescheid frist- und formgerecht **Einspruch** ein. Den Einspruch begründe ich wie folgt:

Sie haben mir die Kosten für eine doppelte Haushaltsführung für meine Studienzeit nicht angerechnet. Ich erfülle jedoch **alle Voraussetzungen** hierfür:

- Mein **Lebensmittelpunkt** lag aufgrund *(Hobby/Freundin/Familie)* bei meinen Eltern und ich unternahm regelmäßige Heimfahrten dorthin (**Indiz Lebensmittelpunkt**).

- Ich habe mich finanziell zu **10 % an den Betriebskosten** der Unterkunft meiner Eltern beteiligt. Hierfür liegt ein mündlicher Vertrag vor. Die Kosten wurden in bar *(per Überweisung)* abgegolten (**Indiz Unterhalt eigener Hausstand**).

- Ich musste **berufsbedingt** eine Zweitwohnung am Studienort (*Praktikumsort*) unterhalten.

- Dieser Hausstand verkürzte die **Fahrtzeit um mehr als die Hälfte.**

Bitte bestätigen Sie mir den Empfang meines Schreibens.

Mit freundlichen Grüßen
(Unterschrift)

Einspruch zwecks Verwechslung Entfernungspauschale und Reisekosten

Finanzamt Musterstadt
12030 Musterhausen
(Postanschrift des zuständigen Finanzamts)

Musterstadt, (aktuelles Datum)

Betreff: Einspruch gegen den Einkommensteuerbescheid (Steuerjahr) vom (Datum des Bescheids)
Steuernummer: ...../...../.....

Sehr geehrte Damen und Herren,

hiermit lege ich gegen den oben genannten Steuerbescheid frist- und formgerecht **Einspruch** ein.

Mir wurden Fahrtkosten zur *(Lerngruppe / Auslandssemester / Praktikum)* nur als Entfernungspauschale angerechnet. Bei diesen Fahrten handelte es sich jedoch um Auswärtstätigkeiten / Reisekosten. Daher ist hier der Hin- und Rückweg als Fahrtkosten zuzüglich des angegebenen Pauschalen des Verpflegungsmehraufwandes zu berechnen. Ich bitte Sie daher, den Steuerbescheid zu korrigieren.

ALTERNATIV: *Mir wurden Fahrtkosten zur Hochschule abseits meiner Heimatfakultät nur als Pendlerpauschale abgesetzt. Bei diesen Fahrten handelte es sich jedoch um Auswärtstätigkeiten / Reisekosten. (Vgl. hierzu Berger, „Werbungskosten bzw. Sonderausgaben bei Studierenden nach der Reisekostenreform" S. 160ff.) Daher ist hier der Hin- und Rückweg als Fahrtkosten zuzüglich des angegebenen Verpflegungsmehraufwandes zu berechnen.*

Bitte bestätigen Sie mir den Empfang meines Schreibens.

Mit freundlichen Grüßen
(Unterschrift)

Einspruch zwecks Fristwahrung

Finanzamt Musterstadt
12030 Musterhausen
(Postanschrift des zuständigen Finanzamts)

Musterstadt, (aktuelles Datum)

Betreff: Einspruch gegen den Einkommensteuerbescheid (Steuerjahr) vom (Datum des Bescheids)
Steuernummer: ...../...../.....

Sehr geehrte Damen und Herren,

hiermit lege ich gegen den oben genannten Steuerbescheid frist- und formgerecht **Einspruch** ein.

Es war nicht meine Absicht, einen Antrag auf Einkommensteuerveranlagung für das Kalenderjahr XY zu stellen, da die diesbezügliche Frist bereits abgelaufen ist. Meine Absicht war es, einen Antrag auf **gesonderte Verlustfeststellung** zu stellen. Gemäß BFH-Urteil vom 13.01.2015 (Az. IX R 22/14) ist in Fällen wie meinem eine gesonderte Verlustfeststellung bis zu **sieben Jahre** rückwirkend möglich. Diese Frist wurde von mir gewahrt.

Hiermit beantrage ich, meinem Antrag auf gesonderte Verlustfeststellung stattzugeben und einen Feststellungsbescheid für das Jahr XY zu erlassen.

Bitte bestätigen Sie mir den Empfang meines Schreibens.

Mit freundlichen Grüßen
(Unterschrift)

Einspruch gegen bereits rechtskräftigen Steuerbescheid

Finanzamt Musterstadt
12030 Musterhausen
(Postanschrift des zuständigen Finanzamts)

Musterstadt, (aktuelles Datum)

Betreff: Änderung des Einkommensteuerbescheides (Steuerjahr) vom (Datum des Bescheids)
Steuernummer: ...../...../.....

Sehr geehrte Damen und Herren,

ich beantrage eine Änderung des Einkommensteuerbescheids von (Steuerjahr) nach **§ 173** Abgabenordnung wegen neuer Tatsachen/Beweismittel.

Begründung: Mir ist erst jetzt bekannt geworden, dass ich Ausgaben / Steuervergünstigungen für mein Studium als Fortbildungskosten (Werbungskosten) geltend machen kann. Weder die Beschriftungen, noch die amtlichen Anleitungen wiesen korrekt darauf hin, wo die Kosten eines

Studiums (Zweitausbildung) als Werbungskosten in den Steuerformularen vermerkt werden sollen.

Lediglich „**Aufwendungen für die eigene Berufsausbildung**" werden in den Steuerformularen unter Sonderausgaben geführt und klar benannt. Dies triff steuerlich gesehen jedoch nur für eine Erstausbildung ohne Dienstverhältnis zu. Korrekt wäre es dementsprechend seitens der Finanzbehörden gewesen, unter dem Reiter Sonderausgaben „Aufwendungen für die Berufsausbildung der Erstausbildung" und in der Anlage N „Aufwendungen für die Berufsausbildung der Zweitausbildung" aufzuführen.

In der Anlage N für Werbungskosten werden keine Aufwendungen für die Berufsausbildung oder das Studium aufgeführt. Lediglich Fortbildungskosten werden als Bildungsausgaben in diesem Steuerformular benannt. Dies entspricht laut Anleitung der Steuerformulare bspw. Computer- oder Sprachkursen. Auch dieser Vermerk gibt daher keinen Hinweis darauf, hier die Gesamtausgaben einer gesamten Hochschulausbildung anzugeben.

Korrekterweise hätte infolgedessen auf der Anlage N ein Verweis zum Eintragen der Ausbildungskosten einer Zweitausbildung vermerkt sein müssen. Mich trifft insofern **kein grobes Verschulden**, die Steuerformulare damals nicht korrekt ausgefüllt zu haben.

Bitte bestätigen Sie mir den Empfang meines Schreibens.

Mit freundlichen Grüßen
(Unterschrift)

A.3 Alternative Dokumentation von Reisetätigkeiten

Dokumentation:

B Reisekosten Pauschalbeträge

Unter dem nachfolgenden QR-Code werden für jedes Steuerjahr und alle Länder die Pauschalbeträge für Verpflegungsmehraufwand angegeben. Länder, die nicht in der Liste aufgeführt sind, werden wie Luxemburg abgerechnet. Für 2022 gelten aufgrund der Corona-Pandemie die gleichen Pauschbeträge wie im Steuerjahr 2021. Bei mehrtägigen Auslandsreisen gilt für den Tag der Anreise der Verpflegungsaufwand des Landes, welches man vor 24 Uhr zuletzt erreicht. Für den Abreisetag gilt der Verpflegungsaufwand des besuchten Landes.

Pauschal-
beträge:

C Literaturverzeichnis

Aachener Zeitung: „Ab 2020 erhalten Arbeitnehmer mehr", 10.12.2019, unter: https://www.aachener-zeitung.de/ratgeber/bildung-beruf/aenderungen-beim-verpflegungsmehraufwand-ab-2020-gibt-es-mehr_aid-47749153 [15.02.2021].

BDO: „Doppelte Haushaltsführung – keine regelmäßige finanzielle Beteiligung notwendig", 29.01.2020, unter: https://www.bdo.de/de-de/insights-de/newsletter/steuern-recht_1_2020/doppelte-haushaltsfuhrung-keine-regelmaÃ§ige-finanzielle-beteiligung-erforderlich [15.02.2021].

Berger, Dr. Martin: „Werbungskosten bzw. Sonderausgaben bei Studierenden nach der Reisekostenreform" in NWB Steuer und Studium 2016, 630ff [15.02.2021].

Bundesfinanzministerium: „AfA-Tabelle für die allgemein verwendbaren Anlagegüter", unter: https://www.bundesfinanzministerium.de/Content/DE/Standardartikel/Themen/Steuern/Weitere_Steuerthemen/Betriebspruefung/AfA-Tabellen/Ergaenzende-AfA-Tabellen/AfA-Tabelle_AV.html [15.02.2021].

Handelsblatt: „So holst du dir die Kosten für dein Studium zurück" von Katharina Schneider, 08.03.2021, unter: https://orange.handelsblatt.com/artikel/50522 [15.02.2021].

Haufe: „Grenze für geringfügige Wirtschaftsgüter auf 800 Euro erhöht" von Dr. Ulf Dißars,Dr. U. Dißars, 11.12.2017, unter: https://www.haufe.de/finance/jahresabschluss-bilanzierung/grenze-fuer-geringwertige-wirtschaftsgueter-auf-800-eur-erhoeht_188_411044.html [15.02.2021].

Lohnsteuer-Kompakt: „Fahrten zur Arbeit" , Tilo Rudolph, 28.08.2015, unter: https://www.lohnsteuer-kompakt.de/steuerwissen/fahrten-zur-arbeit-was-bei-fahrten-mit-dem-fahrrad-absetzbar-ist/[15.02.2021].

NWD (2019), Wichtige Steuergesetze 2019 (2019).

NTV (2010): „Jeder fünfte Steuerbescheid falsch: Rüstzeug gegen den Fiskus", unter: https://www.n-tv.de/ratgeber/Ruestzeug-gegen-den-Fiskus-article935932.html [15.02.2021].

Schufa: „Umfrage zeigt: Jugendliche wollen mehr über Finanzthemen wissen", 19.07.2017 , unter: https://www.schufa.de/ueber-uns/presse/pressemitteilungen/pk-wirtschaftswerkstatt.jsp [15.02.2021].

Schwarz-Steuerberatung: „Definition Erstausbildung", Mario Schwarz, 02.07.2015, unter: https://www.schwarz-steuerberatung.de/aktuelles/definition-der-erstausbildung_142.php [15.02.2021].

Smartsteuer: „Kommt die Home-Office-Pauschale", von Mandy Pank, 07.08.2020, unter: https://www.smartsteuer.de/blog/2020/08/07/kommt-die-home-office-pauschale/

Steuertipps: „Einsprüche gegen Steuerbescheid: Fast zwei Drittel erfolgreich"; unter https://www.steuertipps.de/steuererklaerung-finanzamt/finanzamt/einsprueche-gegen-steuerbescheid-fast-zwei-drittel-erfolgreich [15.02.2021].

Tagesschau: „Studium nicht absetzbar", unter: https://www.tagesschau.de/wirtschaft/studium-steuer-101.html [15.02.2021].

VLH: „Diese Ausbildungskosten kannst du von der Steuer absetzen", 16.03.2021, unter: https://www.vlh.de/arbeiten-pendeln/ausbildung-studium/diese-ausbildungskosten-kannst-du-von-der-steuer-absetzen.html [15.02.2021].

VLH (2): „Student oder Azubi – Fahrtkosten richtig absetzen", 21.04.2021, unter: https://www.vlh.de/arbeiten-pendeln/ausbildung-studium/student-oder-azubi-fahrtkosten-richtig-absetzen.html [15.02.2021].

Watson: „So ködert ein Verein Studenten für einen Finanzvertrieb" von Lukas Weyell, 31.01.2020, unter: https://www.watson.de/deutschland/best%20of%20watson/306481128-mlp-wie-eine-hochschulinitiative-studenten-fuer-den-finanzdienstleister-koedert [15.02.2021].

Welt: „Die riskante Bildungslücke der jungen Generation", von Nina Bärschneider, 11.05.2019, unter: https://www.welt.de/wirtschaft/karriere/bildung/article193298551/Finanzwissen-Die-riskante-Bildungsluecke-der-jungen-Generation.html [15.02.2021].

Welt (2): „Muss das Gymnasium lebensnäher werden?", von Friederike Lübke, 07.06.2015, unter: https://www.welt.de/wirtschaft/karriere/bildung/article142069851/Muss-das-Gymnasium-lebensnaeher-werden.html [15.02.2021].

D Abkürzungsverzeichnis

Abkürzung	**Bedeutung**
Abb.	Abbildung
Abs.	Absatz
AfA	Absetzung für Abnutzung
AO	Abgabenordnung
Az.	Aktenzeichen
BAföG	Bundesausbildungsförderungsgesetz
BFH	Bundesfinanzhof
BGBl	Bundesgesetzblatt
BGH	Bundesgerichtshof
BMF	Bundesministerium für Finanzen
Bspw.	Beispielsweise
BStBl.	Bundessteuerblatt
BUKG	Gesetz für die Umzugskostenvergütung
BVerfG	Bundesverfassungsgericht
ELStAM	Elektronische Lohnsteuerabzugsmerkmale
ELSTER	Steuerprogramm
Est	Einkommensteuer
EStG	Einkommensteuergesetz
EStR	Einkommensteuerrichtlinien
EuGH	Europäischer Gerichtshof
EUR	Euro
FG	Finanzgericht
G.d.E.	Gesamtbetrag der Einkünfte

Fortsetzung auf der nächsten Seite

Abkürzung	Bedeutung
Ggf.	gegebenenfalls
GWG	geringwertiges Wirtschaftsgut
i.d.R.	in der Regel
i.H.v.	in Höhe von
Kfz	Kraftfahrzeug
km	Kilometer
KV	Krankenversicherung
LSt.	Lohnsteuer
LStR.	Lohnsteuer-Richtlinien
MwSt	Mehrwertsteuer
Nr.	Nummer
PV	Pflegeversicherung
s./S.	Siehe / Seite / Satz
Stpfl.	Steuerpflichtige:r
Tab.	Tabelle
Vgl.	Vergleiche
VLH	Verein für Lohnsteuerhilfe
VMA	Verpflegungsmehraufwand
WISO	Steuersparprogramme für Angestellte
WK	Werbungskosten
Z.	Zeile
z. B.	zum Beispiel
z.v.E.	zu versteuerndes Einkommen

ForwardVerlag

Dir hat das Buch gefallen?

Wir freuen uns über jede Rezension bei Amazon.

Mit deiner Rezension unterstützt du uns, bei Amazon eine verbesserte Sichtbarkeit zu erhalten. Das hilft vielen Menschen weiter - vor allem denen, die sich viel Geld bei der Steuererklärung zurückholen möchten.

Sende uns gerne eine E-Mail mit einem Screenshot von deiner Bewertung bei Amazon und erhalte ein tolles Geschenk für deinen weiteren Lebensweg.

✉ info@forwardverlag.de